"一带一路"研究系列丛书

跨学科视阈下的"一带一路"研究

陈武元 主编

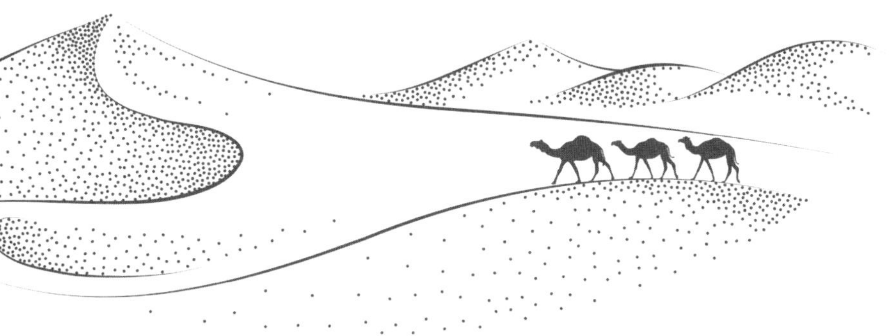

厦门大学出版社 XIAMEN UNIVERSITY PRESS | 国家一级出版社 全国百佳图书出版单位

图书在版编目（CIP）数据

跨学科视阈下的“一带一路”研究 / 陈武元主编
. -- 厦门 ：厦门大学出版社，2024.6
（“一带一路”研究系列丛书）
ISBN 978-7-5615-9205-2

Ⅰ. ①跨… Ⅱ. ①陈… Ⅲ. ①“一带一路”-国际合作-研究 Ⅳ. ①F125

中国国家版本馆CIP数据核字(2023)第235319号

责任编辑　曾妍妍
美术编辑　李夏凌
技术编辑　朱　楷

出版发行　厦门大学出版社
社　　址　厦门市软件园二期望海路 39 号
邮政编码　361008
总　　机　0592-2181111　0592-2181406(传真)
营销中心　0592-2184458　0592-2181365
网　　址　http://www.xmupress.com
邮　　箱　xmup@xmupress.com
印　　刷　厦门集大印刷有限公司

开本　720 mm×1 000 mm　1/16
印张　18.25
字数　345 千字
版次　2024 年 6 月第 1 版
印次　2024 年 6 月第 1 次印刷
定价　96.00 元

本书如有印装质量问题请直接寄承印厂调换

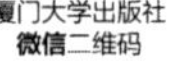
厦门大学出版社
微信二维码

厦门大学出版社
微博二维码

政策融通篇

贸易畅通篇

民心相通篇

政策融通篇

构建人类命运共同体
——中国的全球化理念与实践*

李　丹

党的十九届六中全会指出，构建人类命运共同体成为引领时代潮流和人类前进方向的鲜明旗帜。全球化是由生产力发展和生产关系变革共同推动的客观历史进程，代表时代进步潮流与历史发展趋势，是中国融入世界拥抱世界、谱写改革开放成功篇章的背景条件、历史机遇、关键动力和战略选择。构建人类命运共同体集中体现了当代中国对全球化的思想贡献和实践推进，从全球化视角出发更能深刻领悟构建人类命运共同体的理论和实践意义。

一、构建人类命运共同体是全球化转型发展的必然选择

特定的问题发生在特定时代，构建人类命运共同体这一命题诞生于全球化风云激荡、转型变幻之际。21 世纪以来全球化遭遇多重挑战，“9・11”事件及美国的报复预示着全球化在文明层面出现断裂，金融危机更暴露了全球化经济体制内部已经溃烂，英国脱欧、难民危机、民粹政党坐大标志着区域一体化样板倒塌，规范全球化运行的国际机制一一陷入治理危机，去全球化背景下乱象丛生、极化撕裂的美国使全球化的政治维度触底，新冠疫情又生生地将全

* 本文作者李丹系厦门大学一带一路研究院副院长、公共事务学院教授，于 2021 年 12 月 23 日在厦门大学一带一路研究院以本文内容为主题做“一带一路”系列学术讲座第 46 场，成果发表于《南开学报(哲学社会科学版)》2022 年第 2 期。

球化分割为不同的经济社会单元。全球化正面临着全方位转型和多维度危机，人类再次走到了十字路口，面临着不确定的未来。以习近平同志为核心的党中央高举构建人类命运共同体旗帜，积极推进全球化进程，为动荡性和风险性越来越大的世界提供明确的解决方案，展现美好的未来前景。构建人类命运共同体是中国对时代之问、治理之殇、大国之责、国际之盼的回应，集中体现中国的全球化观点、思路、理念，同时也是中国捍卫全球化、治理全球化、引领全球化的现实方略，彰显了中国的大国作为与历史担当。

(一)构建人类命运共同体是全球化时代的命题

构建人类命运共同体是体现中国参与引领全球化智慧韬略的标志性思想成果。2013 年 3 月，习近平主席第一次谈及“命运共同体”命题时是放在全球化背景下展开论述的：“这个世界，各国相互联系、相互依存的程度空前加深，人类生活在同一个地球村里，生活在历史和现实交汇的同一个时空里，越来越成为你中有我、我中有你的命运共同体。”[①]在全球化的多维定义中，“联系密切说”是一个主要维度，“你中有我、我中有你”是一个经典表述。大卫·哈维(David Harvey)、安东尼·吉登斯(Anthony Giddens)、戴维·赫尔德(David Held)和安东尼·麦克格鲁(Anthony McGrew)分别从时空压缩、现代性扩展、社会交往加深等角度论证过全球化是如何通过加强联系使世界连成一体的。2015 年 12 月在第二届世界互联网大会上，习近平主席说互联网让世界变成了“鸡犬之声相闻”的地球村。在 2017 新年贺词中，习近平主席向世界传达了中国人“世界大同，天下一家”的主张，“我真诚希望，国际社会携起手来，秉持人类命运共同体的理念，把我们这个星球建设得更加和平、更加繁荣”。新冠疫情以 500 多万生命的代价告诫人类，全球化时代我们是如何命运与共、生死相连的。“这场疫情启示我们，我们生活在一个互联互通、休戚与共的地球村里。各国紧密相连，人类命运与共。任何国家都不能从别国的困难中谋取利益，从他国的动荡中收获稳定。如果以邻为壑、隔岸观火，别国的威胁迟早会变成自己的挑战。我们要树立你中有我、我中有你的命运共同体意识，跳出小圈子和零和博弈思维，树立大家庭和合作共赢理念，摒弃意识形态争论，

① 习近平. 论坚持推动构建人类命运共同体[M]. 北京：中央文献出版社，2018：5.

跨越文明冲突陷阱……”①

“地球村”“全球化”“共同体”这几个概念在内涵上是相近相似的，在逻辑上是相因相承的。“地球村”是“全球化”的具象体现，是物理空间上的效应；“共同体”是“全球化”的抽象升华，是人文空间上的融合。1961 年 4 月 12 日，第一艘载人宇宙飞船进入太空。1969 年 7 月 20 日，人类第一次登上了月球并在月球上立言：“我们代表全人类平安地到达这里。”当人类从地球之外反观地球，浩瀚宇宙中的小小星球作为地球人的共同栖息地，“全球一体”观念油然而生。随着交往手段增多，国与国的联系越来越密切，从彼此联系到相互依存，再从相互依存到融为一体是国际行为主体之间关系的客观发展，更是自觉行为体的主观认同。因此，“共同体”是全球化的客观必然结果，也是主观共识愿景。全球化及其一系列效应使人们生产、生活、利益、命运日益联系在一起，全球化的压缩效应、蝴蝶效应、马太效应（极化效应）、扩展效应、温室效应使人们的空间感、联结感、对比感、直观感、危机感大大增强。地球上的人类作为一个“物种”能否在茫茫宇宙中同生共死？不同国家的人们作为“同类”能否在竞争冲突中和平共处？多样文明不同种族能否在“唯我优先”中保持多元共存？“大时代需要大格局，大格局需要大智慧。”大时代就是全球化时代。“一个国家能不能富强，一个民族能不能振兴，最重要的就是看这个国家、这个民族能不能顺应时代潮流，掌握历史前进的主动权。经济全球化是我们谋划发展所要面对的时代潮流。”②大格局就是顺应时代潮流，即使面临逆流和风浪，依然坚信全球化大势不改，摒弃保护主义、单边主义、排外主义、民粹主义种种短视、狭隘观念，怀有以四海一家意识、全球整体理念概览天下的胸怀和担当。大智慧就是契合世界人民共同愿望、包容不同民族和多样文明、寻求人类利益最大公约数的眼界和韬略。“人们顺应时代发展潮流，齐心协力应对挑战，开展全球性协作，这就将为构建人类命运共同体创造有利条件。我们要抓住历史机遇，作出正确选择，共同开创人类更加光明的未来。”③

总之，构建人类命运共同体命题生成于全球化时代，代表了全球化发展的必然趋势和要求。中国领导人基于全球化现实提出要构建人类命运共同体意识，并在多种场合从不同角度阐述了人类命运共同体的含义——“你中有我、

① 习近平．在第七十五届联合国大会一般性辩论上的讲话[N]．人民日报，2020-09-23(3)．

② 十八大以来重要文献选编（下）[M]．北京：中央文献出版社，2016：398．

③ 习近平．论坚持推动构建人类命运共同体[M]．北京：中央文献出版社，2018：509．

我中有你”“一荣俱荣、一损俱损”“利益交融、兴衰相伴、安危与共”“相互联系、相互依存”“守望相助、同舟共济”“命运与共、休戚相关”“安危与共、唇齿相依”等，大大丰富了人们对全球化和人类命运共同体的理解。

（二）构建人类命运共同体是应对全球治理的课题

全球化创造了丰富的物质成果，促成了贸易、投资和技术发展，方便了各国联系和人员流动，使人类生产生活趋于一体，联系交往日益密切，同时人类面临的全球性问题数量之多、规模之大、程度之深也前所未有。全球化—全球问题—全球治理是一个环环相扣的逻辑链条。全球化产生了全球问题，随着全球化的广度、幅度、速度、深度、强度、密度不断加大，由它直接导致、间接引发、相伴而生的问题统称为全球问题。全球问题是全球治理的对象，全球化是全球治理的缘由，而全球治理是全球化的重要阶段，是随着全球化的发展尤其是全球性问题暴露和凸显之后出现的。换言之，全球化是全球问题的前因，全球问题是全球化的后果，全球治理是对全球问题的回应与校正。全球化与全球治理是相因相序、一体双面的关系。从时序上看，全球化在先，全球治理在后。全球问题可与全球化相伴而生，但更多时候是随之而来。全球治理有的是全球问题积累到一定程度的产物，需要从长计议（气候治理）；有的是危难突如其来，必须马上展开行动（疫情治理）；有的是“斩不断理还乱”的应对＋预防式治理（反恐治理）；有的是“兵来将挡、水来土掩”的应急式治理（犯罪治理）。总体上说全球化先于全球治理。从属性上看，全球化基本上是客观趋势，全球治理是主观作为。习近平主席多次强调“经济全球化是社会生产力发展的客观要求和科技进步的必然结果”“不可逆转的历史大势”“不可阻挡的历史潮流”，因此，不可逆潮流而动，而应因势而谋、应势而动、顺势而为。全球治理就是这种人为努力，通过改革完善全球化正是中国等新兴大国的积极作为。从本质上看，全球化与全球治理是对立统一、相辅相成的关系。全球化有利有弊，需要扶正祛邪，全球治理是对全球化弊端的纠正，是对全球化方向的引导——朝着更加开放、包容、普惠、平衡、共赢方向发展。在这个意义上，全球治理可以理解为全球化的另一视角、另一侧面。

当前，全球化和全球治理的悖论是：一方面，全球化进入转型时期。虽然大势不改，但全球化遭受保护主义、单边主义、孤立主义、排外主义、民粹主义阻击,进入了"转型期"。[①] 第四次科技革命浪潮的冲击,第一经济大国对其他国家的贸易战、科技战、金融战,新冠疫情的全球性流行、持续性蔓延、反复性发作,使全球化裹足不前,仿佛成了"被捆绑的全球化"[②],看起来像是出现"大休克"[③]。郑永年断言,疫情之后各国都试图重新收回经济主权,全球化将从"超级全球化"进入"有限全球化"阶段。[④] 全球化转型呼唤全球治理的相应变化,全球治理却跟不上全球化的节奏,呈现出治理滞后化、碎片化、低效化、片面化弊端,不仅不能为全球化纠偏扶正,而且也日益背离全球治理的真义——国际行为主体为解决全球性问题,最大限度地增进为共同利益而进行的协同合作行为和过程——甚至还出现了与此相反的零和博弈的冷战思维、封闭排外的保守政策、狭隘自私的民粹立场、推脱责任的"退群""甩锅"。在新冠疫情风险面前,一些国家不集中精力应对疫情,却在危难时刻加大制裁他国,无视多边主义合作诉求,削减对世界卫生组织的支持,并将病毒政治化、污名化、标签化,其单边、粗暴、任性、霸凌的行为进一步弱化了全球治理的有效性。在这种情况下,习近平主席强调要加强全球治理,使之朝着构建人类命运共同体的方向迈进。"全球治理应该符合变化了的世界政治经济格局,顺应和平发展合作共赢的历史趋势,满足应对全球性挑战的现实需要。我们应该秉持共商共建共享原则,坚持真正的多边主义,推动全球治理体系朝着更加公正合理的方向发展。"[⑤]在应对各种全球问题的过程中,构建人类命运共同体从思想命题升华为实践课题,中国领导人不仅提出了周边命运共同体、亚洲命运共同体、亚太命运共同体、中非命运共同体、中阿命运共同体、中拉命运共同体、中巴命运共同体、中柬命运共同体、中老命运共同体、中缅命运共同体等多边、双边型命运共同体,还提出了海洋命运共同体、网络空间命运共同体、核安全命运共同体、人类卫生健康共同体、人与自然生命共同体、地球生命共同体等领域、议

---

① 胡必亮."一带一路"促全球化转型发展[EB/OL].(2017-06-30)[2018-03-21]. http://finance.people.com.cn/n1/ 2017/0630/c1004-29373159.html; LUND S, MANYIKA J, WOETZEL J, et al. Globalization in transition: the future of trade and value chains[R/OL].(2019-01-16)[2019-03-21]. https://www.mckinsey.com/ business-functions/mckinsey-digital/our-insights/digital-globalization-the-new-era-of-global-flows.

② FARRELL H, NEWMAN L A. Chained to globalization: why it's too late to decouple[J]. Foreign affairs, 2020, 99(1):70-80.

③ 王文.全球化"大休克",中国须审慎布局[N].参考消息,2020-06-29(11).

④ 郑永年.从"超级全球化"到"有限全球化"[N].北京日报,2021-05-17(12).

⑤ 习近平.同舟共济克时艰,命运与共创未来:在博鳌亚洲论坛2021年年会开幕式上的视频主旨演讲[N].人民日报,2021-04-21(2).

题型命运共同体，推动人类命运共同体思想与实践不断发展。

(三)构建人类命运共同体是特色大国外交的主题

构建人类命运共同体是新时代中国的全球化宣言，体现了中国理念、中国话语，成为中国外交的引领旗帜与目标方向。2014 年 11 月，国家主席习近平在中央外事工作会议上指出，中国必须有自己特色的大国外交，要在总结实践经验的基础上，丰富和发展对外工作理念，使我国对外工作有鲜明的中国特色、中国风格、中国气派。王毅外长将中国外交的特色、风格、气派阐释为“爱好和平、主持正义的外交，是不断为人类发展进步作出贡献的外交，也是理论和实践始终走在时代前列的外交”。[①] 在一定意义上，中国特色大国外交是全球化外交，也是构建人类命运共同体的外交。构建新型国际关系、构建人类命运共同体“作为一个整体，科学回答了建设什么样的世界、中国需要什么样的外交，以及如何开展国与国交往、如何探索人类发展未来等重大问题，为进入新时代的中国外交亮明了新旗帜，催生了新作为，开辟了新境界”。[②] 习近平总书记在党的十九大报告中明确指出，中国特色大国外交就是要推动构建新型国际关系，推动构建人类命运共同体，“要同舟共济，促进贸易和投资自由化便利化，推动经济全球化朝着更加开放、包容、普惠、平衡、共赢的方向发展”，“中国将继续发挥负责任大国作用，积极参与全球治理体系改革和建设，不断贡献中国智慧和力量”。[③] 2017 年 11 月在会见来华出席从都国际论坛世界领袖联盟的成员时，国家主席习近平再次强调，中国将推动构建新型国际关系，推动构建人类命运共同体。这是新时代中国外交追求的目标，也是世界各国共同努力的方向。[④] 因此，构建人类命运共同体是新时代中国外交的目标、方向，是习近平大国特色外交的主线、核心。

几年来，中国领导人通过频繁开展首脑外交、政党外交，高度重视经济外交、人文外交，同步实施双边外交、多边外交，精心布置大国外交、周边外交，开拓创新主场外交、“一带一路”外交，及时推出抗疫外交、云端外交，在多个重大

---

① 中央外事工作会议在京举行[N]. 人民日报，2014-11-30(1).

② 王毅. 以习近平新时代中国特色社会主义思想引领中国外交开辟新境界[N]. 人民日报，2017-12-19(12).

③ 习近平. 论坚持推动构建人类命运共同体[M]. 北京：中央文献出版社，2018：492.

④ 习近平关于中国特色大国外交论述摘编[M]. 北京：中央文献出版社，2020：50.

国际场合上，一次次发出捍卫全球化、构建人类命运共同体的中国之声。根据笔者统计，2013 年以来，习近平论及“全球化”或“经济全球化”的座谈、谈话、发言、讲话、演讲有 50 多次，详细予以阐述的有 20 多次，针对性的专门论述有：中央政治局第 27 次集体学习讲话、杭州二十国集团工商峰会开幕式主旨演讲、2016 年经合组织工商峰会主旨演讲、2017 年世界经济论坛年会开幕式主旨演讲、2017 年经合组织工商峰会主旨演讲、首届中国国际进口博览会开幕式主旨演讲、中法全球治理论坛闭幕式上的讲话、第七十五届联合国大会一般性辩论上的讲话、2020 年亚太经合组织工商领导人对话会上的主旨演讲、2021 年世界经济论坛“达沃斯议程”对话会上的特别致辞等十大名篇（均直接论述全球化思想或阐述中国关于全球化、全球治理的理念与举措）。在《论坚持推动构建人类命运共同体》一书中，“全球化”出现了 94 次，“全球治理”共有 74 次。“全球化”与“人类命运共同体”已经成为习近平新时代中国特色大国外交的高频话题，二者相互呼应、相互辉映、相得益彰，全球化是构建人类命运共同体的背景、基础、支撑，构建人类命运共同体是全球化的目标、方向、指引，共同成就了中国特色大国外交的大手笔。

（四）构建人类命运共同体是凝聚全球共识的议题

构建人类命运共同体作为中国应对全球化的建设性方案，不仅回答了时代之问，针砭治理之殇，体现大国之责，而且契合国际之盼。经济全球化遭遇保护主义、单边主义冲击之时，国际政治秩序也在遭受霸权主义、强权政治危害，人类文明秩序也遭到恐怖主义、极端主义威胁，困境之中人类怎么办？中国领导人利用一切外交场合积极阐释中国方案和主张，无论是主场演讲还是受邀发言，无论是视频演讲还是现场发言，无论是在双边会谈场合还是多边论坛，无论是在一年一度的博鳌亚洲论坛、亚信峰会、夏季达沃斯论坛、亚太经合组织领导人峰会、世界互联网大会上的讲话，抑或是在联合国、教科文组织、世界经济论坛、圣彼得堡国际经济论坛、中法全球治理论坛上的发言，习近平结合不同议题、从不同角度、向不同对象，或论述人类命运共同体的内涵、特征、意义，或阐发构建不同类型人类命运共同体的要求、政策、举措，或呼吁国际社会在伙伴关系、安全格局、经济发展、文明交流、生态建设、团结抗疫等方面的外交作为……中国领导人全方位多角度地阐释了中国推动构建人类命运共同体的思路方略，成功使构建人类命运共同体的话题和方案成为国际瞩目的焦点和全球性议题。

中国的倡导迅速获得国际社会的认同。2017 年 2 月 10 日,“构建人类命运共同体”理念被写入联合国社会发展委员会“非洲发展新伙伴关系的社会层面决议”;3 月 17 日,又被写入联合国安理会关于阿富汗问题的第 2344 号决议;3 月 23 日,一连被写入联合国人权理事会关于“经济、社会、文化权利”和“粮食权”两个决议;11 月 2 日,“构建人类命运共同体”又被写入联大“防止外空军备竞赛进一步切实措施”和“不首先在外空放置武器”两份安全决议。2018 年 6 月 20 日,纪念联合国外空会议 50 周年(UNISPACE+50)高级别会议采纳了中国提出的携手共建外空命运共同体理念,呼吁“在和平利用外空领域加强国际合作,以实现命运共同体愿景,为全人类谋求福利”。“构建人类命运共同体”理念被联合国载入多项不同层面的决议,标志着该理念已经成为国际公认的主流话语,获得广泛理解和支持。

构建人类命运共同体,作为一面凝聚全球共识、促进国际合作的旗帜,令世界有识之士和进步人士为之振奋。美国共产党主席约翰·巴切特尔(John Bachtell)指出,与全球化新阶段相适应,中国提出了构建人类命运共同体的新治理理念。这一理念认识到在这个全球化时代,没有一个国家能够独自解决发展、气候变化、和平、贫穷、疾病、资源分配或安全问题。它不是通过社会主义和资本主义制度之间的全球竞争来看待国际关系,而是通过国家间的关系和伙伴关系来看待国际关系。它认识到发展必须具有包容性和可持续性。① 德国智库席勒研究所创始人兼主席黑尔佳·策普-拉鲁什(Helga Zepp-La Rouche)认为,习近平主席对于构建人类命运共同体的愿景,是人类历史上一个全新发展时期中意义最为深远的实践理念,首次提出了不为战争左右的世界发展模式。②

二、构建人类命运共同体是全球化守正创新的实然之举

以习近平同志为核心的党中央审时度势,主张积极推进经济全球化发展,

---

① 约翰·巴切特尔,李海玉.中国正在经历快速而深远的变革[J].世界社会主义研究,2019,4(5):52-58,94.

② 唐红丽,段丹洁,张译心,等.中国式现代化点亮世界现代化理论光谱[N].中国社会科学报,2021-10-18(1).

并以此为路径推动构建人类命运共同体，为构建人类命运共同体奠定物质基础、创造社会条件。同时，又以构建人类命运共同体思想为指导，拨开全球化迷雾，拨正全球化航向，引领全球化爬坡过坎、转型升级，由此实现推动构建人类命运共同体与支持、匡正、创新、引领全球化的有机统一。

(一)正本清源捍卫全球化进程

在全球化缺乏推动力、全球治理亟待领导力之际，美国当局从一国私利出发，无论是特朗普信奉的“美国优先”还是拜登标榜“美国回来了”后拉拢西方盟友的做法，都是自我中心、以邻为壑的翻版与延续，在承担推进全球化义务方面均无建树，建墙、退群、制裁、垄断、脱钩、断供、甩锅、推责、反华、制俄，这些都与全球化开放包容、和平合作、平等交流、互利共赢的内在要求南辕北辙。美国国内政策也与全球化屡屡抵牾，既没有认真思考导致国内贫富悬殊的结构性、制度性、科技性、教育性因素，也没有真诚反省美国自身给世界政局动荡、金融危机和难民移民问题带来的灾祸和伤害，反而将当权者政策失误、贫富差距拉大、种族矛盾激化等问题统统迁怒到全球化头上，拿贸易逆差开刀，找外国移民出气。“逆全球化动向，有些是因为全球化进程所带来的问题使其感到代价太大而对全球化产生了不满和抵制，有些则是其不愿或不能很好地解决其国内问题而‘嫁祸’于全球化。总之，近几年出现的逆全球化风潮是西方国家对其在全球治理和国家治理过程中产生的一系列问题所作出的回应。但是，逆全球化的政策绝对不能很好地解决这些问题。”[①]美国应对全球化的方案不仅于事无补，更将世界经济和国际合作拖入深渊。欧盟是二战后区域一体化的先锋和典范，但作为一个整体，欧盟并没有对全球化形成清晰的共识，反而呈现出自我矛盾的心态和政策取向，既想享受全球化带来的好处又试图回避相关挑战，既积极抵制美国保护主义，自身政策又具有保护主义倾向；既支持国际多边合作机制，又想根据自己的意愿“修改规则”[②]；既想彰显倡导自由贸易、多边主义的立场与价值，又无法摆脱美国影响与左右；既是“规范性力量”的主要贡献者，又在历经欧债危机、难民危机、英国脱欧和新冠疫情四大

① 韩召颖，姜潭．西方国家“逆全球化”现象的一种解释[J].四川大学学报(哲学社会科学版)，2018(5)：94-102.

② 刘明礼．试析欧盟对全球化的矛盾心态[J].现代国际关系，2018(7)：39-45，64.

考验后内部治理困境加剧，引领效应式微[①]。欧盟甚至有可能从主导性力量下滑为无所作为的平庸角色，在被美国捆绑时还有可能沦为某种破坏性阻力。日本的自利性、加拿大的摇摆性、澳大利亚的裂变性决定了它们在全球化转型升级中发挥作用的局限性。全球化的衰退、分化、断裂亟待重振、修复、整合。中国"构建人类命运共同体，实现共赢共享"的建设性方案，全面诠释了中国的全球化主张。

从本质上看，全球化是客观事实。"经济全球化是社会生产力发展的客观要求和科技进步的必然结果，不是哪些人、哪些国家人为造出来的。"[②]从属性上看，全球化是进步潮流。"经济全球化是历史大势，促成了贸易大繁荣、投资大便利、人员大流动、技术大发展。"[③]从过程上看，全球化需要引导。"面对经济全球化带来的机遇和挑战，正确的选择是，充分利用一切机遇，合作应对一切挑战，引导好经济全球化走向。"[④]那么应该如何引导？中国的态度很明确——"面对形势的发展变化，经济全球化在形式和内容上面临新的调整，理念上应该更加注重开放包容，方向上应该更加注重普惠平衡，效应上应该更加注重公正共赢"。[⑤] 中国的倡导很具体——"我们要主动作为、适度管理，让经济全球化的正面效应更多释放出来，实现经济全球化进程再平衡；我们要顺应大势、结合国情，正确选择融入经济全球化的路径和节奏；我们要讲求效率、注重公平，让不同国家、不同阶层、不同人群共享经济全球化的好处"。[⑥] 中国的措施很务实——"我们要以更加开放的心态和举措，共同把全球市场的蛋糕做大、把全球共享的机制做实、把全球合作的方式做活……"[⑦]中国的方向很清晰——"我们要拆墙而不要筑墙，要开放而不要隔绝，要融合而不要脱钩，引导经济全球化朝着更加开放、包容、普惠、平衡、共赢的方向发展"。[⑧] 中国领导

---

① 韩召颖，吕贤．全球经济治理创新：一项基于议题调适和规则重构的分析[J]．世界经济与政治论坛，2021(1)：80-99.

② 习近平．论坚持推动构建人类命运共同体[M]．北京：中央文献出版社，2018：401.

③ 习近平．论坚持推动构建人类命运共同体[M]．北京：中央文献出版社，2018：420.

④ 习近平．论坚持推动构建人类命运共同体[M]．北京：中央文献出版社，2018：403.

⑤ 习近平．论坚持推动构建人类命运共同体[M]．北京：中央文献出版社，2018：498.

⑥ 习近平．论坚持推动构建人类命运共同体[M]．北京：中央文献出版社，2018：403.

⑦ 习近平．开放合作 命运与共：在第二届中国国际进口博览会开幕式上的主旨演讲[N]．人民日报，2019-11-06(3).

⑧ 习近平．团结合作抗疫 引领经济复苏：在亚太经合组织领导人非正式会议上的讲话[N]．人民日报，2021-07-16(2).

人对全球化的精辟论述构成了关于经济全球化的完整的中国方案,体现了发展中大国从客观趋势出发支持全球化的理性态度、立足人类共同利益分享全球化好处的人文温度、站在历史正确一边引导全球化走向的价值高度。

(二)对症下药治理全球化弊端

全球化问题林林总总,可以概括为五个方面:贫富分化、民主弱化、文化西化、社会极化、环境恶化。这是反全球化运动兴起的基本背景。[①] 全球金融危机以来,西方主导的全球化在经济、政治、文化、社会、生态方面累积的问题不堪重负,保护主义、单边主义、民粹主义、排外主义交汇合流,反全球化思潮、去全球化政策、逆全球化行为兴风作浪,新冠疫情暴露出的阶级对立、种族仇视、资源不均、疫苗分配不公交错叠加,促使国际社会探寻新的出路。中国方案顺应和平发展合作共赢大势,代表发展中国家诉求心声,试图在全球化危难之际补天填海。2015 年在第七十届联合国大会一般性辩论时,习近平主席指出,我们要建立平等相待、互商互谅的伙伴关系,营造公道正义、共建共享的安全格局,谋求开放创新、包容互惠的发展前景,促进和而不同、兼收并蓄的文明交流,构筑尊崇自然、绿色发展的生态体系。这是构建人类命运共同体的总布局和路线图,是对现行全球化五大痼疾的精准施治、对症下药——以开放创新、包容互惠治愈贫富分化,以平等相待、互商互谅挽救民主赤字,以和而不同、兼收并蓄破解文明冲突,以公道正义、共建共享匡正狭隘排外,以尊崇自然、绿色发展抑制环境恶化。党的十九大将"五位一体"的人类命运共同体与"五大特征"的经济全球化同时写入报告,"各国人民同心协力,构建人类命运共同体,建设持久和平、普遍安全、共同繁荣、开放包容、清洁美丽的世界……要同舟共济,促进贸易和投资自由化便利化,推动经济全球化朝着更加开放、包容、普惠、平衡、共赢的方向发展"。[②] 面对全球化之弊,构建人类命运共同体方案勾勒出清晰的解决思路和行动指南。意大利共产党党刊《21 世纪的马克思》主编安德烈·卡托内(Andrea Catone)认为,"习近平提出了'新全球化'。'新全球化'不仅是经济的,也是文化的,具有具体的普遍性,承认世界各国人民的多样性,建议为构建人类命运共同体而奋斗。这是对整个世界未来的战略构想。世界各国的联系日益密切,需要一种新型的全球化。'新全球化'与始于 1991

① 李丹. 反全球化运动研究[M]. 北京:九州出版社,2007:70.

② 习近平谈治国理政:第三卷[M]. 北京:外文出版社,2020:46.

年的由美国和西方国家主导的帝国主义全球化截然不同，世界各国之间的关系必须以互利共赢为基础，以真正的国际团结为基础”。①

新冠疫情成为全球化弊端的放大器，将问题丛生的全球化进一步拖向深渊，生产停滞、供应断裂、贸易萎缩、生活倒退一同袭来，穷人感染率高、死亡率高、失业率高，穷国物资匮乏、防护不足、疫苗无望。单边主义、以邻为壑、自我优先的政治病毒加剧了种种不平衡，至暗时刻，中国领导人提出了卫生健康治理的系统方案：当务之急是，“加强信息分享，开展药物、疫苗研发、防疫合作，有效防止疫情跨境传播。要携手帮助公共卫生体系薄弱的发展中国家提高应对能力”。② 治本之策是，“遵照世卫组织专业建议，有序开展复工复产复学。要加强国际宏观经济政策协调，维护全球产业链供应链稳定畅通，尽力恢复世界经济”。③ 关键之举是，“要针对这次疫情暴露出来的短板和不足，完善公共卫生安全治理体系，提高突发公共卫生事件应急响应速度，建立全球和地区防疫物资储备中心”。④ 长远保障是，“加强防控合作，推动药物和疫苗研发，维护经济金融稳定，确保产业链、供应链畅通，缓解发展中国家债务负担”。⑤ 具体行动是，“中国愿继续同各国分享抗疫经验和诊疗技术，提供必要医护物资，履行中国疫苗作为全球公共产品的承诺，帮助国际社会特别是发展中国家提高应对突发公共卫生事件能力，推动构建人类卫生健康共同体”。⑥ 在全球化的大考面前，中国不仅交出了疫情防控、经济复苏的满意答卷，还为全球团结抗疫提出了一套完整系统且极富建设性的倡议方案，为遭受新冠病毒和政治病毒双重袭击的全球化重启、更新贡献了中国智慧和力量。

---

① 新时代中国特色社会主义思想对中国、对世界的战略意义：对意大利共产党党刊主编的采访录[J].世界社会主义研究，2019，4(6)：42-50，95.

② 习近平. 携手抗疫 共克时艰：在二十国集团领导人特别峰会上的发言[N]. 人民日报，2020-03-27(1).

③ 习近平. 团结抗疫 共克时艰：在中非团结抗疫特别峰会上的主旨讲话[N]. 人民日报，2020-06-18(2).

④ 习近平. 团结合作战胜疫情共同构建人类卫生健康共同体：在第73届世界卫生大会视频会议开幕式上的致辞[N]. 人民日报，2020-05-19(2).

⑤ 习近平. 勠力战疫 共创未来：在二十国集团领导人第十五次峰会第一阶段会议上的讲话[N]. 人民日报，2020-11-22(2).

⑥ 习近平. 共抗疫情，共促复苏，共谋和平：在第三届巴黎和平论坛的致辞[N]. 人民日报，2020-11-13(3).

(三)"一带一路"创新全球化实践

从2017年初在联合国日内瓦总部的演讲,到2021年在第四届中国国际进口博览会开幕式上的主旨演讲,习近平主席先后近30次在重要国际场合倡导提出要引导经济全球化朝着更加开放、包容、普惠、平衡、共赢的方向发展。开放、包容、普惠、平衡、共赢是习近平主张新型全球化的性质方向,也是中国开展"一带一路"实践的鲜明导向。

"一带一路"提供了打造开放、包容全球化的平台。"如果说第一次改革开放是邓小平提出建设4个经济特区,彻底打开了中国对外开放的大门,第二次是加入WTO彻底改变了中国对外开放格局的话,那么第三次就是建设'一带一路',这是未来30年的大战略。"[①]"一带一路"是全新的、升级版、加强版的对外开放。过去的开放是外国的资本、技术、设备、管理等走进来,"一带一路"开放是中国的技术、设备、标准、管理等走出去;过去主要是经贸开放,"一带一路"开放包括贸易、投资、金融、服务、农业、文化、教育、医疗等各方面;此前的开放主要在国家层面上进行,"一带一路"的开放则发生在全球、地区、城市、港口等各个层面,不限于国与国之间。有学者发现,关于"一带一路"的"大多数地图甚至不显示国界,而是显示各种走廊、地区和城市"。[②] 习近平强调,"共建'一带一路'不仅为世界各国发展提供了新机遇,也为中国开放发展开辟了新天地","中国将采取一系列重大改革开放举措,加强制度性、结构性安排,促进更高水平对外开放",并宣布中国将"更广领域扩大外资市场准入""更大力度加强知识产权保护国际合作""更大规模增加商品和服务进口""更加有效实施国际宏观经济政策协调""更加重视对外开放政策贯彻落实"。[③] 五个"更"凸显了中国开放市场、拥抱世界、建设人类命运共同体的博大胸怀,展现了"一带一路""无所不包"的开放理念,因此"一带一路"被称为中国式多元包容的全球化,是非西方全球化的试验场。中国通过东西兼顾、海陆协同,不仅与周边连成一片,而且横穿欧亚腹地,纵贯非洲大陆,还赢得了远在大洋洲和拉丁美

---

① 魏建国.一带一路是中国的第三次改革开放[J].中国投资,2015(9):88.

② GODEHARDTN. No end of history: a Chinese alternative concept of international order? [R/OL].[2018-03-02]. https://www.swp-berlin.org/publications/products/research_papers/2016RP02_gdh.pdf.

③ 习近平.齐心开创共建"一带一路"美好未来:在第二届"一带一路"国际合作高峰论坛开幕式上的主旨演讲[N].人民日报,2019-04-27(3).

洲国家的支持和响应，同时也与法国、加拿大、日本及其他国家和国际组织签署了第三方市场合作文件。目前，中国已主办两届“一带一路”国际合作高峰论坛，同近150个国家和30多个国际组织签署200多个共建“一带一路”合作文件。如此众多国际行为体的参与，体现了“一带一路”兼容并包、海纳百川的中国气质与胸怀。

“一带一路”展现了中国推进普惠平衡全球化的行动。共建“一带一路”重塑了全球化形态，使西方少数国家主导率领、广大发展中国家追随跟跑的纵向追赶型全球化，开始向中国与欧亚非国家对接开放、互利合作、平等互动的共同体式、横向协同式全球化迈进，这是一种新的关系和结构，是开辟普惠平衡全球化的新实践。普惠就是不独占、不排他，利益共享、普遍受益；平衡的本义是齐平如衡，等量持平不倾斜。普惠平衡强调全球化的公正性、普遍性、有效性，是对赢者通吃、贫者愈贫、危机频发当下全球化的纠偏规避，代表中国引领全球化的方向。习近平强调，“要让发展更加平衡，让发展机会更加均等、发展成果人人共享，就要完善发展理念和模式，提升发展公平性、有效性、协同性”。① 普惠平衡的全球化是各国平等协商、共同参与、联动发展的新型全球化。“共建‘一带一路’倡议源于中国，但机会和成果属于世界，中国不打地缘博弈小算盘，不搞封闭排他小圈子，不做凌驾于人的强买强卖。”②“一带一路”摒弃了某一国或几国制定规则并强制其他国家遵守的做法，促进国家层面的战略对接、管理层面的标准对接、企业层面的技术对接、社会层面的民心对接，使合作共赢、合作共担、合作共治③的新型全球化成为可能与现实。以亚洲基础设施投资银行为例，104个成员分布在各大洲，已批准的159个项目涵盖31个经济体，投资总额近320亿美元，涉及经济复苏、公共卫生、能源、金融、交通、通信、水资源、城市化等基建领域；亚投行向巴基斯坦投资的9个项目共批复了151641亿美元，其中M-4国家高速公路项目融资数额为1亿美元，目前已经完成，它连接了旁遮普省的南部，为当地前往卡拉奇、伊斯兰堡提供了便利交通；另一个项目是塔贝拉水电的扩建项目，这一清洁能源项目有助于巴基

① 习近平谈“一带一路”[M]. 北京：中央文献出版社，2018：156.

② 习近平谈“一带一路”[M]. 北京：中央文献出版社，2018：217.

③ 习近平. 在第三届中国国际进口博览会开幕式上的主旨演讲[N]. 人民日报，2020-11-05(2).

斯坦响应绿色气候倡议，也为当地人民提供了更多就业机会。[①]

（四）共赢共享引领全球化方向

1%与99%的对立是全球化的致命软肋和人类良心的伤疤，也是导致反全球化、逆全球化、去全球化浪潮汹涌的最大元凶。如果不能让同在一个蓝天下的人们共同分享经济全球化的成果，全球化便没有未来。以往的全球化被称为西方全球化，不仅是因为由西方开启、由西方主导，更是由于"利润流向西方""秩序归于西方"。[②] 全球化从古到今、从"天"到"地"都是西方建构的，"大地的全球化实际上是通过基督教—资本主义的航海实践性完成"，"若我们望向大海，它肇始于葡萄牙人的航海活动；若我们仰望天空，它则始于哥白尼'革命'以及开普勒对于天体按圆形轨道运行的金科玉律的背离"。[③] 中国领导人深知，全球化要赢得支持必须放大其正面效应，防止和减少其负面效应。"一带一路"体现了中国引领共赢共享全球化的思路，和平合作、开放包容、互学互鉴、互利共赢是丝路精神的核心，"弘扬丝路精神，就是要坚持合作共赢。中国追求的是共同发展。我们既要让自己过得好，也要让别人过得好"。[④] "一带一路"的相关文件反复强调中国的共赢观，"一带一路"是"促进共同发展、实现共同繁荣的合作共赢之路"，"旨在与世界分享中国发展带来的广阔机遇，欢迎各国搭乘中国和地区经济增长的快车，共同谱写合作共赢新乐章"，"共享就是兼顾合作方利益和关切，寻求利益契合点和合作最大公约数，使合作成果福及双方、惠泽各方"。[⑤] 共建"一带一路"坚持最大程度的非竞争性与非排他性，顺应了时代变局下国际社会对全球化公正性、互利性、平等性、共享性的追求，成为崛起后中国为世界提供的最大公共产品。《中国联合国合作立场文件》阐

---

① 巴基斯坦经济事务部官员：亚投行致力于巴基斯坦和亚洲国家的基础设施建设和抗击疫情[EB/OL].（2021-12-25）[2021-12-30]. https://news.cctv.com/2021/12/25/ARTIU5mynBf0PAnpZKGhuym8211225.shtml.

② 所谓的"英国治世"（Pax Britannica）、"美国治世"（Pax Americana）都是通过全球化确立的霸权秩序。

③ 斯洛特戴克. 资本的内部空间[M]. 北京：社会科学文献出版社，2014：12-14.

④ 习近平谈治国理政[M]. 北京：外文出版社，2014：315.

⑤ 分别选自"一带一路"的三个主要政府文件：2015年的《推动共建丝绸之路经济带和21世纪海上丝绸之路的愿景与行动》、2017年的《共建"一带一路"：理念、实践与中国的贡献》、2019年的《共建"一带一路"倡议：进展、贡献与展望》。

明，中国将继续推进共建“一带一路”同2030年可持续发展议程有效对接、协同增效，并结合抗疫、减贫、发展合作、气候变化等重点工作，探讨共建健康丝绸之路、绿色丝绸之路、数字丝绸之路、创新丝绸之路，同各方一道实现合作共赢的美好未来。

构建人类命运共同体就是中国擘画的美好未来。推动建设人类命运共同体，实现合作共赢，就是要寻求最大公约数，以共同富裕引领全球化方向。这与“一带一路”的定位目标，是相互贯通、彼此呼应的。习近平在“一带一路”国际合作高峰论坛圆桌峰会上说：“在‘一带一路’建设国际合作框架内，各方秉持共商、共建、共享原则，携手应对世界经济面临的挑战，开创发展新机遇，谋求发展新动力，拓展发展新空间，实现优势互补、互利共赢，不断朝着人类命运共同体方向迈进。这是我提出这一倡议的初衷，也是希望通过这一倡议实现的最高目标。”[①]“一带一路”正在勾勒中国引领全球化的样子，构建人类命运共同体指明中国引导全球化的方向，二者都是习近平关于全球化相关论述的重要表现。利己的全球化遭到被欺压国家和人民的唾弃，已经走到了尽头，中国为之鼓与歌的全球化是真正为人类谋福利的全球化。因此，全球化发展的方向与人类命运共同体建设的方向是一致的，全球化不断转型升级更新优化的过程，就是人类命运共同体加快形成的过程。当前，人类正在经历史上罕见的多重危机，全球化逆流和挑战犹在，对抗撕裂仍在继续。一些国家和政党却热衷“新冷战”，大搞“小圈子”，拼凑“印太战略”，召开“民主峰会”，人为制造紧张、猜忌、矛盾、隔绝，只能把世界推向动荡、分裂、对抗甚至冲突。“一个分裂的世界无法应对人类面临的共同挑战，对抗将把人类引入死胡同”，“我们要秉持人类命运共同体理念，坚守和平、发展、公平、正义、民主、自由的全人类共同价值，摆脱意识形态偏见，最大程度增强合作机制、理念、政策的开放性和包容性，共同维护世界和平稳定”。[②] 人类命运共同体理念正是应对逆全球化的理论突围，也是照亮国际新秩序的思想火炬。“人类命运共同体秉承命运与共是归宿理念，本质在于解决人类可持续发展问题，实现你中有我、我中有你的共同体。因此，人类命运共同体正是全球化所要打造的真正‘地球村’，中国应当

---

① 习近平谈“一带一路”[M]. 北京：中央文献出版社，2018：194.

② 习近平. 让多边主义的火炬照亮人类前行之路：在世界经济论坛“达沃斯议程”对话会上的特别致辞[N]. 人民日报，2021-01-26(2).

充分借助人类命运共同体建设打造国际关系新秩序。"[①]共建"一带一路"将构建人类命运共同体的中国方案转化为生动实践,将人类共同价值和新的治理秩序书写在丝绸之路上。有的学者说,"一带一路"项目成为"一个传播和创造性地复制中国创设的规范性全球秩序(Chinese-designednormative global order)理念的场所,有效地提高了中国对欧亚和非洲、美洲发展中国家的观念影响力",而构建人类命运共同体正是对中国设计的规范性全球秩序这一概念的表达,它呼应了中国多元观念和而不同的传统,"是中国的全球化概念,既有国际主义倾向,也有亲主权倾向"。[②] 这种中国特色的全球化,在一些学者眼里代表了全球化范式的转变,体现了新时代通过"五通"创造"平等世界秩序"的新叙事,即走向"更平等、更不暴力"的全球化范式。

---

① 佟家栋,何欢,涂红. 逆全球化与国际经济新秩序的开启[J]. 南开学报(哲学社会科学版),2020(2):1-9.

② CALCIATI S. Globalisation with Chinese characteristics: does the "community of shared destiny" promote internationalist or sovereign values? [EB/OL].[2021-10-18]. https://knt.aca-demia.edu/StefaniaCalciati.

共建"一带一路"的基本理论与实现路径*

陈甬军

"一带一路"倡议是中国在世界进入百年未有之变局新阶段对国际、国内发展环境的重大变化审慎考量的产物,是习近平新时代中国特色社会主义思想最重要的实践创新和理论发展。《中共中央关于制定国民经济和社会发展第十四个五年规划和二〇三五年远景目标的建议》设立专章,详述"一带一路"高质量发展规划思路。2021 年 4 月 20 日,习近平主席在博鳌亚洲论坛上发表重要讲话,在"一带一路"奏响强音进程中又提出新的发展方向,要把"一带一路"建成"减贫之路""增长之路",为人类走向共同繁荣作出积极贡献。由此,共建"一带一路"进入新的发展阶段。

一、"一带一路"的内涵

"一带一路"(the Belt and Road Initiative,BRI)是在古代陆上丝绸之路与海上丝绸之路基础上形成的文化符号古为今用的简称。我国沿用这一富有中国与沿线人民合作传统和丰富历史文化内容的名称,在新的国际经济合作倡议中赋予其新的定义。国务委员王毅 2019 年 4 月在第二届国际高峰论坛吹风会上对"一带一路"的阐释,精要地把握了共建"一带一路"的内涵。他指出,

---

* 本文作者陈甬军系厦门大学一带一路研究院特约研究员、广东财经大学大湾区双循环发展研究院院长、中国人民大学商学院教授,于 2020 年 12 月 28 日在厦门大学一带一路研究院以本文内容为主题做"一带一路"系列学术讲座第 17 场,成果发表于《人大国发院政策简报》2021 年 5 月第 8 期。

“‘一带一路’是习近平主席提出的国际经济合作倡议，核心是以基础设施建设为主线，加强全方位互联互通，为世界经济增长挖掘新动力，为国际经济合作打造新平台”。这个三段论阐述正确地表明了“一带一路”建设的总题目、内容和建设目的、要求与任务。

二、共建“一带一路”的成效

2013 年以来，“一带一路”作为人类历史上对全人类发展最具实质性意义的国际合作计划，取得了开局的重要成效。

第一，国际共识持续扩大。截至 2020 年，中国政府先后与 138 个国家和地区、30 个国际组织签署了 205 份共建“一带一路”合作文件，“一带一路”朋友圈遍布亚洲、非洲、欧洲、大洋洲、拉丁美洲，“一带一路”倡议及其核心理念已写入联合国、二十国集团、亚太经合组织以及其他区域组织等有关文件中。两届“一带一路”国际合作高峰论坛顺利举办，其中第二届“一带一路”国际合作高峰论坛共有 38 位国家元首和政府首脑出席，来自 150 多个国家和 90 多个国际组织的 6000 余名外宾出席论坛，会议形成了共 6 大类 283 项建设性成果。

第二，基础设施建设稳步推进。聚焦“六廊六路多国多港”主骨架，一批“一带一路”标志性项目取得实质性进展。中国和共建“一带一路”国家在港口、铁路、公路、电力、航空、通信等领域开展的大量合作，有效提升了共建国家的基础设施建设水平，缩短了共建国家的交通运输时间，降低贸易成本，释放贸易和投资潜力，不断为构建人类命运共同体提供新动能。2019 年世界银行研究报告对此给予积极评价。

第三，贸易往来持续增长。中国与共建“一带一路”国家货物贸易进出口总额从 2013 年的 1.04 万亿美元增加到 2019 年的 1.34 万亿美元，7 年间累计总额超过 7.81 万亿美元，见图 1；中国与共建国家贸易额占同期外贸总额的比重逐年提升，由 2013 年的 25％提升到了 2019 年的 29.4％。

第四，中国与共建“一带一路”国家互相直接投资稳中有增。中国企业对共建“一带一路”国家直接投资总额从 2013 年的 126.3 亿美元增加到 2019 年的 186.9 亿美元，7 年间累计总额超过 1100 亿美元，见图 2；中国对共建“一带一路”国家投资总额占同期对外直接投资总额的比重大致稳定在 12％水平。

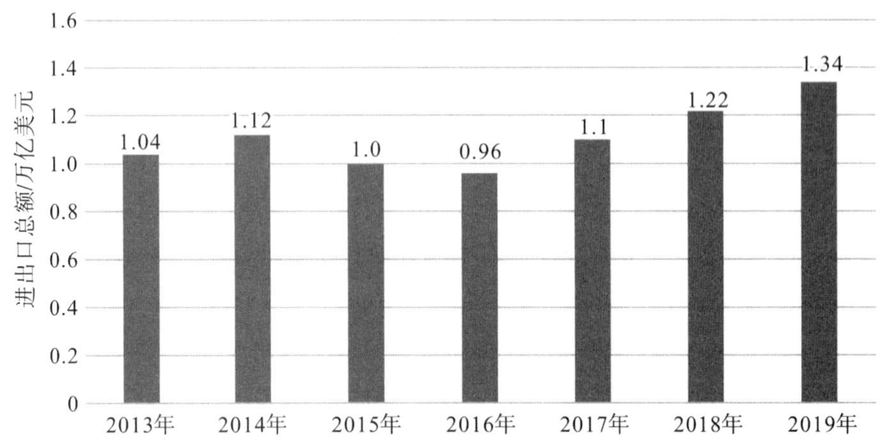

图1　2013—2019年中国企业对共建“一带一路”国家进出口总额

资料来源：课题组根据商务部、中国海关总署相关数据整理。

共建“一带一路”国家对华直接投资超过500亿美元，设立企业超过2.2万家。2019年，共建“一带一路”国家在华实际投入外资金额84.2亿美元，同比增长30.6%，占同期中国实际吸收外资总额的6.1%，在华新设企业5591家，同比增长24.8%。

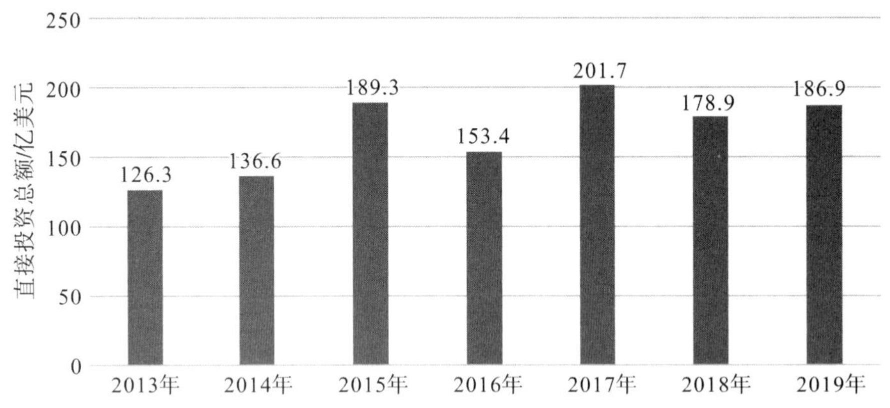

图2　2013—2019年中国企业对共建“一带一路”国家直接投资总额

资料来源：课题组根据商务部有关数据整理。

第五，推动构建人类命运共同体。“一带一路”建设八年，投资总额约1400亿美元，货物贸易额超9万亿美元，见图3。中国对共建“一带一路”国家投资为共建国家创造了新的税收和就业渠道，促进了当地经济发展。截至

2019 年底，中国共建“一带一路”国家建设的合作区累计投资 350 亿美元，上缴东道国税费超过 30 亿美元，为当地创造就业岗位 33 万个。

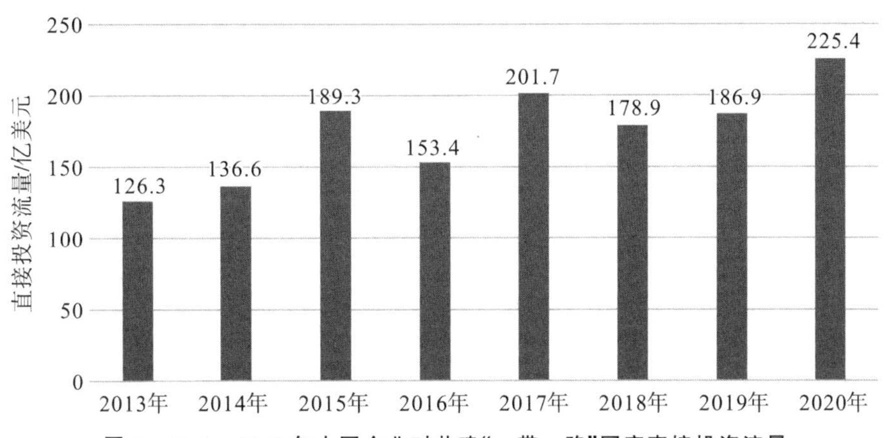

图 3　2013—2020 年中国企业对共建“一带一路”国家直接投资流量

资料来源：课题组根据商务部有关数据整理。

三、共建“一带一路”合作共赢的理论模型分析

八年来，共建“一带一路”的理论体系不断发展，主要内容可概括为六个方面。第一，理念革新：要秉持共商共建共享原则，坚持开放、绿色、廉洁理念。第二，目标清晰：实现高标准、惠民生、可持续目标。第三，方式崭新：依靠中国和有关国家的多边合作机制，借助行之有效的区域合作平台，主动发展与共建国家的经济合作伙伴关系，实现“五通”——政策沟通、设施联通、贸易畅通、资金融通、民心相通。第四，路径清晰：从大写意到工笔画，走实走深，实现高质量发展。第五，目标明确：共同打造政治互信、经济融合、文化包容的利益共同体、命运共同体和责任共同体，充分展示“世界养育中国、中国回馈世界”的主旋律。总目标：构建人类命运共同体。第六，十个之路：努力将“一带一路”建设建成和平之路、繁荣之路、开放之路、绿色之路、创新之路、文明之路、廉洁之路、健康之路、增长之路和减贫之路。

根据八年建设实践，可以进一步提炼一个总的理论框架：实现“一带一路”挖掘新动力、打造新平台的建设目标，具体需要实现“必要条件”和“充分条件”的结合。中国与合作共建国家客观存在的经济结构上的供需匹配是共建“一

带一路"实现合作共赢的必要条件。从中国的供给要素来看,在新常态经济形势下,中国的投资和消费需求增长相对放缓,产能富裕需要新的市场空间;中国制造业,特别是基础设施项目建设的技术已达到世界领先水平;庞大的外汇储备可通过提供比较充裕的资金来引导寻求稳健的投资项目与机会,因此可通过共建"一带一路"实现中国经济结构转型的内在要求;而从中西亚为代表的亚洲国家的需求来看,亚洲每年基础设施建设资金需求达 8000 亿美元,资金缺口约为 5200 亿美元。基础设施投资具有正向外溢作用,能够支撑和带动地区经济发展,是发展中国家实现工业化和现代化的必经之路。中国的供给与发展中国家的需求正好匹配。这个经济结构上存在的供需匹配是共建"一带一路"的经济基础,是"一带一路"为什么"能"的客观条件。

可以以中国与亚洲某国合作投资建设为例说明合作的基本模式。中国对某个亚洲国家提供低息贷款 100 亿美元进行基础设施项目建设;这个国家用这个低息贷款购买中国的基础设施产品和劳务;中国企业获得平均利润,实现国内产能的合理应用和外汇储备的保值增值。由于基础设施对经济发展有长远的促进作用,参加合作的这个国家利用中国资金、技术以及产能进行基础设施建设,可在未来用获得的项目收益和增加的政府税收,偿还当初的低息贷款,同时为今后实现工业化和现代化奠定物质基础。这样就实现了"双赢"。这个模式同样适合于中国与非洲国家的合作。基础设施建设能够带动非洲大量发展中国家和区域经济的发展,非洲国家参与共建"一带一路"将大大受益。

这个中国与其他合作国家"双赢"的基本模式也可延展为欧洲、北美国家参加的"多边共赢"模式。由于近年来欧洲各国面临经济增长压力,以英、法、德为代表的欧洲制造业大国可依靠自身技术优势参与到共建"一带一路"倡议中,通过参与项目建设获得亚洲广阔市场,促进经济增长。同时,"多边共赢"模式也可纳入北美国家。以美国、加拿大为代表的北美国家可通过经济技术优势参与到"一带一路"建设中,获取亚洲、非洲的广阔市场,缓解经济增长压力,强大的市场需求和技术外溢作用推动这些国家经济进一步升级,惠及世界主要发达国家。中国在项目合作中联合发达国家的经济技术优势,不断提升制造业自主创新水平。但是这个合作模式的实施需以国家之间良好的政治关系为前提。

共建"一带一路"可以助推世界经济再平衡。全球宏观经济面临供给过剩、需求不足的困境,据估计全球需求缺口在一万亿美元左右。2016 年 8 月 17 日,习近平在中央推进"一带一路"建设工作座谈会上指出,以"一带一路"建设为契机,开展跨国互联互通,提高贸易和投资合作水平,推动国际产能和装备制造合作，本质上是通过提高有效供给来催生新的需求，实现世界经济再平衡。特别是在当前由于疫情暴发世界经济持续低迷的情况下，如果能够使顺周期下形成的巨大产能和建设能力走出去，满足共建国家推进工业化、现代化和提高基础设施水平的迫切需要，有利于稳定当前世界经济形势。如果中国今后在“一带一路”项目上投资达到200亿美元/年，按照1∶5的投资乘数粗略估计，可以产生1000亿美元/年的总需求，预计将弥补世界经济需求总缺口的十分之一左右。

因此，共建“一带一路”的经济本质是创造实现“红利”。红利在微观上表现为合作共赢、多边共赢，在宏观上表现为助推全球经济平衡。要获取红利，在国家层面要开放合作，同舟共济；在企业层面要精诚团结、精心组织、精密施工、精细分工。

概括地说，要实现共建“一带一路”合作共赢的内在目标，需要提供满足共建“一带一路”所需要的一系列充分条件，其基本内容主要是形成中国与共建国家共建的良性互动模式和充分有效的政策保障体系，从而实现两个条件的结合，使共建“一带一路”真正“能”起来。这也是我们过去和将来所做事情的“主轴”。

四、“十四五”高质量共建“一带一路”的具体路径

根据以上理论分析，进一步完善“一带一路”建设的各项充分条件是今后推动“一带一路”高质量发展的中心工作。因此，党的十九届五中全会通过的《中共中央关于制定国民经济和社会发展第十四个五年规划和二〇三五年远景目标的建议》（以下简称《建议》）指出了在“十四五”期间推进“一带一路”高质量发展的基本方针和任务。遵循《建议》提出的指导思想和工作方针，在2021年全国人民代表大会通过的国家“十四五”规划中专门设置了第四十一章“推动共建‘一带一路’高质量发展”，对“一带一路”高质量发展进行了具体规划。其中有三项工作最为重要。

第一，互联互通是关键的基础性工作，是重中之重。基础设施是互联互通的基石，也是许多发展中国家发展面临的瓶颈。建设高质量、可持续、抗风险、价格合理、包容可及的基础设施，有利于各国充分发挥资源禀赋，更好融入全球供应链、产业链、价值链，实现联动发展，这个既是“一带一路”倡议获得国际

社会认可并积极参与的基础，也是“一带一路”建设成功的关键所在。中方应同合作各方继续努力，构建以新亚欧大陆桥等经济走廊为引领，以中欧班列、陆海新通道等大通道和信息高速路为骨架，以铁路、港口、管网等为依托的互联互通网络，依托六廊六路多国多港，构建全球互联互通伙伴关系，实现共同发展繁荣。

第二，建设好投融资金融平台。继续发挥共建“一带一路”专项贷款、丝路基金、各类专项投资基金的作用，发展丝路主题债券，支持多边开发融资合作中心有效运作。在以亚投行投资项目引领“一带一路”建设导向的同时，欢迎多边和各国金融机构参与共建“一带一路”投融资，鼓励开展第三方市场合作，通过多方参与实现共同受益的目标。

第三，深入开展理论研究，促进文化交流。共建“一带一路”是一项综合性、战略性、系统性、国际性、长期性的研究。目前我国已具有多项“一带一路”建设的相关研究重大项目。结合理论研究与政策研究，使项目研究形成合力，提供更加高水平的成果是今后努力的方向。

从进一步提供满足共建“一带一路”充分条件的角度考虑，课题组根据上述《建议》与“十四五”规划内容，对“十四五”高质量共建“一带一路”的具体政策提出十条建议：

第一，建设更高水平开放型的经济型体制，全面提高对外开放水平。在“前场”开局良好、成果丰硕的基础上，共建“一带一路”要做成历史性的国际合作创新工程，不仅需要实现合作共赢的内部必要条件，而且更需要建设更高水平开放型经济新体制，全面提高对外开放水平的外部充分条件。具体包括加入 RCEP、推动加入 CPTPP、建设海南自由贸易港、办好上海进口博览会等。要在“十四五”期间打好推动共建“一带一路”高质量发展的“中场”，实现“一带一路”从谋篇布局的“大写意”到精谨细腻的“工笔画”的转变，使“一带一路”建设更加稳妥、更具持久性。

第二，建议制定“十四五”共建“一带一路”国家专项规划。当务之急是要贯彻落实《建议》的重要精神，系统总结“一带一路”八年来的发展情况，客观评估“一带一路”项目实施进展，科学统筹和规划未来发力的重点方向和合作方式，努力将“工笔画”的一笔一画落实到细节之处。建议制定“十四五”时期共建“一带一路”的专项规划，提出发展的基本蓝图、重点任务和行动方案。建议“十四五”期间“一带一路”建设中方在非股权投资的总规模控制在 1000 亿美元左右，其中数字经济与绿色发展项目投资占比 40% 以上。规模不再扩大，而是把项目做深做实，滚动式地前进，实现良性循环，以“中场”的顺利推进为今后全场的胜利奠定基础。

第三，构建国际产业链，助推国内国际双循环。新发展格局中的国内国际双循环与“一带一路”是相辅相成的，共建“一带一路”也可以助推构建国内国际双循环，反过来国内国际双循环圈的形成也为共建“一带一路”更广阔、更扎实的工作提供了新的平台、新的机制。面临立足新发展阶段、贯彻新发展理念、构建新发展格局的新形势，筹划“一带一路”建设新发展的当务之急是构建国际产业链，助推国内国际双循环新发展格局的形成。推动双循环运转，在国内要进行供给侧结构性改革，扩大消费，推动创新；在国际上需要建立适合新型全球化发展的国际政治环境，为共建“一带一路”，构建人类命运共同体创造一个良好的发展条件。

第四，建议今后“一带一路”国际合作高峰论坛设立新疆、福建、海南等地区分论坛。“十四五”规划第二节“推进基础设施互联互通”中提到推进福建、新疆建设“一带一路”核心区。2021 年的博鳌亚洲论坛，习近平主席发表了关于全球治理和“一带一路”的主旨演讲，指出了海南发展在助推“一带一路”全局发展中的重要作用。因此，设立新疆、福建、海南高峰论坛分论坛，有利于促进“一带一路”高质量发展。

第五，要加强互联互通建设的数字化水平。创新是新时代中国实现 2035 初步建成社会主义现代化目标的关键。技术效率的变革和组织变革是实现 GDP 每年增长 5%左右目标的钥匙。其中，数字经济又是创新的核心，“一带一路”的互联互通数字化建设具体表现为建设数字丝绸之路、创新丝绸之路。

第六，建设与国际资本市场接轨的投融资平台。《建议》已经明确要建设多元化的投融资平台。应借鉴巴基斯坦电厂建设采用的 BOT 方式并由卡特尔参加项目公司运营等的成功经验，欢迎多边和各国金融机构参与共建“一带一路”投融资，鼓励开展第三方市场合作，通过多方参与实现共同受益的目标。

第七，建立公开透明的项目建设信息发布机制。2019 年 6 月，《共绘“一带一路”工笔画——吸引国际私有资本参与共建国家基础设施建设》的研究报告指出，“一带一路”的国家基础设施项目所面临的主要挑战是投资者认为在这些市场上面缺乏财务可行、风险可控、交易价格合理可盈利的项目机会。针对这一问题，中外政府、企业、国际多边组织和中外专业机构需通过合作加强制度能力建设、构建风险管控系统、创新和拓宽融资渠道、建立有效的政企合作平台来推动“一带一路”项目的融资和实施，从而构建有助于吸引国际私有资本参与共建国家的基础设施建设运营。要吸收这些建议的合理部分并出台具体政策。

第八，引进第三方组织参加评估合作建设国家的债务可持续性。2019年4月25日，在第二届“一带一路”国际合作高峰论坛资金融通分论坛期间，财政部正式发布《“一带一路”债务可持续性分析框架》。该分析框架是在借鉴国际货币基金组织和世界银行低收入国家债务可持续性分析框架基础上，结合“一带一路”国家实际情况制定的债务可持续性分析工具，鼓励中国和共建“一带一路”国家金融机构、国际机构在自愿基础上使用。建议引进第三方评估，使评估更具有公信力，以回击个别国家宣扬“一带一路”引发“债务危机”。

第九，建立形成多元互动的人文交流机制的协调组织。共建“一带一路”内容涵盖多、涉及部门广，各部委积极探索人文交流，但缺乏协调机制。教育系统率先迈出“一带一路”的人文交流步伐，厦门大学马来西亚分校开创了中国大学设立海外分校的先例。中国人民大学也在苏州设立了中法学院，为“一带一路”的文化交流作出了贡献。建议建立共建“一带一路”的人文交流协调机制，形成多方合力，更好地配合共建“一带一路”高质量发展方向。

第十，切实加强“一带一路”软力量建设。软力量是共建“一带一路”的重要助推器，要在“一带一路”建设的实践中做好理论研究、舆论宣传和文化传播三大任务，其中舆论宣传承担了特别重要的任务。建议中宣部出版《“一带一路”面对面》读本，把“一带一路”为什么能够实现合作共赢，中国为什么提出共建“一带一路”，“一带一路”建设会产生什么作用和发展前景等广大群众关心的问题，写成十万字左右通俗易懂的小册子出版，向广大群众、企业家和基层干部宣传。同时，要继续发挥国家智库的作用，提倡研究机构、民间、专家、企业家合作研究，进一步凝聚出好的建议供中央有关部门参考。

总之，要努力在实践中实现必要条件与充分条件的良好结合，夺取共建“一带一路”这一历史性的伟大国际合作工程的全胜。

后疫情时代高质量建设“一带一路”的统筹模式*

翟 崑

2021 年 11 月 19 日，习近平主席在第三次“一带一路”建设座谈会上提出高质量建设“一带一路”的“五个统筹”，即统筹发展和安全、统筹国内和国际、统筹合作和斗争、统筹存量和增量、统筹整体和重点。① 这表明，随着国内外形势变化，“一带一路”进入发展新阶段，更加强调以统筹模式推动高质量建设，平衡各种矛盾，协调各方力量和资源，致力于“一带一路”的整体发展行稳致远。

一、“一带一路”统筹模式的演进

“一带一路”建设的内外环境都在发生变化，其推进模式也在不断调整。但是，无论怎么调整，万变不离其宗的是中国特色的统筹模式，即统筹兼顾各种矛盾、各种力量和资源，达到整体发展，实现效果最大化。

(一)“一带一路”统筹模式的整体规划

从国家战略和政策制定层面看，“一带一路”统筹模式的发展演变非常清

---

* 本文作者翟崑系北京大学区域与国别研究院副院长、教授，于 2022 年 6 月 23 日在厦门大学一带一路研究院以本文内容为主题做“一带一路”系列学术讲座第 58 场，成果发表于《国际经济合作》2022 年第 5 期。

① 习近平出席第三次“一带一路”建设座谈会并发表重要讲话[EB/OL].(2021-11-19)[2022-01-23].http://www.gov.cn/xinwen/2021-11/19/content_5652067.htm.

晰:《中共中央关于全面深化改革若干重大问题的决定》、党的十九大报告、"十四五"规划等均有对"一带一路"发展规划的专门论述。"一带一路"的发展态势,可以通过国内座谈会与国际高峰论坛相结合的方式来观察。"一带一路"建设九年来,习近平主席参加了三次国内"一带一路"座谈会、两次"一带一路"国际合作高峰论坛,形成他在最高层级和最高规格的内外场合交替论述"一带一路"发展态势和推进策略的惯例。具体时间线为:2016 年推进"一带一路"建设工作座谈会,2017 年首届"一带一路"国际合作高峰论坛,2018 年推进"一带一路"建设工作 5 周年座谈会,2019 年第二届"一带一路"国际合作高峰论坛,2021 年第三次"一带一路"建设座谈会。此外,推进"一带一路"建设工作领导小组由国务院副总理牵头,每年召开一到两次工作会议,统筹协调"一带一路"建设工作。

(二)"一带一路"统筹模式的发展演进

在统筹国内外两个大局的大框架下,随着内外形势变化,以 2020 年新冠疫情暴发为重要节点,"一带一路"统筹模式的内容更加丰富、要求更加明确,更适应内外环境的变化。在 2016 年第一次推进"一带一路"建设工作座谈会上,习近平主席强调要加强统筹协调,把有限的资源整合好、利用好,持续形成"一带一路"建设的强大合力,具体做好三大统筹,即"坚持陆海统筹,坚持内外统筹,加强政企统筹"。① 这一时期的"一带一路"统筹模式重开放、重发展、重合作。在 2021 年底第三次"一带一路"建设座谈会上,习近平主席提出要正确认识和把握共建"一带一路"面临的新形势,并提出"五个统筹"的融合推进模式。他指出,总体上看,和平与发展的时代主题没有改变,经济全球化大方向没有变,国际格局发展战略态势对我有利,共建"一带一路"仍面临重要机遇。同时,世界百年未有之大变局正加速演变,新一轮科技革命和产业变革带来的激烈竞争前所未有,气候变化、疫情防控等全球性问题对人类社会带来的影响前所未有,共建"一带一路"国际环境日趋复杂。我们要保持战略定力,抓住战略机遇,统筹发展和安全、统筹国内和国际、统筹合作和斗争、统筹存量和增量、统筹整体和重点,积极应对挑战,趋利避害,奋勇前进。② 由此可见,"一带

---

① 习近平:让"一带一路"建设造福沿线各国人民[EB/OL].(2016-08-17)[2022-01-22].http://www. xinhuanet. com/politics/2016-08/17/c_1119408654.htm.

② 习近平出席第三次"一带一路"建设座谈会并发表重要讲话[EB/OL].(2021-11-19)[2022-01-22].http://www. gov.cn/ xinwen/2021-11/19/content_5652067.htm.

一路”的统筹模式实现优化升级。

(三)“一带一路”统筹模式的基本框架

“一带一路”总体上以发展为导向,以统筹内外两个大局为基本框架,综合考虑平衡各种矛盾,以增强其发展动力,应对各种风险挑战,突破发展困境。“一带一路”在国家整体战略中日益体系化和机制化,随着国家发展战略和对外战略的调整而调适演进。比如,将“一带一路”写入党章、党的十九大报告和“十四五”规划,并服务于我国的开放战略、新发展格局、全球发展倡议等。“一带一路”统筹模式强调四方面内容:一是强调全局与重点的统筹。在全球多边、地区、次地区、双边层面进行统筹协调,形成“六廊六路多国多港”,陆、海、天、网“四位一体”的空间布局。二是强调推进“一带一路”建设工作领导小组发挥作用,即统筹各部门、各地方、企业和国际组织及民众。三是强调与各国发展战略的对接,建立全球互联互通伙伴关系。四是强调统筹协调政策沟通、设施联通、贸易畅通、资金融通和民心相通的“五通”政策,以及硬联通、软联通和心联通。总之,“一带一路”统筹模式致力于在其不同阶段,根据内外形势、主要问题和矛盾的变化,统筹协调各方,增加动力,应对挑战。

二、“一带一路”统筹模式的内容

习近平主席在第三次“一带一路”建设座谈会上提出的“五个统筹”涉及面最广,兼顾各种主要矛盾,最具系统统筹性。“五个统筹”中的发展、国内、合作、存量、整体是“一带一路”的基本盘,安全、国际、斗争、增量、重点则是需要加强和补足的部分。

(一)统筹发展和安全

统筹发展和安全标志着将“一带一路”的安全问题置于与发展等同的位置,要进一步加强二者的平衡。“一带一路”的发展属性和发展模式逐步成型,其成为中国参与和推进经济全球化、全球经济治理和人类命运共同体的重要载体。发展是第一位的,这是“一带一路”的立身之本。与此同时,“一带一路”

倡议面临的安全问题也日益突出。这不仅包括"一带一路"遇到的各类安全风险挑战不断上升,更包括美国等西方国家对"一带一路"实施"安全化"构建,将"一带一路"扭曲成安全问题和地缘政治问题,导致在国际上形成我国强调"一带一路"的发展属性,而西方国家强调安全属性,彼此相背而行的局面,加剧了"一带一路"发展与安全的矛盾、中国与西方世界有关国际秩序构建的结构性矛盾。第三次"一带一路"建设座谈会上有关保障"一带一路"安全问题的内容大幅增加,体现了我国对"一带一路"的安全属性认知不断升级,统筹发展和安全成为高质量共建"一带一路"的基本保障。

(二)统筹国内和国际

统筹国内和国际是指"一带一路"主要面向国际,根基在国内,需要服务于新发展格局。目前,"一带一路"发展面临国内与国际的断裂阻滞与交流融通需求的矛盾。宏观层面,国际环境急剧恶化。百年未有之大变局、世纪疫情、中美战略博弈、俄乌冲突等剧烈冲击全球格局,阻滞经济全球化。我国面临两大地缘漩涡联动的局面,即俄乌冲突引起的欧亚地缘漩涡与"印太战略"下的亚太漩涡联动共振,致使世界经济发展的政治化、安全化、战略化、武器化趋势上升。中观层面,国家治理难度骤升。当下,几乎所有国家的治理均需面对三重挑战,即疫情防治、国家发展和对外关系。而这三大挑战之间相互冲突,很难同时实现"既要、又要、还要"的协调发展。比如,一些东南亚国家如果要加大防疫力度,就会限制国内经济发展,甚至激化社会和政治冲突,同时还要应对美国迫使其在中美之间"选边站"的困境,不能像过去一样在"一带一路"上投入更大精力。微观层面,各国"认知赤字"普遍加剧。新冠疫情蔓延与国际政治矛盾加剧,导致各国之间、企业之间、组织之间以及人与人之间的交往合作减少,尤其是线下交流减少,相互了解不及时不充分。这就给落实"一带一路"的"一国一策"以及具体领域、行业、部门的合作带来"认知赤字"。因此,"一带一路"需主要面向国际。

(三)统筹合作和斗争

"五个统筹"第一次提出统筹合作和斗争,表明"一带一路"建设不仅仅是合作问题,也存在斗争问题,要勇于面对斗争,善于斗争,保障"一带一路"行稳致远。西方国家认为,"一带一路"的成功严重撼动西方秩序,"一带一路"越发展，与西方世界的冲突性就越强，兼容性越差，遂对“一带一路”进行遏制。一是提出对冲“一带一路”的倡议，例如七国集团先后提出“重建更美好世界”和“全球基础设施和投资伙伴关系”倡议，试图对抗并替代“一带一路”。[①]二是为制裁“一带一路”做准备，美国等西方国家从2008年国际金融危机后开始主导的逆全球化和全球产业链断裂进程，经过特朗普和拜登政府的推进和延续，以及俄乌冲突后西方对俄制裁和对华制裁准备，对“一带一路”的战略遏制更趋明显。三是以安全化战略对冲和瓦解“一带一路”，美国等西方国家在应对“一带一路”时更多利用欺骗、结盟、武力、零和、机会主义等手段，说一套做一套，不顾国际道义；而“一带一路”坚持和平发展、共商共建共享、全人类共同发展和人类命运共同体的理念，需直面来自西方的斗争。

（四）统筹存量和增量

“一带一路”前期已经有很好的基础，拥有较多存量，未来需要开发增量，不能因为疫情限制和国际斗争形势严峻而有所停滞。习近平主席在第三次“一带一路”建设座谈会上指出，要统筹考虑和谋划构建新发展格局和共建“一带一路”，聚焦新发力点，塑造新结合点。要稳步拓展合作新领域。要稳妥开展健康、绿色、数字、创新等新领域合作，培育合作新增长点。要加强抗疫国际合作，继续向共建国家提供力所能及的帮助。要支持发展中国家能源绿色低碳发展，推进绿色低碳发展信息共享和能力建设，深化生态环境和气候治理合作。要深化数字领域合作，发展“丝路电商”，构建数字合作格局。要实施好科技创新行动计划，加强知识产权保护国际合作，打造开放、公平、公正、非歧视的科技发展环境。[②]这意味着，各行业的头部企业、优势企业以及一些专精特新企业都可以找到机会。除了一些大型项目外，着重于民生的“小而美”项目将更受欢迎，成为“一带一路”提高增量的主要特征。习近平强调，“小而美”的项目，是直接影响到民众的。今后要将“小而美”项目作为对外合作的优先事项，加强统筹谋划，发挥援外资金四两拨千斤作用，形成更多接地气、聚

---

① WIDAKUSWARA P. Build back better world：Biden's counter to China's Belt and Road［EB/OL］.（2021-11-04）［2022-01-23］. https://www.voa news.com/a/build-back-better-world-biden-s-counter-to-china-s-belt-and-road/6299568.html.

② 习近平出席第三次“一带一路”建设座谈会并发表重要讲话［EB/OL］.（2021-11-19）［2022-01-24］. http://www.gov.cn/xinwen/2021-11/19/content_5652067.htm.

人气的项目。[①]

(五)统筹整体和重点

统筹整体和重点,说明“一带一路”是个系统性的整体。习近平主席在第三次“一带一路”建设座谈会上强调,要坚持党的集中统一领导,领导小组要抓好重大规划、重大政策、重大项目、重大问题和年度重点工作等的协调把关。有关部门要把共建“一带一路”工作纳入重要议事日程,统筹落实好境外项目建设和风险防控责任。地方要找准参与共建“一带一路”定位。要营造良好舆论氛围,深入阐释共建“一带一路”的理念、原则、方式等,共同讲好共建“一带一路”故事。[②]总的来看,“一带一路”作为一个系统工程,既要规划好,又要做好,还要“说好”。从时间上,“一带一路”从“大写意”到“工笔画”,整体转向高质量建设;从空间上,“一带一路”覆盖全球,但重点应该是周边国家和重点国家;从行为体上,需更加重视地方的作用;从内容上,要做好安全、国际、斗争、增量、重点工作,就是“五个统筹”的后半部分;从性质上,保证发展是第一前提,解决转型期的安全问题。总之,要通过“五个统筹”来推进构建良好的世界秩序,也就是人类命运共同体建设。

三、“一带一路”统筹模式的功能

“一带一路”统筹模式从属于统筹内外两个大局,在国家力量的支持下,具有一定的系统性功能。

(一)统筹模式适应“一带一路”的发展需求

“一带一路”是用一个倡议把国内外两个大局统筹起来的共同发展战略,发展是其第一属性。但目前,发展本身及其外部环境遭遇困境,这是“一带一

① “我就派《山海情》里的那个林占熺去了”[N].人民日报,2021-11-21(1).

② 习近平出席第三次“一带一路”建设座谈会并发表重要讲话[EB/OL].(2021-11-19)[2022-01-24].http://www.gov.cn/xinwen/2021-11/19/content_5652067.htm.

路”建设的主要矛盾。发展属性是第一位的，同时需要体系的支撑。“一带一路”只强调发展属性是不够的，只有加强其安全性、适应性、韧性，才能维护其合法性和生命力。无论何时，“一带一路”都以推进内外共同发展为使命，但未来的发展需要与安全协调。其中，仅仅靠合作手段是不够的，还要应对来自西方的斗争。存量也不只是指项目的存量，更指“一带一路”本身的存量，以及在此基础上未来可能发展的增量，实现不断发展壮大。因此，“一带一路”优化升级更需要加强统筹协作，尤其是整体与重点的统筹。事实证明，这个调整是及时准确的。俄乌冲突的爆发给“一带一路”的腹地欧亚大陆带来巨大风险。国内外舆论和专家普遍担心“一带一路”的安全问题，担心“一带一路”的统筹模式是否能加以应对。[①]事实上，“五个统筹”完全能应对俄乌冲突后“一带一路”所处的复杂危险环境，这也表明“五个统筹”的重要和必要性，中国也的确对“五个统筹”作出了调整。习近平提出全球发展倡议和全球安全倡议，致力于推动全球发展与安全的协调平衡，就是对“一带一路”系统性和统筹模式的加强与肯定。

(二)统筹模式强化“一带一路”的体系韧性

“一带一路”是个体系，是中国对外战略的重要组成部分和构建人类命运共同体的重要载体。不断完善“一带一路”的统筹模式，意味着加强体系的整体能力和发展韧性。随着“一带一路”的发展，其体系的复杂性、自组织性和协同性均会增强。随着国内外环境的变化，“一带一路”建设需要满足发展、安全、合作等多个目标的需求，而多个目标之间需要协调，这使“一带一路”的发展更加平衡，更能适应复杂多变、风险聚集的外部环境。增强“一带一路”体系力量已具有良好的条件。习近平提出了我国发展仍具有的“五个战略性有利条件”，即有中国共产党的坚强领导，有中国特色社会主义制度的显著优势，有持续快速发展积累的坚实基础，有长期稳定的社会环境，有自信自强的精神力量。[②]这是对“一带一路”最强有力的支撑，同时，“一带一路”发展模式适合后疫情时代的全球发展和各国的需求。“一带一路”形成的硬联通、软联通和心联通的发展模式以及以民生为导向的经济全球化政策，广为各国接受，是后疫

---

① MENDEZ A. et al. Russia-Ukraine crisis：China's Belt Road initiative at the crossroads[J]. Asian business & management，2022，21:488-496.

② 黄正平，左权. 深刻理解和把握“五个战略性有利条件”[EB/OL].(2022-04-13)[2022-04-22]. http://www.cppcc.gov.cn/zxww/2022/04/13/ARTI1649818484945393.shtml.

情时代带动世界经济发展的主要力量。在后疫情时代，世界各国推动经济复苏既需要发展硬件技术设施等硬联通，也需要处理好国家—区域—全球的政策协调和规范更新的软联通，更需要和平发展的心联通。

(三)统筹模式优化“一带一路”的系统功能

在今后很长一段时间内，以统筹模式推进“一带一路”，重在提高“一带一路”的三大系统性功能。一是提高中国与世界发展的内外融通性。全面深化改革、国家治理现代化以及中国特色社会主义现代化建设的内容涵盖“一带一路”，为后者提供国内环境、制度基础、动力资源、发展经验；“一带一路”为前者优化国际环境，谋求制度对接，提供倒逼改革动力，升级国家整体战略。比如，在“一带一路”建设过程中，中国各部委、地方、企业、民众以及相关组织的国际化经验和能力迅速提升，中国的治理体系经历了一场难得的国际化训练。二是带动世界经济发展的转型升级。“一带一路”可以说是中国各种对外合作的集大成，从空间层次看，包括经济全球化的政策，如与各主要国际组织的对接、地区经济合作和双边发展战略对接的政策；从合作内容看，包括传统的经贸投资领域以及新兴的数字经济、绿色能源等；从结构上看，“一带一路”致力于助推周边乃至世界经济的增长、经济结构的转型，提升发展中国家在全球经济体系中的地位和作用，同时也尝试以第三方市场以及多方合作的形式加强与发达国家的合作，从而形成更具包容性和兼容性的新发展格局。三是推进人类命运共同体建设和全球治理。人类命运共同体是中国在新时代的“天下观”，致力于共商共建共享的全球互联互通，需要更加系统综合的统筹推进模式。但也要注意到，美国等西方国家已经形成的资本主义体系将“一带一路”视为与其平行生长，乃至挑战资本主义体系的平行体系，这也反证了“一带一路”致力于优化当前不合理的世界秩序。两个体系平行发展，是竞争抵抗，还是能有所交叉重合，甚至是对接兼容，将决定未来世界的发展方向。

(四)统筹模式丰富“一带一路”的实践创新

“一带一路”建设是个开放的系统，统筹模式也会不断进展，我们要推进“一带一路”的整体发展，为世界提供更多公共产品。一是“一带一路”多路并举，可以根据全球发展的新趋势和新特点，不断丰富“一带一路”的内涵，除了近几年兴起的数字丝绸之路、绿色丝绸之路、健康丝绸之路外，还可以继续推进空间丝绸之路、元宇宙丝绸之路等。二是"一带一路"多化并行，如经济全球化、区块化，"一带一路"本身的制度化、机制化，"一带一路"新兴合作领域的专业化、技术化、数字化、绿色化等。三是完善"一带一路"的"一国一策"，根据疫情之后各国面临的治理困境，重新设计重点国家的"一国一策"，兼顾"疫情治理＋国家发展＋对外关系"三个困境。四是完善"一带一路"互联互通体系，进一步完善"一带一路"全球互联互通的整体规划，突出两个新的发展方向，一个是与西方国家的多种互联互通规划尽量对接兼容，另一个是强调"一带一路"的互联互通安全，将"一带一路"建设面临的各种风险归为互联互通风险，将其作为总体国家安全观的一个分类。五是推出"一带一路"抱团出海2.0版。在"一带一路"前期建设过程中，李克强提出企业要抱团出海，可以称之为"一带一路"抱团出海的1.0版。在疫情背景下，可以推进抱团出海的2.0版，当前国家或城市发展均强调系统性的改进，比如加强数字经济，大力推进智慧城市建设，而智慧城市建设需要加入绿色低碳、卫生健康、经济安全、制度规则、民心相通等多种内容。因此，仅仅是一类企业抱团出海难以满足对象国（或城市）的需求，需要加入全产业的企业、金融机构、智库、非政府组织及媒体等，形成相互协同、模块集成的生态系统。

四、结语

"一带一路"的行稳致远是中国构建人类命运共同体的伟大创新和实践。习近平主席根据形势变化，提出完善"一带一路"建设的统筹模式，"五个统筹"是该模式的最新发展和实践。在后疫情时代，高质量推进"一带一路"建设的统筹模式，强调发展、注重安全；根在国内，重在国际；扩大合作，直面斗争；整体布局、重点突出。该模式有利于"一带一路"的整体发展，将外部环境给"一带一路"造成的压力和挑战转化为推动"一带一路"行稳致远、升级发展的新动力和新机遇。

碳中和进程中的中国经济高质量增长*

林伯强

一、引言

气候危机是人类面临的共同挑战,全球所有国家都无法置身事外。因此,有效应对气候危机的方式只能是全球化的统一应对。在这一前提下,国际社会正在以前所未有的努力,积极开展国际合作以共同应对气候危机。世界各国相继提出了碳中和目标。美国政府的碳减排承诺是:2030年温室气体排放量在2005年水平上减少50%~52%,并在2050年前实现碳中和;英国则承诺到2035年温室气体排放量在2005年水平上削减78%;加拿大的目标则是到2030年将温室气体排放量在2005年的基础上减少40%~45%。作为全球最大的能源消费和碳排放国家,中国政府也明确提出2030年碳达峰和2060年碳中和的目标,并将该目标纳入生态文明建设整体布局,同时正在制定全面的行动计划。中国共产党的十九大报告中提出的"建立健全绿色低碳循环发展的经济体系"为新时代下经济高质量增长指明了方向,也是实现碳中和目标的基础。考虑到中国目前庞大的经济体量、能源系统和固有的产业生产惯性,2060年前碳中和目标体现了中国政府积极应对气候危机的坚定决心。中国从碳达峰迈向碳中和的实现周期仅为30年,相较于发达国家缩短了近一半,任务艰巨且难度大。碳中和目标的紧迫性要求低碳转型方案只有从中国的基本国情出发,才能在实践中得到有效贯彻执行。

---

* 本文作者林伯强系厦门大学一带一路研究院兼职研究员,管理学院中国能源政策研究院院长、教授,于2022年3月10日在厦门大学一带一路研究院以本文内容为主题做"一带一路"系列学术讲座第50场,成果发表于《经济研究》2022年第1期。

理解中国的碳中和进程的内涵需要有两个维度的深刻认知。在国内层面,需要理解经济发展水平与能源消费之间的关系;在国际层面,需要理解中国和发达国家经济发展水平差异和所处发展阶段差异对碳中和进程的不同影响。中国作为一个发展中国家,实现碳中和目标的同时需要保持经济高质量发展。2020 年,中国的人均 GDP 约为 1.1 万美元,几乎仅为美国的六分之一(表 1)。展望未来的中国经济增长,十九届五中全会公报提出,2035 年人均国内生产总值的远景目标是达到中等发达国家水平。林毅夫认为,到 2049 年中国的人均 GDP 有望达到美国的一半,约为 3 万美元①;李稻葵则预测,2050 年中国的人均 GDP 为美国的 70%,约为 4 万美元。② 综合经济增长目标和专家学者的预测分析,中国经济未来将持续增长。图 1 展示了改革开放 40 多年来中国经济增长与能源电力消费之间的联动关系,电力消费增长与 GDP 增长之间的平均相关系数约为 0.91,一次能源消费增长与 GDP 增长之间的平均相关系数约为 0.58,而且这两个相关系数近年来都没有明显下降的趋势,这意味着能源电力需求增长和 GDP 增长关系依然密切。如果中国人均 GDP 按如上预测,能源电力需求将持续大幅度增长。未来中国低碳转型除了需要满足由经济增长带来的能源需求增量外,还要替代过去庞大的化石能源消费存量。因此,如何逐步降低能源电力需求增长与 GDP 增长的相关系数是碳中和进程的一大挑战。另外,发达国家收入水平高且经济增长平稳,能源需求相对稳定,其碳中和压力主要体现为存量能源的低碳替代。目前美国人均 GDP 约为中国的 6 倍,德国约为中国的 4 倍,发达国家对碳中和的投资和支付能力更强。中国作为发展中国家,比较低的支付能力会导致能源市场改革相对缓慢,影响能源效率提升和技术创新。

表 1　2020 年世界主要国家(地区)GDP

国家(地区)	GDP/万亿美元	人均 GDP/美元
中国	15.65	11152
美国	20.89	63285
欧盟	16.39	34212
德国	3.81	47373

① 林毅夫.百年未有之大变局下的中国新发展格局与未来经济发展的展望[J].北京大学学报(哲学社会科学版),2021,58(5):32-40.

② 李稻葵.中国有能力突破"中等收入陷阱"[J].中国中小企业,2016(4):64-66.

续表

国家(地区)	GDP/万亿美元	人均 GDP/美元
日本	5.05	40155
印度	2.62	1930

数据来源:CEIC 数据库。

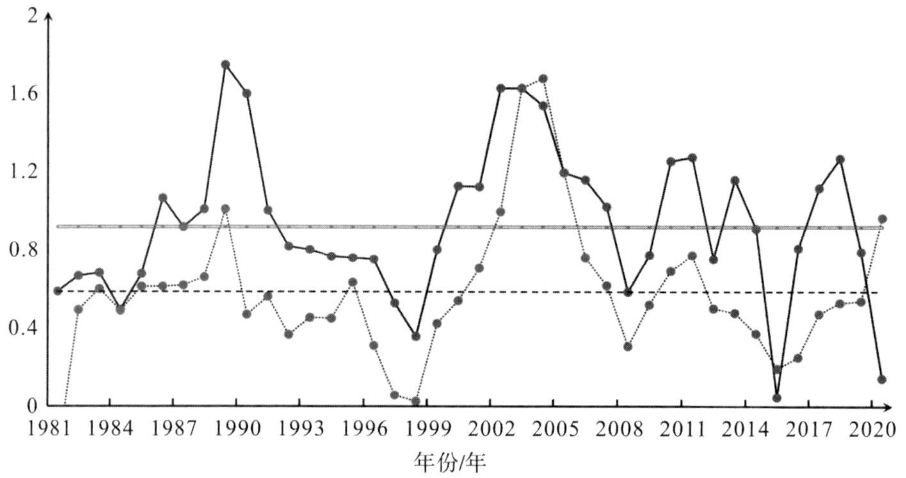

图 1　1981—2020 年中国 GDP、电力和能源消费增长率相关系数

数据来源:CEIC 数据库。

碳中和进程要求电气化水平不断提升,以扩大对可再生能源的利用,2060 年碳中和的能源系统将聚焦电力消费,因此电力结构也是一个重要的关注点。表 2 对比了 2019 年世界主要国家(地区)的电力消费结构。一般来说,一个国家的工业用电(第二产业)会随着人均收入的提高呈倒 U 形走势,先高后低,其背后的理论基础是环境库兹涅茨曲线。美国只有 20%的电力消费用于工业,其余约 80%的电力流向了居民和商业部门。欧洲的工业用电占比普遍较低,居民和商业用电占比最高。而中国的工业用电约占 68%,居民和商业用电占比不到 30%。印度的工业用电比较低(41.7%)主要是由于还处在工业化初期,未来会呈现出工业用电占比先升后降的态势。中国现阶段电量高度集中在工业(67.7%),特别是高耗能产业(2019 年 49.4%)①,使得 GDP 增长与

① 根据国家统计局数据整理。

电力需求增长之间联系非常密切。GDP增长伴随着工业产值增长，并进一步带动电力需求增长。由于中国电源结构中煤电的占比很高（62%）[①]，电力需求增长的压力主要由煤电承受，增大了减少煤炭消费的难度。[②] 此外，随着收入水平提高，中国居民和商业部门用电将大幅度增长，这也意味着尖峰负荷的增长，因此电力系统成本将大幅度提升，增加了实现碳中和的难度。

表2　2019年世界主要国家（地区）电力消费结构

单位：%

国家（地区）	工业	运输业	农业	居民+商业
中国	67.7	2.3	1.8	28.2
美国	19.6	0.4	2.0	78.1
欧洲	36.9	2.3	2.0	58.8
德国	44.7	2.3	1.1	51.9
日本	36.9	1.9	0.3	60.9
印度	41.7	1.5	17.4	39.4

数据来源：国家统计局、IEA。

资源禀赋和能源消费结构也将影响碳中和进程。在当前的全球能源消费结构中，化石能源消费占比约为85%。[③] 中国和美国的化石能源消费占比分别约为84%和82%（表3），两国都接近世界平均值。相比之下，美国石油和天然气的消费占比更高，“页岩气”革命带来的天然气消费量的快速上升为近年来美国碳排放的下降作出了巨大贡献，美国利用低廉的页岩气替代煤炭，清洁能源并没有得到显著发展。受限于特殊的资源禀赋条件，中国在长期发展过程中形成了以煤炭为主的能源消费结构。虽然过去10年间，煤炭在一次能源消费结构中占比以平均每年约1%的速度下降，但由于目前煤炭消费占比依然很高（56.6%），短中期内煤炭作为主体能源的地位依然无法被撼动。因此，现阶段中国能源结构调整的基本方向应是稳油、加气、减煤以及大规模发展新能源。

---

① 数据来源：中国统计年鉴2020。

② 林伯强，吴微.中国现阶段经济发展中的煤炭需求[J].中国社会科学，2018(2)：141-161，207-208.

③ 数据来源：BP世界能源统计年鉴。

表 3　2020 年世界主要国家(地区)能源消费结构

单位:%

国家(地区)	煤炭	石油	天然气	其他
中国	56.6	19.6	8.2	15.7
美国	10.5	37.1	34.1	18.3
欧洲	12.2	33.8	25.2	28.8
德国	15.2	34.8	25.8	24.4
日本	26.8	38.1	22.1	12.9
印度	54.8	28.2	6.7	10.3

数据来源:《BP 世界能源统计年鉴》。

从中国基本国情出发,碳中和进程中的主要挑战包括:(1)经济需要大幅度增长;(2)产业结构(工业为主)能耗高;(3)富煤的资源禀赋和高碳的能源消费结构;(4)消费者支付能力弱而导致能源市场化改革相对缓慢。上述主要矛盾和困难既源于供给侧,也与需求侧密切相关,实现碳中和目标不仅要调整能源结构,也要求社会经济各方面的深刻性变革,政策应该兼顾供给侧和需求侧。

本文对碳中和进程中的中国经济高质量增长问题进行分析,主要分为以下六部分:第一部分是引言,讨论了碳中和进程中的主要矛盾和困难;第二部分基于政府的相关规划目标,结合碳达峰电力供需情景进行分析,厘清现阶段电力供需变动对电力结构调整的影响,并利用 2021 年的限电事实进行实践验证;第三部分提出碳中和系统性方案;第四部分阐述低碳转型的基本原则和配套保障的市场化政策;第五部分讨论如何先立后破,保障碳中和进程中能源的安全稳定供应,并针对煤电“退役”的路径选择进行讨论;第六部分是结论和政策建议。

二、碳达峰的峰值分析和 2021 年限电的实践验证

本部分以 2020 年为起点分析 2030 年碳达峰时的电力结构变动趋势。由于中国政府已经作出了相关规划,即 2030 年能源消费总量不超过 60 亿吨标

准煤。因此,对 2030 年碳达峰的峰值预测只需要考虑相应的能源电力结构变动情景。政府设定的 2030 年非化石能源占能源结构 25%的目标限定了能源需求增长率,结合风电光伏规划目标的 12 亿千瓦装机量,本文对不同电力需求增长情景下的电力结构变动进行分析。图 2 是 2020 年中国电力供应结构,火电的发电量占比为 68%,其中煤电的发电量占比约为 61%。火电占比近十年里下降了 10%左右,意味着电动汽车比十年前“干净”了约 10%。从装机量来看,风电光伏装机量占比约为 24%,其比例超过了水电的 17%。然而就发电量而言,风电光伏发电量仅贡献了总发电量中的 9%,是水电所贡献发电量的一半。如果从提高发电系统效率角度来看,中国需要增加天然气发电量,但天然气资源状况并不乐观,大规模提升天然气发电的占比不切实际。目前中国核电的装机量只占总装机量的 2%,却贡献了 5%的电力供应。相较于煤电的稳定却高碳,风电光伏的低碳但不稳定,核电能够同时具有稳定与低碳两个特征。因此,如果能充分考虑安全和布局问题,核电应当是碳中和进程中的一个适当选择。

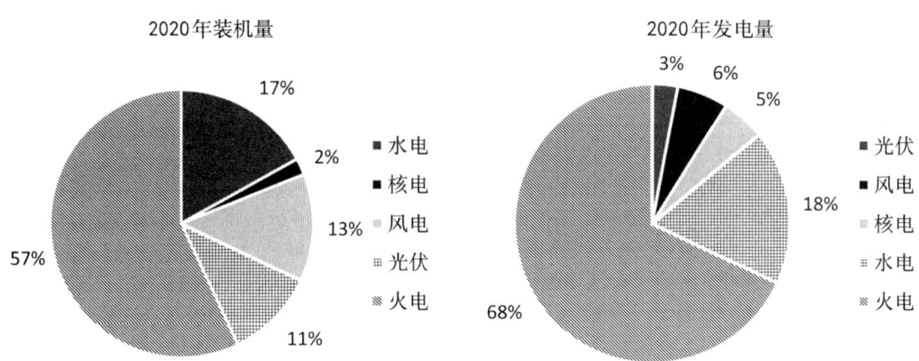

图 2　2020 年中国电力供应结构

数据来源:《中国统计年鉴 2021》。

图 3 是中国近十年各发电方式年发电利用小时数变化趋势。虽然风电光伏的消纳问题正逐步得到解决,但整体利用小时数仍然较低,因而不能高估其装机增长速度对低碳转型的影响。水电虽然具有“靠天吃饭”的特点,但其整体利用小时数相对稳定。观察煤电的利用小时数可以发现,近十年由最高超过 5000 小时,逐步降为 4000 多小时。持续下降的发电利用小时数表明煤电功能定位开始转变,更多参与调峰调频和保障电力系统安全稳定运行。

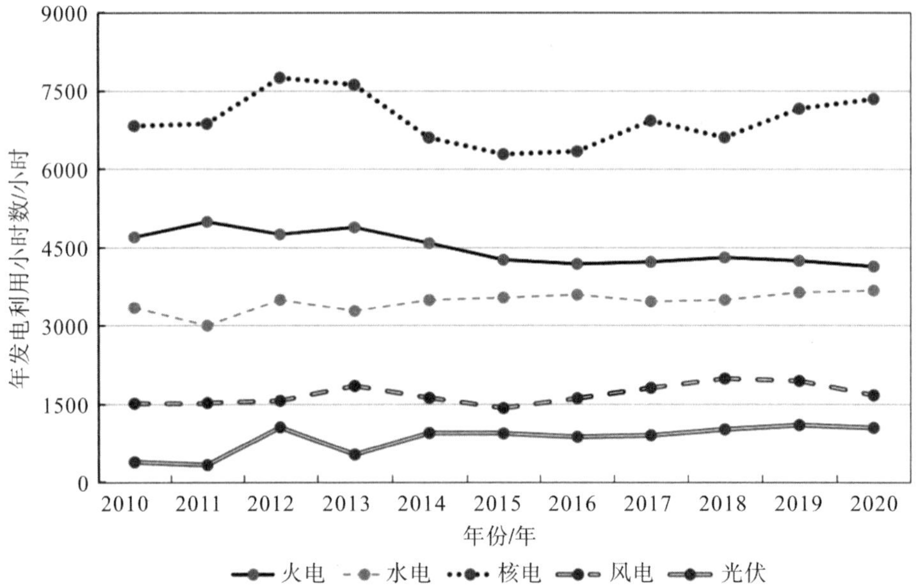

图 3　2010—2020 年各发电方式年发电利用小时数

数据来源:CEIC 数据库。

2030 年碳达峰的峰值分析由三方面构成:(1)将政府提出的 2030 年相关规划目标设定为具体的量化边界条件;(2)根据历史发展趋势对一次能源消费、各发电方式利用小时等变量进行合理假设,得到预测架构的部分内部参数;(3)根据电力需求的历史增长趋势,设定了两个预测情景,分别将电力需求年平均增长率设定为 3%和 5%。基于三方面边界条件限制可以求解 2030 年的电力结构,具体的边界条件设定及依据在表 4 中列出。

表 4　情景预测边界条件设定

边界条件		设定值	依据
2030政府规划	非化石能源在一次能源中占比	≥25%	习近平 2020 年 12 月 12 日在气候雄心峰会上题为“继往开来,开启全球应对气候变化新征程”的重要讲话
	风电光伏装机量	12 亿千瓦	
	一次能源消费总量	≤60 亿吨标煤	国家发展改革委、国家能源局《能源生产和消费革命战略(2016—2030)》

续表

边界条件		设定值	依据
假设	到2030年一次能源平均年增长率	2%	历史趋势和能源消费总量控制
	各类发电方式平均年发电小时数[1]	同2020年	历史趋势
	到2030年水电发电量平均年增长率	2.5%	现有水电资源开发情况及历史发展趋势
	到2030年核电发电量平均年增长率[2]	8%	现有项目情况及历史发展趋势
情景设定	到2030年电力需求平均年增长率	3%	按历史GDP增长与电力需求增长相关系数
	到2030年电力需求平均年增长率	5%	按历史GDP增长与电力需求增长相关系数

注:[1]各类发电方式发电小时数设定依照2020年数据:火电4133小时,水电3676小时,核电7340小时,风电1666小时,光伏1044小时。数据来源为CEIC数据库。

[2]考虑到生物质等其他发电形式体量非常小且发展速度与核电相近,所以并入了核电类别中。

目前,中国政府关于2030年的能源规划目标主要包括:非化石能源占一次能源结构的比重达到25%;一次能源消费总量控制在60亿吨标准煤以内;风电和光伏的装机量达到12亿千瓦(表4)。进一步,根据一次能源消费和各类发电方式利用小时数的历史发展趋势和未来发展潜力提出以下假设:(1)一次能源消费:近十年和近五年的年增长率平均值分别为3.3%和2.8%,并且增长率走势呈下行趋势。由于政府规划目标是2030年一次能源消费总量不超过60亿吨标煤,因此假设2020—2030年的年平均增长率为2%。(2)发电小时数:近十年各类发电方式的发电小时数变动幅度较小,在十年均值的10%左右浮动,因此将2020—2030年的各类发电方式年发电小时数假设为2020年的实际值。(3)水电:近五年水电发电量的年增长率平均值为3.8%且呈现下降趋势,考虑到当前水电资源开发已进入后期,水电装机规模基本成型,未来水电开发潜力较小且边际成本逐渐上升,因此在预测中将到2030年的水电发电量年增长率平均值设定为2.5%。(4)核电:由于建设周期长、核电安全和核电布局等问题难以解决,根据历史发展趋势及相关项目发展,将核电2020—2030年的发电量年增长率平均值设定为8%。根据上述假设,可以得出不同需求情景下2030年的电力结构变动。

在电力需求年平均增长率为3%的情景下(图4),2030年火电装机量占比将下降至47%，装机构成中清洁能源占比将会过半，风电光伏的装机量占比为36%，发电量占比将提高到16%。从发电量来看，2030年火电发电量占比将下降到60%，较2020年下降8%。由于天然气发电的占比较为稳定(3%～4%)，届时煤电依然会是主要供电电源。

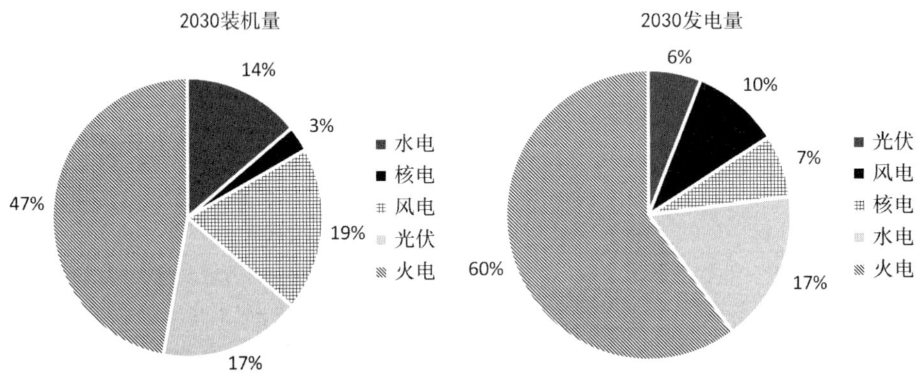

图4　电力需求年平均增长率为3%情景下2030年电力结构

一方面，当电力需求年平均增长率为5%(图5)时，与2020年相比，2030年火电装机占比略有下降(55%)，装机构成中清洁能源占比也有所增加(45%)，风电光伏的装机占比上升为30%，发电量占比将提高到13%，比2020年仅上升4%。另一方面，2030年火电的发电量占比为68%，与2020年水平大致持平。由于电力需求增长并且整体电力系统扩大，虽然火电装机量绝对值增加，发电量也较2020年增长，但仍然需要新建比较多的煤电机组，这与政府严控煤电项目的规划出现冲突。

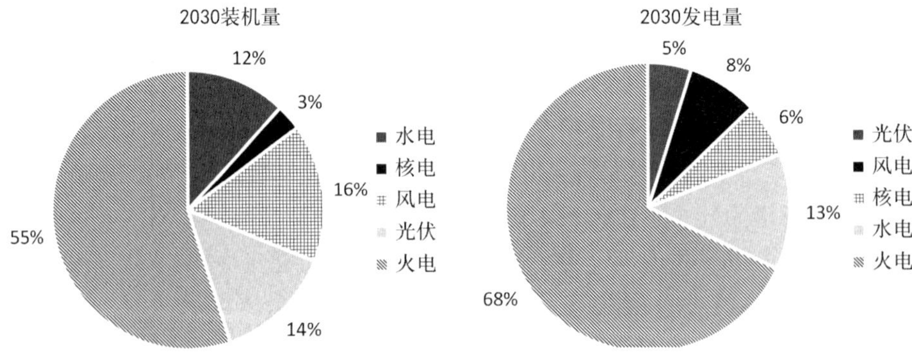

图5　电力需求年平均增长率为5%情景下2030年电力结构

两个情景的预测结果说明了供给侧的规划目标促进电力结构的清洁化。同时，需求侧也值得关注，在较高的电力需求增长率情景下，仅靠供给侧的规划目标难以有效推进电力结构的清洁化进程，电力需求变动能够在很大程度上决定未来的电力结构和碳达峰的峰值。

正如习近平主席2021年4月22日出席领导人气候峰会时所指出的："中国承诺实现从碳达峰到碳中和的时间，远远短于发达国家所用时间，需要中方付出艰苦努力。"由于中国"碳达峰—碳中和"周期较短，实现碳中和需要尽可能控制2030年达峰时的碳排放值，过高的峰值将增加碳中和的难度。由于碳排放峰值由供给侧与需求侧共同决定，既取决于清洁能源的发展，也取决于能源电力需求的增长，因此清洁能源发展速度需要与能源需求增长速度相匹配。① 政府可以提升风电光伏的装机规划目标，也可以控制电力需求增长率。提高风电光伏装机目标相对直观，但受到电网消纳能力和成本的约束。控制电力需求则相对复杂，特别是在目前GDP增长和电力需求增长相关系数很高的情况下，实践中控制电力需求增长难度非常大。有效的碳中和方案要求政府通过政策推动"双脱钩"。一是GDP增长与化石能源消费增长脱钩，加快风电光伏发展速度；二是GDP增长与电力需求增长脱钩，通过多方面努力逐步降低二者相关度，以较低的电力需求增长支持较高的GDP增长。

2021年发生的限电现象是2030年碳达峰电力结构变动分析的一个很好验证。2021年8月以来，20多个省相继出台各类限电限产措施，电力供应紧张一时成为焦点话题。国内的"限电"是多方因素综合作用的结果，主要原因是电力需求增长太快，供给相对短缺导致的不平衡。从需求侧看，2021年1—8月份GDP增长超过9%②，其中工业增长在经济增长中的贡献较大。由于工业电力消费占电力总消费的比例接近70%，进而推动全社会电力需求增长了13.8%。③ 从供给侧看，由于发电结构中煤电居于主导地位（2020年近62%），电力需求增加的压力主要由煤电承受，导致了煤炭消费大幅增长，煤炭供不应求，煤价暴涨。与此同时，煤炭下游的电价难以上涨，导致煤电出力积极性降低，"出力不足"引发了"有序用电"。规模限电出现后，政府鼓励煤炭行业积极释放产能，同时推出电价改革措施。表5展示了2021年前8个月中国

① 林伯强，李江龙.环境治理约束下的中国能源结构转变：基于煤炭和二氧化碳峰值的分析[J].中国社会科学，2015(9)：84-107，205.

② 数据来源：国家统计局。

③ 数据来源：中电联统计与数据中心2021年1—8月份电力工业运行简况。

的发电量结构，从电力供给侧看，2021 年前 8 个月风电光伏的发电量同比增长很快(其中风电为 28.1%，光伏为 10.3%)，但火电也同比增长了 12.6%。从电力生产结构来看，风电和光伏的总占比约为 9%，比 2020 年略低，而火电(主要是煤电)的占比提高到 71.9%，比 2020 年大幅度上升。

表 5　2021 年前 8 个月中国发电量数值

项目	发电量/TWh	占比/%	同比增速/%
总发电量	5389.40	100.00	11.30
火力发电	3872.30	71.85	12.60
水力发电	761.71	14.13	−1.00
风力发电	365.08	6.77	28.10
核能发电	269.85	5.01	13.30
光伏发电	120.43	2.23	10.30

数据来源：中电联统计与数据中心《2021 年 1—8 月份电力工业运行简况》。

表 5 的发电结构实际变动验证了本文对 2030 年电力结构的分析结果。从清洁发展的角度看，2021 年前 8 个月的风电和光伏发电快速增长，水电基本稳定，核能发电也在有序增长，清洁能源发展的趋势总体上没有改变。但是，在电力需求快速增长的情况下，清洁能源(包括风电光伏)增长不能满足电力需求增量，仍然需要煤电来保障电力的安全稳定供给，导致煤电不降反升，整体电力结构清洁化程度下降。为了更好地进行碳达峰和碳中和路径规划，应当总结和思考 2021 年的限电现象，从供给和需求两个维度充分、深刻理解电力系统转型规律。

三、一个支持经济高质量增长的碳中和系统性方案：政府与市场

2060 年二氧化碳净零排放目标既定，在兼顾国家能源安全和能源公平的前提下，一个碳中和系统性方案需要能够支持"双脱钩"，逐步降低 GDP 增长与能源电力需求增长的相关系数，以较低的能源电力需求支持较高的 GDP 增长。碳中和始于应对气候变化，也属于环境治理，所以与中国经济高质量增长

并无矛盾。[①]目前低碳转型政策主要在生产侧发力，较少有直接针对消费排放的规制手段。这一现象的主要原因是生产侧相对集中且碳排放量大，政策的设计和执行相对容易、可操作性强。因此，各国大多将电力、交通、建筑等行业作为碳减排规制的重点关注对象。在严峻的碳减排形势下，以"排放大户"为抓手无可厚非，并且生产侧的碳排放相对集中，相较于消费侧的碳减排成本也更低。以交通运输业为例，对石油生产或销售的碳排放核算要比针对单个交通工具的排放核算更加简单易行。但消费侧对碳中和进程同样具有不可忽视的重要性。生产的最终目的是消费，碳排放的根本来源是消费。消费者行为偏好不仅决定了自身消费，对生产部门的生产决策也有引导和制约作用。林伯强和蒋竺均认为，除了人均收入，能源强度、产业结构和能源消费结构都对二氧化碳排放有重要的影响。[②] 2060 年的碳中和目标是一个倒逼机制，将能源、环境与经济高质量增长联动起来。鉴于能源对生产和生活的强相关性和重要性，碳达峰的规划需要平衡系统成本和构建系统解决方案，这个碳中和系统性方案需要尽可能促进"双脱钩"，支持高质量经济增长。兼顾供给侧和需求侧的碳中和系统性解决方案主要包括以下六个方面：

(一)提高能源效率：节能是成本低廉的碳减排措施

中国目前的能源结构以煤炭为主，节能仍是有效和成本低廉的碳减排措施。2020 年中国单位 GDP 比 1978 年累计降低 83%[③]，但中国单位 GDP 能耗约为世界平均水平的 1.5 倍[④]，目前能源消费主要集中在工业、交通运输业和建筑业三大耗能行业。中国政府在每个五年规划中都提出降低能耗目标，降低能耗已经上升到国策的高度。而由于中国是一个发展中国家，虽然在提高能效方面取得了巨大成就，但与发达国家相比仍具有较大的节能空间。[⑤]能

① 徐政，左晟吉，丁守海.碳达峰、碳中和赋能高质量发展：内在逻辑与实现路径[J].经济学家，2021(11)：62-71.

② 林伯强，蒋竺均.中国二氧化碳的环境库兹涅茨曲线预测及影响因素分析[J].管理世界，2009(4)：27-36.

③ 数据来源：国家统计局。

④ 单位 GDP 能耗降低 13.5% 加快形成能源节约型社会[N].人民日报，2021-08-10.

⑤ 林伯强，杜克锐.要素市场扭曲对能源效率的影响[J].经济研究，2013，48(9)：125-136；白俊红，聂亮.能源效率、环境污染与中国经济发展方式转变[J].金融研究，2018(10)：1-18.

源效率的反弹效应说明能源效率提高可以使能源服务的价格降低,从而增加能源服务的需求,部分或全部地抵消了能源效率提高所导致的能源消费的减少。[①]因此,由于反弹效应的存在,技术进步引起的能源效率提升可能会增加而不是减少能源消费,如果能源市场化改革特别是能源价格改革不充分,则反弹效应的影响将更大。由于能源商品的特性,导致在改革潜在后果未知的情况下,选择较低的能源价格还是更有效率的能源消费成为一个复杂的权衡,政府很难作出选择。然而,确立了碳中和目标后,有效率的能源消费就是一个必要的选择。中国急需寻找一个与中国能源和环境实际情况相适应的合理工业结构和经济增长方式。无论是理论还是发展的经验都证明,市场的无形之手很重要,因此市场化改革势在必行。一方面,随着中国经济发展水平提高,降低能耗将愈发困难。有效的节能必须包括供给和需求两方面,节能政策和市场化改革都是为了建立一个能使排放成本内部化的恰当机制,并且让排放者受到法律上和财务上的约束。另一方面,能源市场化改革使政府可以将更多精力集中在能源生产和能源消费上,通过能源体制、规划和资源优化配置,让市场在微观的能源投资决策方面发挥更大作用。

(二)建设清洁电力为主体的能源系统:风电光伏将是主要增长力量

中国的高质量经济增长要求 GDP 增长尽可能与化石能源脱钩,即建设以清洁能源为主体的电力系统。在未来中国的能源结构中,占大比例的清洁能源都将以电力形式产出,因此碳中和进程要求加快能源消费电气化过程。政府提出构建以清洁电力为主体的电力系统,实质上指的是以清洁电力为主体的新型能源系统。中国清洁能源目前主要包括水电、核电、风电、光伏和生物质能。清洁能源中比重最大的水电受到剩余水能潜力的限制,难以大幅增长。核电具有稳定和清洁高效的特点,但由于中国人口分布密集,核电的安全问题和选址布局的局限性使其产能的"天花板"较低。生物质能占比微小,难以形成对清洁能源真正有意义的结构贡献。因此,风电光伏将是清洁能源的主要增长力量。本文研究预测表明,按政府规划的 2060 年非化石能源占能源总量 80%,如果水电比例保持稳定(8%),核电占比上升到 4%,比较保守地估计风

① BARKER T, EKINS P, FOXON T. The Macro-economic rebound effect and the UK economy[J]. Energy policy, 2007, 35(10): 4935-4946.

电光伏的占比将达到65%以上，而2019年风电光伏在能源系统中所占比例仅为5.2%，虽然随着技术进步带来的创新效应和大规模扩张带来的规模效应将使风电光伏的发电成本进一步下降，但由于风电光伏的不确定性、不稳定性及不连续性，其消纳并网以及有效调配将是未来能源系统的发展瓶颈，也将催生大量成本。具体而言，首先，风电光伏的不确定性将对电网造成冲击，影响无功电压和暂态稳定性，大幅度提升用电成本。电力电子设备的强非线性、脆弱性使得发生故障时易引起连锁反应。①因此，风电光伏的大量并网将影响整体电网的安全性和稳定性，对电网的供需平衡及频率稳定与系统整体安全稳定性都可能造成威胁。其次，由于中国风电光伏资源分布的地域不均衡、不集中，具有资源和需求逆向分布的明显特征，跨区域长距离输送将成为制约新能源大规模消纳的另一阻碍。再次，风电光伏的灵活性较差，不同于火力发电可以根据需求灵活进行调峰调频，风电光伏发电受时间段和天气影响，例如晚上是用电高峰但此时光伏发电却不能出力。此外，风电光伏的大比例并网将导致电网调频调峰的难度加大，对系统的灵活性提出了更高的要求，也提高了对储能设施的配比需求。原来电力系统的运行模式是“源随荷动”的方式，根据用电端的预测对发电端进行协调控制，并通过滚动调节的方法保证系统的平衡。随着风电光伏规模的扩大，发电侧和消费侧的可控性和可测性都大幅下降，原有方式难以满足电网安全稳定运行的需求。

（三）利用储能、数字化、智能化提高能源系统效率：新能源不稳定性是主要挑战

配合风电光伏大规模发展和高比例接入，储能、数字化和智能电网都将成为未来能源系统稳定运行的必要手段。能源领域的数字化可以将大数据、云计算等数字技术应用于能源生产消费的全过程，智能电网则配备了包含数字技术等新技术在内的新型电网，通过新兴技术与现有电网的结合实现电网智能化。② 未来需要通过电网数字化和智能化保障大比例风电光伏并网情况下的电力供给稳定。一方面，借助数字化和智能化，新型电网可以及时预测和感

① 谢小荣，贺静波，毛航银，等.“双高”电力系统稳定性的新问题及分类探讨[J].中国电机工程学报，2021，41(2)：461-475.

② 陶莉，高岩，朱红波，等.有可再生能源和电力存储设施并网的智能电网优化用电策略[J].中国管理科学，2019，27(2)：150-157.

知电网的实时情况。新型电力系统通过数字化和智能化实现了对各环节、各节点的全面感知、精确预测和高度控制,数字融合下的智能电网能够对电力系统进行实时监测和多维度评测,向控制中心反馈精确数据,实现对各组件的高度控制,及时了解新能源机组的运行情况,及时感知和预测系统可能出现的故障。另一方面,借助数字化和智能化,新型电网可以及时采取措施克服负载及频率波动等问题,通过数字和智能融合,电网在预测或感知系统不稳定的前提下,可以快速作出科学决策,保障电网稳定供电。而且,电网可以实现"源网荷储"各环节的协同,针对各类波动的出现及时作出反应,从而保证电能的持续稳定输送和电力系统的平衡,解决风电光伏并网和保障电力稳定供应之间的矛盾。未来能源系统需要通过储能配比来保障稳定供应,然而较高的成本是储能发展的主要障碍。因此,在实现碳中和的过程中,除了通过技术进步和规模化发展来降低储能成本,还要有创新思路。随着经济持续增长,中国居民和商业用电将逐步增长,随着高峰负荷的大幅度提升,电力系统成本也将快速增长。未来如果电动汽车可以进入千家万户,居民能够将汽车充电时间设在当晚 11 时至次日 6 时,除了在用电低谷时充电可以对冲电力系统成本,同时也能够成为储能系统的一部分。

(四)驱动产业结构调整和升级:尽快实现经济增长和能源消费的脱钩

前文分析证明了为顺利推进碳中和,中国的高质量经济增长要求 GDP 增长尽可能与能源电力需求增长脱钩,只有在碳中和进程中逐步降低二者相关性,才能以比较低的能源电力需求增量去保障比较高的 GDP 增长。目前中国能源电力消费主要集中在工业(67.7%),尤其是高耗能行业(2019 年49.4%),集中的工业消费是电力需求增长与 GDP 增长关联紧密的主要原因,降低二者相关性的关键点也是减少工业能源消费。库兹涅茨将三次产业划分为以农业为代表的第一产业,以工业为代表的第二产业和以服务业为代表的第三产业。[①]根据配第-克拉克定理,劳动力和产值会随着经济发展水平和国民收入的不断提高而呈现从第一产业向第二产业,然后向第三产业变动的趋势。[②]改革开放以来,中国从农业大国快速迈向工业大国,制造业产业链成熟度得到了显

---

① 库兹涅茨. 各国的经济增长[M]. 北京:商务印书馆,1985.

② 赵玉林,汪芳. 产业经济学[M].北京:中国人民大学出版社,2020.

著提升，也导致了能源消费具有“生产型”而非“消费型”的特征。以中国煤炭消费为例，只有三分之一用于直接消费，剩下则用于资本形成。[①]与发达国家相比，中国目前的人均资本存量还很低，意味着能源需求还将继续保持较高的增长速度。参考多数已实现碳达峰的发达国家人均资本存量和人均能源消费的演进历程，中国的人均能源消费量还处于碳达峰前的上升阶段。在以煤炭为主的能源结构下，如果不对产业结构进行调整，GDP 增长将带来持续能源消费增长和碳排放增长。[②] 2019 年高耗能行业的能源消费占中国能源消费总量的 49.4%，消耗了 86.9%的煤炭。“脱钩”的关键点在于将能耗高和碳排放量大的高耗能行业作为结构调整的重点。表 2 分析表明，在多数已实现“碳达峰”的发达国家中，第三产业对 GDP 的贡献最高，但对应的电力消费占比却很少。因此，中国经济增长需要在提升第三产业在 GDP 中占比的同时，抑制第二产业尤其是高耗能行业的能源电力消费规模。

（五）鼓励消费者行为的低碳绿色化：以消费倒逼低碳生产

中国是发展中国家，人均 GDP 持续增长将是一个长期事实。由于经济增长需要鼓励消费，使消费成为中国经济增长的重要支撑，如不考虑其他条件，更多的消费意味着更大的能耗和更多的碳排放，解决这一矛盾需要鼓励清洁低碳消费。随着经济发展和生活水平提高，消费领域的能耗和碳排放均会增加，而且技术进步带来的效率提高常被消费增加所抵消。[③]如前文所提及的反弹效应，效率提升可以减少生产某产品的单位能耗，但若因此导致消费量增加，那么能耗和排放反而更多。发达国家的消费领域碳排放量占国内碳排放总量的比例为 40%～50%，其中交通、食物和住宅的碳排放量位居前 3 位。以美国为例，仅居民家庭生活和旅行所排放的二氧化碳占排放总量的比例就高达 41%。此外，消费行为和习惯所具有的依赖性会导致消费碳排放的锁定效应。消费行为主导着市场供需，消费者不积极转向低碳消费，企业就很

---

① 林伯强，吴微.中国现阶段经济发展中的煤炭需求[J].中国社会科学，2018(2)：141-161，207-208.

② 林伯强，李江龙.环境治理约束下的中国能源结构转变：基于煤炭和二氧化碳峰值的分析[J].中国社会科学，2015(9)：84-107，205.

③ 刘宇，周梅芳，王毅.基于能源类型的中国反弹效应测算及其分解[J].中国人口·资源与环境，2016，26(12)：133-139.

难真正实现低碳转型。碳中和需要消费者参与,需要通过培养消费者的低碳认知能力来增强消费者对于碳中和的理解,通过其他政策工具,促使消费者转变消费方式。提高消费者的碳认知能力还可以增强对碳成本的直接支付意愿以及对低碳商品的间接支付意愿,尽可能形成“多消费更低碳”的清洁增长模式。生产侧碳减排终究无法覆盖全部的碳排放源,其中不可避免的和难以替代的碳排放源需要消费侧的碳减排机制配合应对。因此,未来政策设计需要加大对消费侧碳排放的关注,选择具有减排效率、可操作性和可接受性的措施。消费者对碳中和目标的行为反应,以及对碳减排的支付意愿等,很可能是实现碳中和目标的决定性因素,消费低碳化应当是碳中和的重要内涵。

(六)倡导循环经济的发展:在鼓励消费的同时降低资源(能源)投入

循环经济是解决消费增长与碳排放之间矛盾的另一个重要途径,推动循环经济能够在增加消费的同时减少能源投入和碳排放。循环经济的概念可以追溯到罗马俱乐部提出的“增长极限”观点①以及 Kenneth Boulding 的“宇宙飞船经济学”。②循环经济从可持续发展的角度强调了资源的节约和高效循环利用的重要性,以此最大化资源在整个生命周期内的价值。③循环经济强调自然以及生态系统的承载力,要求充分利用生态系统中的物质循环来促进可持续发展。④循环经济基于减量化、再利用和再循环的原则,倡导低消耗、低排放以及高效率的资源利用,符合碳中和目标的基本要求。由于企业追求效益最大化和技术快速进步,因此产品更新换代频繁,导致资源的粗放利用以及额外的碳排放。对于中国来说,发展循环经济是经济可持续发展的基本需要,可以

---

① ROBINSON W C. The limits to growth: a report for the club of rome's project on the predicament of mankind[J]. Demography, 1973, 10(2):289-295.

② BOULDING K E. The economics of the coming spaceship earth[C]. Resources for the future forum on environmental quality in a growing economy,1966.

③ 陈德敏.循环经济的核心内涵是资源循环利用:兼论循环经济概念的科学运用[J].中国人口·资源与环境,2004(2):13-16.

④ BRUEL A,KRONENBERG J,TROUSSIER N,et al. Linking industrial ecology and ecological economics: a theoretical and empirical foundation for the circular economy[J]. Journal of industrial ecology,2019,23(1):12-21.

解决资源粗放利用以及资源浪费的现状，有利于减少资源在其被利用的全生命周期中所隐含的碳排放。循环经济与碳减排之间存在明显的关联性，循环经济的三项基本原则（减量、再利用、再循环）也同样适用于碳减排过程。循环经济的减量原则要求尽可能减少投入到生产和消费中的资源量，直接地减少隐含在资源消耗过程中的碳排放；循环经济的再利用原则要求延长物质的使用频率和时间，对废弃资源的重复利用能够实现全生命周期的利用价值，有利于减少物质资源的消费量；而再循环原则要求将废弃物进行资源化并进行再次循环利用来延长资源的生命周期。循环经济的三个原则是对资源利用及使用过程从源头到末端的约束，在没有降低消费的同时减少资源消耗总量，从而相应地减少隐含的碳排放。

四、碳中和系统性方案的关键配套

中国实现碳中和的进程中，政府应当发挥主导作用。首先，由于碳排放涉及外部性，单靠市场难以解决碳排放外部性的问题。Pigou 在其《福利经济学》中为外部性做了简单的定义：在经济活动中如果某厂商给其他厂商或整个社会造成不需付出代价的损失，那就是外部不经济。[①] “庇古税”（Pigou tax）认为需要通过征税和补贴实现外部效应的内部化。其次，环境库兹涅茨曲线认为经济发展与碳排放之间会呈现出倒 U 形关系。[②]许多已经碳达峰的发达国家基本上是遵循环境库兹涅茨曲线减少能源消费和碳排放。但如果需要在一个确定的时间点达到碳中和，则只有政府主导才有可能集中资源和力量按时实现目标。同时，由于政策的局限性和执行效率问题，碳中和进程需要在政府主导下尽可能通过市场化手段减少碳排放，提高转型效率并降低转型成本。政府主导和市场支持将是中国碳中和进程的基本特征。

---

① PIGOU A C. The economics of welfare[M]. Macmillan and Company, Limited, 1920.

② KUZNETS S. Economic growth and income inequality[J]. American economic review, 1955, 45(1): 1-28.

(一)碳中和系统性方案的关键国内配套：碳交易市场与电力市场

基于现有的技术选项，如果中国到2060年清洁能源占能源结构的比例在80%以上，风电和光伏所占的比例可能达到60%～65%[①]，这意味着人类将面临用越来越不稳定的能源电力系统去应对复杂的气候问题。可以预见的是，未来如果想要保障能源系统的安全稳定和充足供应，能源系统的成本将大幅度提升。此外，无法忽视的是，政府对风电光伏等清洁能源开发利用的补贴使财政面临着压力，如果可再生能源规模继续大幅度扩张，如何摆脱对财政资金的严重依赖将是政府碳中和进程中的一大难题。因此，除了政府政策的直接引导和支持，还需要通过市场调节来提高化石能源价格(成本)和抑制高碳能源消费，引导产业结构调整和提高清洁能源的竞争力。碳交易市场可以增加化石能源利用成本，使终端产品价格反映低碳转型成本。而电力市场改革可以让电价真实反映电力市场供需和碳中和成本，使减排成本顺利传导。

现有大量研究针对碳交易在碳减排进程中的作用进行了分析。国内研究普遍认为能源行业是当前碳排放的重点行业，设立碳市场交易机制能够激发较大的减排潜力。[②]碳交易机制设计是否完善，很大程度上影响了碳价格，进而影响碳排放效率。全国碳市场已经于2021年7月正式启动交易，目前只纳入发电行业。由于电力供应以煤电为主，2019年电力碳排放约占全国碳排放总量的47.4%，因而碳市场交易的有效运行将具有重要的减排意义。有效的碳交易市场将可以为碳定价，其影响取决于碳交易成本的大小以及成本是否顺畅向下游产业转移。如果电价无法体现减排成本，碳成本就不能向外部有效传导，则达不到建立碳市场的初衷。因此，协调完善碳交易机制及有效的电价改革，才可能有效发挥市场价格信号的减排指引功能。

中国碳交易市场需要扩大和完善，但当前更迫切的是深化电力市场改革，让电价真正体现市场供需和减排成本。电力市场体制机制改革的最终目的是

---

① ZHAO Y，LI H，XIAO Y，et al. Scenario analysis of the carbon pricing policy in China's power sector through 2050：based on an improved CGE model[J]. Ecological indicators，2018(85)：352-366.

② JIA Z，LIN B. Rethinking the choice of carbon tax and carbon trading in China[J]. Technological forecasting and social change，2020(159)：120-187.

有效地支撑电力系统的可持续发展，碳中和约束下的电力系统需要适合不同属性电力的定价和补偿机制，同时还要理顺电力市场各环节的利益分配机制。碳定价后发电企业面临很大成本压力，需要将碳成本通过终端电价向用电侧传导，实现碳交易的设计目标。在碳市场与电力市场交互影响的基础上，可以形成电价与碳价的良性互动。由于电力关乎国计民生，碳成本在电力市场各利益主体中的分担问题还需结合现实慎重对待。但不管怎样，让电价反映市场供需及碳减排成本应是电力市场化改革的关键原则之一。

（二）碳中和系统性方案的关键国际配套：贸易全球化和应对气候全球化

随着科技革命的推进以及互联网信息化的高速发展，全球化深刻影响着世界经济格局和社会发展，人类社会通过全球化不断交融和凝聚。虽然常常伴有政治因素干扰，但贸易全球化主要强调经济利益，各国充分发挥比较优势，并带动技术、资本等生产要素在全球范围的优化配置。当前，日益严峻的气候变化引发了各国对全球化应对气候变化的思考，签署了《巴黎协定》《京都议定书》等一系列公约规章。与贸易全球化一样，应对气候变化全球化同样是为了实现全球资源的优化配置。首先，由于碳排放对气候变化的影响没有地点上的差异，不同国家和地区的碳排放对气候变化的影响相同。其次，碳排放可以在不同国家间通过产业调整而实现转移。虽然不同国家与地区之间也存在政治因素和经济利益的考量，但与贸易全球化不一样，应对气候全球化则以责任和贡献为主。因此，相较于贸易全球化，应对气候变化的全球化更需要对话和合作。只有充分发挥各个国家的奉献精神和比较优势，通过合作对话实现协同性减排，才有可能有效应对气候变化。

不同的群体对贸易全球化和应对气候变化全球化有不同认知。发展中国家显然需要贸易全球化，但是贸易全球化也使其在碳减排进程中处于相对弱势，除了本国经济快速增长和化石燃料使用直接带来碳排放以外，产业链中所处的位置使发达国家的碳减排压力间接传导至发展中国家。发展中国家处于城镇化中期加速阶段，经济与环境之间的矛盾相对于发达国家来说更加难以权衡。由于各国政治经济的差异和地方保护主义的存在，各国在践行碳减排和多边主义方面存在差异。随着近年来贸易保护主义抬头，逆全球化的风险不断加剧，如果全球的分工体系受到损害，各国能源消费和能源结构将有可能转向以国内能源资源为主导，那么清洁能源的全球资源配置将会受到损害，应对气候变化的全球合作也将随之减少，各国低碳转型和“碳中和”进程将面对更大挑战。

贸易全球化可以支持应对气候变化全球化。贸易可以为技术和资金的流动与扩散提供重要平台，有利于各国加强碳减排技术的研发创新，提高资源配置效率，改善其应对气候变化的边际条件。发达国家应该给予发展中国家更多的理解和支持，发展中国家处于经济快速增长期，碳排放在短时间内难以快速下降，而发达国家的经济繁荣事实上也经历了“先污染后治理”的模式。因此，在制定具体气候政策时，应该从“人均历史累积碳排放”和“消费侧碳排放”两个方面出发进行全方位的考虑。为了有效应对气候变化，发达国家虽然倡议从现状着手减排，但也不能忽略历史的碳排放累积。无法忽视的现实是，长期以来形成的国际产业链使发展中国家处于更高耗能的位置，由于生产的目的是消费，减排核算时应当统筹考虑生产侧和消费侧的碳排放。无论是处于哪个发展阶段，发展中国家的绿色低碳转型都离不开发达国家的合作和支持。发达国家在发展中国家的投资和技术转让应该向清洁低碳领域倾斜，避免形成“绿色技术壁垒”和“贸易壁垒”，为全球低碳转型提供良好的外部环境。对于中国而言，“碳中和”目标的提出、绿色“一带一路”的倡议以及放弃在国外新建煤电项目等举措，增加了中国在全球应对气候变化中的贡献，体现了大国担当。由于发展中国家处于碳排放增长期，无论如何努力减排，对于发达国家来说都可能是“行动力不足”，中国作为发展中国家需要随时准备应对为强制碳减排而设置的碳边境调节税。

五、先立后破，在碳中和进程中保障安全稳定充足的能源供应

科学的碳中和进程需要以安全稳定充足的能源供应为前提。2020 年中国一次能源消费中煤炭占比为 56.6%（表 3），约一半的煤炭用于发电，并提供了约 62%的电力。煤炭在能源消费中的主体地位和难以规避的碳排放，成为经济增长与碳减排的主要矛盾之一。2021 年 4 月，中国政府表态将严控煤电项目，“十四五”时期严控煤炭消费增长，“十五五”时期逐步减少。2021 年 7 月，中国政府指出要统筹有序做好碳达峰、碳中和工作，尽快出台 2030 年前碳达峰行动方案，坚持全国一盘棋，纠正运动式“减碳”，先立后破，坚决遏制“两

高"项目盲目发展。根据政府的相关发展规划，2060 年非化石能源将占能源消费 80%以上，并建设以清洁能源为主体的电力系统。考虑到水电受到发展潜力限制与核电受到安全问题困扰，未来风电光伏将成为电源结构中的主力能源。

煤电的退出、让路和转型是构建以风电光伏为主的新型电力系统的必然趋势，但这一过程需要统筹考虑电力系统转型成本和电力系统安全稳定这两个根本问题。已有文献对风电光伏并网对电网成本的影响展开了诸多讨论，认为风电光伏的并网不仅仅带来容量成本的上升，还会给电网带来调峰调频等系统额外成本。因此随着风电光伏电力并网量的增加，电网成本将呈现非线性增长，风电光伏占比较低时电网消纳成本上升较慢，而随着风电光伏占比上升，电网整体成本将迅速上升。[①]举个例子，当风电光伏的占比仅为 10%的时候，稳定性的储能配比要求比较低，因为其他电源可以提供支持；而当风电光伏的占比达 65%时，储能配比的要求将非常高，因为出现供电不稳定，彼时其他电源由于规模太小，已经无法有效支持。

关于煤电退役时间和路径的讨论日益激烈。国家发展和改革委员会的能源研究所与美国马里兰大学对煤电退出路径开展了联合研究，认为基于气候目标，中国应该在 2050—2055 年淘汰燃煤电厂，更为严苛的气候目标则要求在 2040—2045 年淘汰燃煤电厂。[②]由于目前还难以估计风电光伏的大比例接入对电力系统稳定性的冲击影响，在碳中和进程中煤电系统需要作为保障电力安全稳定和充足供应的"稳定器"和"压舱石"，同时逐步寻找更好的解决方案。一方面，从目前的技术路线、资源禀赋、成本收益等各方面综合考虑，风电光伏的大比例接入将给电力系统稳定性和安全性带来严峻挑战，"风电光伏+储能"似乎可以提供解决方案，但实现大规模的储能配置受到技术和成本的约束。另一方面，中国拥有世界上"存量大、效率高、机组新"的煤电机组。2020 年煤电装机量为 10.3 亿千瓦，平均服役年限仅为 11.6 年，超临界、超超临界等先进机组占比超过 55%，且已经形成了较为合理的产能布局。所以，可以利用煤电为低碳转型护航，确保电力系统安全稳定。通过完整的保留煤电系统

---

① 林伯强.清洁低碳转型需要兼顾能源成本[J].环境经济研究，2018，3(3)：1-5.

② CUI R, HULTMAN N, JIANG K, et al. A high ambition coal phase out in China: feasible strategies through a comprehensive plant-by-plant assessment[EB/OL].(2020-01-13)[2020-03-07]. https://cgs.umd.edu/sites/default/files/2020-01/1.13.2020_AhighAmbitionCoalPhaseoutInChinaEN_fullreport%20.pdf.

来解决系统稳定问题和应对极端气候，既符合先立后破的要求，也符合保障安全稳定充足的能源供应的基本原则。特别是当极端天气出现或电力需求波动较大的时段，煤电能够作为备份电源提供稳定可靠的电力，保障正常生产和生活。

从成本的角度看，面对 2060 年碳中和目标，煤电必然需要全面退出，煤电退役除了固定成本归零，还需要投入拆迁费用以及其他职工安置再就业等成本。因此，如果纳入煤电“退役预期”，且充分考虑煤电厂拆除退出的各种成本以及煤电灵活性改造成本，煤电可以通过逐渐降低年发电小时数来减少碳排放，其盈利由电量电价转向容量电价。①对比风电光伏大比例接入时所需的高储能配比成本，整体电力系统成本可能会更低一些。进一步说，由于碳汇（如森林和海洋碳汇）的不确定性，煤电系统只有引入二氧化碳捕集、利用与封存（carbon capture，utilization and storage，CCUS）技术才可能在未来电力系统中发挥更大作用。目前社会各界普遍对 CCUS 技术的经济性抱有很大疑虑而导致产业链投入严重不足。值得注意的是，对 CCUS 技术的经济性评估通常直接将煤电发电成本加上 CCUS 成本，没有纳入煤电的“退役预期”。如果“煤电＋CCUS”技术经济性评估仅仅包含少量的发电变动成本和 CCUS 改造配置成本，其成本竞争力相对于“风电光伏＋储能”模式会大大提高。②因此，中国或许可以依托现存年轻和先进的煤电机组进行 CCUS 技术改造，在大比例风电光伏并网的背景下，降低对储能系统的需求和压力，以较低的成本支持经济增长和实现碳中和目标，间接实现对庞大煤电装机和煤炭资源的有效利用。综合考虑经济增长和碳中和目标，先立后破，走出一条具有国情特色的低碳转型之路。

六、结论和政策建议

中国能源行业经历了 40 年的快速增长，建立了一个全球最为庞大的能源

① 林伯强．煤电退出不会一蹴而就，或表现为整体利用小时数逐渐降低[N]．21 世纪经济报道，2021-06-09．

② 林伯强．纳入煤炭“退役”预期可以跳出 CCUS 成本误区[N]．第一财经日报，2021-11-25(A11)．

系统，目前化石能源占能源消费总量的比重为84%。政府的碳中和目标要求2060年实现净零碳排放，而且能源系统中清洁能源占比达到80%以上。由于经济还将持续增长，今后40年中国将面临一个更加庞大的能源系统，并需要将这个系统进行“翻天覆地”的改变。

本文的研究结果表明，中国2030年碳排放峰值既取决于清洁能源发展，也取决于能源电力需求增长，因此需要通过平衡二者增长速度，从而控制碳峰值。中国碳中和背景下的高质量经济增长要求尽可能实现“双脱钩”：GDP尽可能与化石能源脱钩、与能源电力需求增长脱钩。通过降低GDP与能源电力的相关系数，以较少的能源电力需求增长支持较高的GDP增长。政府应当主导中国碳中和的进程，一是由于碳排放涉及外部性，市场难以解决碳排放外部性问题；二是只有政府主导才有可能集中资源和力量，按时实现碳中和目标。但是，由于政府政策的局限性和效率问题，应当在政府主导下尽可能采用市场化手段减少碳排放，提高转型效率和降低转型成本。2060年二氧化碳净零排放目标既定，在兼顾国家能源安全和能源公平的前提下，一个有效的碳中和系统性方案需要兼顾需求侧和供给侧，以及强调整体系统成本。

中国目前的能源结构以煤炭为主，节能仍然是有效和低成本的减排措施。在供应侧，需要建立以清洁能源为主体的能源系统，通过储能、数字化智能化技术保障供应稳定和提高整体系统效率。除了发展储能技术，电动汽车也应该成为储能系统的重要组成部分。在需求侧，中国“生产型”的能源消费结构是GDP和能源消费密切相关的主要原因，因此“脱钩”的关键点在于将能耗高碳排放量大的高耗能产业作为产业结构调整的重点。中国经济增长需要鼓励消费，但更多的消费往往带来能耗和碳排放的增加，解决这一矛盾的关键是鼓励清洁低碳消费。在市场经济中，企业致力于出售更多产品获取利润，消费将随收入提高而增加，碳中和要求低碳消费成为趋势，以倒逼企业清洁生产和产业结构调整。另外，循环经济也是解决消费增长与碳排放矛盾的重要抓手。

碳中和背景下，未来中国将面临用越来越不稳定的能源电力系统去应对越来越不稳定的气候，保障能源供应安全稳定意味着系统成本将大幅度提升。政府补贴随着新能源规模扩大不可持续，需要通过市场化手段提升化石能源价格（成本），抑制高碳能源消费和引导产业结构调整，同时提高清洁能源的竞争力。碳交易市场将可以为碳定价，通过碳成本增加化石能源成本，使终端产品价格反映低碳转型成本，而电力市场改革则可以让电价反映电力供需和碳中和成本，使碳减排成本得到传导。在参与国际分工和促进贸易全球化的过程中，中国应当倡导应对气候变化全球化。应对气候变化全球化需要各国协同参与，主要形式应该是对话合作、求同存异和自主贡献，以贸易全球化促进资源优化配置。中国“碳中和”目标的提出、绿色“一带一路”的倡议以及放弃在国外新建煤电项目等举措，增加了中国在全球应对气候变化中的贡献。但作为发展中国家，中国仍处于碳排放增长期，无论如何努力减排，对于发达国家来说都可能是“行动力不足”，因此需要随时准备应对为强制碳减排而设置的碳边境调节税。

未来煤炭退出路径将是发展中国家与发达国家在应对气候变化方面的主要分歧。建立以清洁能源为主体的电力系统是既定目标，因此煤电必须退出。然而，煤电如何“退役”，关键是如何认识煤电保障供应的“稳定器”和“压舱石”作用，以及如何以较低的成本支持低碳转型。本文基于“先立后破”的总体思路和保障能源安全稳定供应的基本原则，提出一条符合中国国情的煤电新型退役和低碳转型之路。中国煤电“退役”的基本形式不是大规模拆除煤电电厂，而是保持整体煤电系统，通过利用小时数逐步降低来减少碳排放。今后煤电的功能将从主体电源逐渐转向调峰调频等辅助服务，在风电光伏大比例接入过程中保障电力系统的安全稳定运行。“转型升级”和“功能转换”是碳中和进程中煤电发展的主要形式。纳入煤电“退役”预期可以使煤电固定成本归零，相较于重新建立庞大的储能系统，通过灵活性改造后的“煤电＋CCUS”模式综合成本可能会更低一些。面对未来消纳大比例风电光伏的能源系统，既需要有序发展储能，也要意识到“煤电＋CCUS”的配置可以保障电力系统的安全稳定和以相对低成本推动碳中和。这一思路既符合先立后破的原则，也有益于资源集约化利用和高效减排。

疫情背景下中国与东盟共建"一带一路"的路径*

王　勤

新冠疫情全球蔓延使东盟国家面临卫生健康与经济增长的多重考验，百年大流疫下的全球价值链重构使东盟外向型经济遭受重创，各国普遍深陷发展困境。面对国际形势和地缘政治的风云变幻，中国与东盟不断增强政治互信，努力加强抗疫合作，共同促进经济复苏。双方经贸合作逆势而上，共建"一带一路"的前景依然广阔。

一、全球疫情下中国与东盟经贸合作逆势前行

新冠疫情暴发以来，迅速席卷东盟 10 国。在全球疫情冲击下，2020 年东盟国家经济普遍严重衰退，全年经济增长率为－3.3％，印尼、马来西亚、菲律宾、新加坡和泰国经济均出现了自 1997 年亚洲金融危机以来的最大降幅。各国经济增长的动力减弱，国内消费和投资下滑，生产与出口骤降，外向型经济遭受重创。2020 年，东盟进出口贸易额为 2.66 万亿美元，下降5.5％；引进外国直接投资（FDI）1358.73 亿美元，下降 24.9％。2021 年第一季度，东盟国家经济衰退仍未止步，第二季度才稍显复苏迹象。尽管东盟国家还未摆脱疫情阴影，但中国与东盟区域经贸合作仍向好前行。

2020 年 5 月，《中国—东盟经贸部长关于抗击新冠疫情加强自贸合作的

---

* 本文作者王勤系厦门大学国际关系学院原副院长、教授，于 2020 年 11 月 19 日在厦门大学一带一路研究院以本文内容为主题做"一带一路"系列学术讲座第 11 场，成果发表于《当代世界》2021 年第 12 期。

联合声明》发表，其承诺保持市场开放，消除不必要的贸易限制措施，营造良好的贸易投资环境，充分发挥中国—东盟自贸区在应对疫情中的重要作用，力促区域经济早日复苏。同年7月发表的《应对新冠疫情，确保物流链畅通，助力复工复产——中国—东盟交通部长联合声明》，强调加强合作，共同努力保障中国与东盟之间运输和物流体系畅通，维护全球产业链、供应链稳定。中国和新加坡、老挝、缅甸、印尼等国建立了人员“快捷通道”和货物“绿色通道”，恢复与越南等国的直飞国际航班，并积极探讨建立中国—东盟和东亚区域“快捷通道”与“绿色通道”网络，推动区域金融安全网建设，维护地区供应链、产业链和金融稳定。

在全球疫情背景下，中国与东盟双边贸易、相互投资和经济技术合作逆势上扬。2020年，中国与东盟双边贸易额为6846亿美元，同比增长6.7%。其中，中国对东盟出口额为3837.2亿美元，同比增长6.7%；自东盟进口额为3008.8亿美元，同比增长6.6%。东盟首次超过欧盟成为中国最大的贸易伙伴，由此双方互为最大贸易伙伴；中国对东盟全行业直接投资143.6亿美元，同比增长52.1%；中国企业在东盟新签工程承包合同额611亿美元，完成营业额340亿美元。2021年上半年，中国与东盟区域经贸合作持续稳定增长，东盟仍为中国最大贸易伙伴，双边贸易额为4107.5亿美元，同比增长38.2%，其中中国对东盟出口额为2258.3亿美元，同比增长38.3%；中国自东盟进口额为1849.2亿美元，同比增长38.1%；东盟对华直接投资56亿美元，中国对东盟国家直接投资65亿美元；中国企业在东盟国家新签工程承包合同额278亿美元，完成营业额134亿美元。尽管疫情下中国与东盟基础设施互联互通建设受到一定影响，但中老铁路、印尼雅万高速铁路、中泰铁路曼谷至呵叻段、马来西亚东海岸铁路等“一带一路”重点项目仍持续开工，并取得新进展。中老铁路于2021年12月建成通车，印尼雅万高速铁路整体工程施工进度已完成73%，中泰铁路曼谷至呵叻段的土建工程已开工10个标段，马来西亚东海岸铁路项目总体进度已完成近1/4。

二、影响中国—东盟共建“一带一路”的因素

在全球疫情下，中国、越南等成为世界上实现经济正增长的少数国家。展望后疫情时代，东盟在高质量共建“一带一路”中仍占重要地位。从近中期看，

加强区域抗疫合作和推动经济复苏是推进共建“一带一路”的当务之急,《区域全面经济伙伴关系协定》(RCEP)将为中国与东盟区域经济一体化注入新动力,而全球价值链重构对区域经贸合作可能产生双重影响。

(一)区域抗疫合作和推动经济复苏是中国—东盟推进共建“一带一路”的当务之急

2021年4月起,东盟国家新冠疫情持续反弹,各国经济复苏进程受到干扰,生产要素的区域流动受阻,各国均加大了疫情防控力度,调整了疫情管控政策。印尼、菲律宾和泰国等均实行了更加严格的防疫举措,马来西亚将行动管制令调整为国家复苏计划,越南也强化了疫情防控措施。同时,各国均实施全国性疫苗接种计划,力争在2021年底或2022年初实现本国70%的人口接种疫苗,在群体免疫中实现经济复苏。不过,由于东盟国家疫苗供应严重依赖国际市场,使得疫苗接种进展较为缓慢。截至2021年7月16日,东盟国家整体疫苗接种率仅为9%,新加坡完成疫苗接种者占总人口比重为42%,柬埔寨为24%,马来西亚为13%,其他国家介于0.3%到9.4%之间。控制地区疫情蔓延是加快区域经济复苏的前提,而加强疫苗接种是疫情防控的关键因素。

2020年11月,第37届东盟峰会通过《东盟全面复苏框架》及其实施计划。该框架计划是东盟层面应对疫情的协调一致战略,旨在通过聚焦关键部门和弱势群体,确定符合行业和区域优先发展方向的行动措施,实现更有韧性、包容和可持续的复苏。东盟复苏行动提出了五大战略领域及其优先发展方向,即提升卫生系统、强化人的安全、最大化挖掘东盟内部市场和经济一体化潜力、加快包容性数字转型、迈向更可持续和更具韧性的未来等。该框架实施计划遵循“3R”阶段路径,即重新开放(reopening)、复苏(recovery)和韧性(resilience),以适应东盟国家近期与中长期经济复苏和增长的需求。

尽快控制疫情蔓延并推动经济复苏是东盟国家目前关注的重点,也是中国—东盟深入推进“一带一路”建设的基础。因此,当前双方共建“一带一路”的首要任务是推进区域合作抗疫和经济复苏。

(二)RCEP将为中国与东盟共建“一带一路”注入新动力

2020年11月,RCEP正式签署。在RCEP框架下,中国和东盟国家均将进一步削减关税和非关税壁垒,促进贸易投资的自由化和便利化,加大区域市场的开放度，形成区内更加开放、自由和透明的经贸规则，进一步扩大与深化双方贸易、相互投资和经济技术合作，为后疫情时代中国与东盟高质量共建“一带一路”注入新动力。

在RCEP框架下，中国和东盟国家在原有自贸协定基础上均扩大了零关税的商品税目，中国新增零关税商品税目10项，东盟10国新增的零关税商品税目达126项。RCEP采用区域累积的原产地规则，实行原产成分累积，并推行经核准出口商制度和出口商或生产商原产地自主声明制度；在服务贸易领域，原有中国—东盟自贸协定的服务贸易开放部门比较有限，采取正面清单的方式，而在RCEP框架下中国和东盟国家（除老挝、柬埔寨和缅甸三个最不发达国家）服务贸易开放部门均超过100个，中国和新加坡、文莱、马来西亚、印尼4国采用负面清单方式承诺，中国与其他东盟6国采用正面清单承诺并将于协定生效后6年内转化为负面清单；在投资领域，RCEP对中国—东盟自贸协定投资规则进行了整合和升级，包括承诺最惠国待遇，禁止业绩要求，采用负面清单方式对制造业、农业、林业、渔业、采矿业等5个非服务业领域投资作出较高水平开放承诺。

RCEP生效后，中国与东盟区域国家关税和非关税壁垒降低，服务部门加速开放，投资限制减少，将为“一带一路”框架下进一步深化中国与东盟经贸合作提供良好的营商环境和制度保障。

（三）全球价值链重构对中国与东盟共建“一带一路”将带来双重影响

伴随国际产业分工的深化，以产品内分工为主的全球价值链迅速形成，它由欧盟、北美和东亚三大区域生产网络构成，以美国、德国、中国和日本为四大生产中心，东盟也成为全球价值链和区域生产网络的重要节点。在全球价值链中，中国与东盟双边贸易主要由以跨国公司为主导、以中间产品为特征的价值链贸易构成。由于跨国公司在中国和东盟国家的直接投资规模不断扩大，中间产品（零部件和半成品）贸易增长速度远超过初级产品、最终产品和贸易总额的增速，中间产品贸易额占区域贸易总额的比重已超过60%。据联合国统计，2010—2018年，中国与东盟双边贸易额从2782.54亿美元增至5541.53亿美元，增长99.2%。其中，初级产品从267.38亿美元增至315.46亿美元，增长18%；中间产品从1584.22亿美元增至3466.62亿美元，增长118.8%；最终产品从930.92亿美元增至1759.45亿美元，增长89%。

当前，世界范围内的疫情扩散对全球价值链造成了严重冲击，也暴露出全球价值链的高度脆弱性，疫情后以跨国公司为主导的全球价值链重构必将加快。一方面，美、日、韩等实施了鼓励本国跨国公司从中国回归本土或转向东盟国家的措施，这将对东亚区域价值链和生产网络的稳定性产生一定的冲击，也将一定程度上直接影响中国—东盟共建“一带一路”的现实基础。另一方面，从全球和区域价值链重构的现状看，多数跨国公司仍实行“中国＋1”的经营战略，即保留在中国现有的主要产能，但不会追加新的投资，而选择在中国以外寻找新的制造基地，这将有利于稳定原有全球和区域价值链，促进“一带一路”框架下中国与东盟经贸合作的可持续发展。

三、疫情下中国与东盟共建“一带一路”的路径

东盟是中国最重要的周边地区之一，也是高质量共建“一带一路”的优先方向。随着国际地缘形势的变化、全球价值链重构的加快、大国战略博弈的加剧，中国与东盟经贸合作存在的不确定因素增多。因此，中国与东盟必须进一步增强政治互信，推动各自发展战略对接，扩大区域产业转型和产能合作，提高区域制度型开放水平，逐步夯实中国与东盟新型经贸合作的基础。

一是携手合作抗疫和促进经济复苏。当前东盟国家的疫情防控正面临严峻形势，因防疫能力不足，疫苗供需缺口较大，多数国家难以在短期内走出经济衰退的困境。作为全球率先实现经济复苏的大国，中国一方面可以根据《东盟全面复苏框架》确定的五大战略领域和优先方向，与东盟携手合作共同抗击疫情和促进经济复苏，按照不同成员国的疫情防控需求，尽己所能向东盟国家提供疫苗，并与各国加强疫苗研发、生产、采购、接种、监管合作，支持东盟建设应急医疗物资储备库。另一方面，以支持落实《东盟全面复苏框架》为主线，选择推进全面复苏的合作领域，加快制定中国—东盟数字经济合作行动计划，推动电子商务、数字基础设施和中小微企业数字转型等领域的合作；开展蓝色经济合作，实施低敏感度海洋领域合作，逐步构建蓝色经济伙伴关系；促进低碳经济转型合作，打造绿色基础设施，推动绿色复苏。

二是积极推进落实中国与东盟发展战略对接。近年来，东盟及其成员国均制定和实施了一系列发展战略与规划，如 2025 年东盟共同体蓝图、东盟互联互通总体规划、东盟面向“工业 4.0”产业转型、东盟数字总体规划、东盟数字

一体化框架及其行动计划、东盟基础设施生产力提升框架等，以及印尼的“全球海洋支点”战略、菲律宾的“大建特建”基础设施建设计划、老挝的“变陆锁国为陆联国”规划、柬埔寨的“四角战略”、越南的“两廊一圈”建设等。这些发展战略规划与“一带一路”倡议具有许多契合点，展示了广阔的合作空间。中国与东盟国家应立足区情和国情，秉承积极务实和互利共赢的原则，推动和落实双方发展战略对接的重点领域与具体项目，打造“一带一路”高质量发展的引领和示范效应，进一步推动共建“一带一路”走深走实。

三是继续推动面向“工业 4.0”的中国—东盟区域产业转型和产能合作。全球疫情暴发前，东盟发布了《面向“工业 4.0”的产业转型宣言》，提出通过创新和数字技术，推进东盟国家产业数字化转型，印尼、马来西亚、新加坡、泰国和越南等国相继推出了面向“工业 4.0”产业转型的重点部门和领域，但突如其来的疫情阻滞了这些国家产业转型的进程。中国和东盟国家处于工业化的不同阶段，拥有各自的资源禀赋和比较优势，东盟各国实施“工业 4.0”的战略方向和重点领域相似，这为区域产业转型和产能合作创造了条件。中国与东盟可在现有合作基础上，按照“东盟所需＋中国所长”的原则，选择传统产业转型和新兴产业发展的合作领域；积极利用智能化、物联网、大数据等新技术，助力东盟传统产业结构和中小企业的数字化转型；推动区域数字基础设施建设，加大在现代化通信、智能制造、新能源、新材料、生物医药等新兴产业的合作；推进有市场前景、资源要素支撑、基础设施保障和产业体系配套的重点项目，打造区域产能合作的示范效应。通过区域产业转型和产能合作，为中国—东盟加强“一带一路”合作创造新的增长点。

四是把握 RCEP 契机，提高“一带一路”框架下中国—东盟区域的制度型开放水平。RCEP 整合了 4 个“10＋1”自贸协定，覆盖 RCEP 成员国间双边自贸伙伴关系，高标准的 RCEP 将取代各成员国原有的自贸协定规则，形成区域内统一的经贸运行规则体系，它将促进“一带一路”框架下中国和东盟国家从生产要素流动型开放向制度型开放的转变。过去 10 年，中国—东盟自贸区运行加速了区域生产要素的自由流动，双边贸易、相互投资和经济技术合作均跃上新台阶。高标准和高质量的 RCEP 生效后，中国与东盟经贸合作更应着眼于规则制度层面，对标国际高水平自贸规则，促进区域内规则制度与国际通行规则制度相衔接，推动国内规则与国际通行规则接轨，健全和完善国内产业政策、竞争政策、环境保护政策、知识产权保护政策等方面的规章制度，实施市场准入负面清单制度，打造国际化、法治化、市场化、便利化的一流营商环境。

五是逐步壮大中国与东盟共建“一带一路”的经济基础。目前，中国与东盟经贸关系中相当部分建立在跨国公司主导的全球价值链和区域生产网络基础上。随着全球价值链的重构,跨国公司将加快调整投资战略和区域布局,这势必直接影响中国—东盟经贸关系的基础。中国应把握全球价值链重构的时机,有计划地逐步在区域内构建与跨国公司主导的生产网络相平行,以中国企业为主导的电子信息、机械制造、家电、汽车、化工、纺织等产业链和供应链,将当地企业纳入中国企业的区域产业链或供应链中。通过兴建工业园区或经贸合作区,鼓励引导中国企业在当地布局产业链和供应链,吸引当地辅助工业企业在园区投资设厂,推动产业链和供应链向当地延伸,促进中国企业与东盟企业建立密切的前向和后向联系,为共建“一带一路”打造更为坚实的经济基础。

中美第三方市场合作的实践、挑战与展望[*]

吴崇伯　丁　梦

一、引言

第三方市场合作(third-party market cooperation)是中国企业与发达国家企业共同合作开发第三方市场的国际经济协作新形式[①],该种合作方式能够有效推动中国企业的产能和成本优势与发达国家企业的科技和管理优势相结合,同时还可以对接广大发展中国家的社会经济发展需求,为资本、技术以

---

* 本文作者之一吴崇伯系厦门大学一带一路研究院兼职研究员,国际关系学院原副院长、教授,成果发表于《国际观察》2021年第4期。

① 国内外学者关于第三方市场合作的内涵探究具有这样一些共识:一是第三方市场合作是中国与发达国家企业基于各自生产要素禀赋而进行的国际产能合作;二是它能够有效对接第三方市场国家的发展需求;三是它是实现多方合作共赢的国际经济合作新路径。参见SU E, XUE J, XU Y, et al. Third-party market cooperation between China and Japan in ASEAN under "the Belt and Road" initiative: background, opportunities and challenges[J]. Nagasaki University's Academic Output SITE 36, 2020:67-81; LIU Y. China's implementation of goal 9 of the 2030 agenda for sustainable development: international capacity cooperation under the Belt and Road Initiative[J]. Chinese Journal of urban and environmental studies, 2019, 7(1):6-18; CHOO J. South Korea's China policy[J]. East Asian policy, 2020, 12(2): 93-105 ;门洪华,俞钦文.第三方市场合作:理论建构、历史演进与中国路径[J].当代亚太,2020(6):4-40,153-154; 郑东超.中国开展第三方市场合作的意义、实践及前景[J].当代世界,2019(11):76-79;王竞超.中日第三方市场合作:日本的考量与阻力[J].国际问题研究,2019(3):81-93,138.

及劳动力等生产要素的最优化配置提供重要的合作平台。[①] 在第三方市场合作模式下，中国企业已经与日本、韩国、法国、德国、意大利、西班牙等发达国家企业在基础设施、健康医疗、国际物流、金融服务以及能源开发等诸多领域开展了广泛合作[②]，并在双边政府间层面与欧洲地区和东亚地区的部分发达经济体签署了第三方市场的合作协议，确定了主要的合作产业领域，基本上形成了协调发展的合作机制，为第三方市场合作的可持续发展奠定了坚实的市场基础。[③]

现有文献关于参与第三方市场合作伙伴的研究主要集中在欧洲地区的法国、意大利以及东亚地区的日本和韩国，其研究内容主要涉及中欧、中日以及中韩第三方市场合作的发展动因、经济效益、重点产业以及目标市场等诸多领域，其核心观点认为第三方市场合作是实现中国、发达国家和其他发展中国家多方共赢的重要经济实践。[④] 然而值得注意的是，中美两国企业在第三方市场中基于各自的比较优势在亚洲、非洲等广大发展中国家开展了诸多重要合作，通过联合投资、共同建设和组成企业联合体等多种方式形成了风险共担与利益共享的合作伙伴关系，为中美企业之间的产业对接与产能互补提供了新的合作平台，也为美国制造业企业在第三方市场国家开拓了新的产品细分市

---

① WANG L. BRI：A solution for global common development[J]. China economist，2020，15(5)：2-9.

② RANA P B，JI X. China's Belt and Road Initiative：impacts on Asia and policy agenda[M]. Singapore：Palgrave Macmillan，2020：164-165.

③ RONG X. Sino-Japan third-party market cooperation in Southeast Asia under the Belt and Road framework[J]. International journal of trend in research and development，2020，7(2)：54-56；HE Z. Japan's smart power diplomacy to China in the public health emergency of international concern[J]. International journal of education and economics，2020，3(3)：152-157.

④ 相关研究参见 ALISHER U. Generating a reform of the BRI from the inside：Japan's contribution via soft law diplomacy[J]. RIETI discussion paper series，2019，19(76)：3-21；SKALA-KUHMANN A. European responses to BRI[J]. Journal of international relations and sustainable development，2019，14：144-157；ITO A. China's Belt and Road Initiative and Japan's response：from non-participation to conditional engagement[J]. East Asia，2019，36(2)：115-128；CHISAKO M. Competitive cooperation for regional development：Japan's new strategy towards rising China[J]. Australian journal of politics&history，2019，65(3)：430-448；JIAO S X. Historical opportunity for OBOR and NAPCR's strategic connection[J]. JPI research series，2018，43：1-4.

场，同时还进一步增强了日本、韩国等其他国家参与第三方市场合作的深度和广度。[①]

但是，现有第三方市场合作文献在研究视角和研究对象两个维度层面都较少涉及美国等其他区域乃至全球重要经济体的参与情况，未能对中美第三方市场合作的发展基础、合作进展、合作领域以及具体建设项目进行系统分析，尤其缺乏在中美贸易摩擦以及全球新冠疫情等多重现实因素影响下关于中美第三方市场合作可持续发展的讨论与分析。基于此，探讨中美第三方市场合作是本文在切入点和研究内容上的创新，通过分析中美第三方市场合作的发展动因、合作实践、面临挑战以及前景展望，进一步丰富和充实第三方市场合作的研究视角和研究对象，能够为第三方市场合作实现多方共赢发展提供积极有益的路径参考，并对缓解中美紧张关系、推动中美正常关系可持续发展具有一定的现实意义和学理意义。

二、中美在第三方市场的合作动因

中美企业第三方市场合作是多方共赢的选择，中国企业在成本控制、建设周期以及劳动力成本的比较优势结合美国企业在跨国公司管理、全球市场网络建设和对外投资经验的比较优势，能够在错位协调发展的基础上满足广大发展中国家的社会经济发展需求，实现第三方市场合作的多方共赢。

（一）中美价值链条通过紧密合作对接，可以迎合第三方市场发展需求

美国作为全球发达经济体，许多工业领域都处于全球价值链的顶端，其产业结构多以知识密集型和技术密集型产业为主[②]，具有高度集中的资本、技术和人力资源等生产要素禀赋，尤其在科技研发、工业化水平以及工人技能等方

---

① FENG D，LIANG H. Belt and Road Initiative：Chinese version of "Marshall Plan?"[M]. Singapore：World Scientific Publishing，2019：50-51.

② NATH H K，LIU L，TOCHKOV K，et al. Comparative advantages in U.S. bilateral services trade with China and India[J]. Journal of Asian economics，2015，38：79-92.

面的优势更加显著。[①] 但是,单位生产成本的提高致使美国国内的生产要素边际收益呈现下降趋势,从而加速了产业结构边际成本的不断上升[②],这在一定程度上限制了美国国内制造业企业生产规模的扩展,进而导致"规模不经济"问题的产生。相对于美国,处于全球价值链中低端的中国主要以劳动密集型和资源密集型产业为主[③],劳动力成本、服务价格和产品价格相对较低的比较优势为中美企业的产业结构对接提供了合作基础[④],有助于中美企业在第三方市场合作中实现错位互补发展。

第三方市场合作作为中美两国企业参与国际经济协作的新方式,能够在彼此供应链和产业链对接的基础上迎合第三方市场国家的发展需求,从而避免了中美两国企业在第三方市场上的零和博弈。中美第三方市场合作通过进一步优化和改善双方企业在全球价值链中的分工协作功能和关系,能够为第三方市场国家提供高性价比的建设方案、技术支持和资金支撑,并为第三方市场国家带来经济发展机遇和就业机会,进而推动其工业化、城镇化和现代化的快速发展。与此同时,通过在第三方市场的项目合作还可以促进两国间的贸易、对外直接投资和核心科技合作,进而实现中美与第三方市场国家在全球价值链体系下经济协作的良性循环。

在第三方市场合作中,印度尼西亚中爪哇 2×100 万千瓦燃煤电站项目是中美两国企业基于产业结构比较优势对接第三方市场国家发展需求的一个示范性工程。该项目由日本住友商事和三菱重工通过"建设－拥有－运营－转让"方法(BOOT)进行建设,中国通用技术集团旗下中机公司凭借在电力产业领域的优势产能,以及美国博莱克・威奇(Black&Veatch)公司在核心技术和跨国管理上的比较优势,组成企业联合体为日本住友商事 EPC 合同下的土建

① BLOOM N. SADVN R, REENEN J V. Americans do it better: US multinationals and the productivity miracle[J]. American economic review, 2012, 102(1): 167-201.

② KEHOE T J, RVHL K J, STETNBERG J B. Global imbalances and structural change in the United States[J]. Journal of political economy, 2018, 126(2):761-796.

③ LIN Y,WANG Y. Development beyond aid: utilizing comparative advantage in the Belt and Road Initiative to achieve win-win[J]. Journal of infrastructure, policy and development, 2017, 1(2):149-167.

④ ADAMS F G, GANGNES B, SHACHMVROVE Y. Why is China so competitive? measuring and explaining China's competitiveness[J]. World economy, 2006, 29(2):95-122.

工程提供设备供应、机械安装以及后期维护等产品和建设服务。① 该项目有效整合了中美两国企业各自的比较技术优势，不仅能够充分应对印尼国内人均电力较低的发展困境，而且还可以为印尼当地社会创造大量工作岗位，进而可以显著改善印尼的电力供应状况和居民生活。

（二）中美企业优势通过双向协调互补，可以提升第三方市场合作质量

第三方市场合作可以通过加强两国企业优势互补来有效推动双方在第三方市场合作项目上的高质量发展。根据《2019 年全球竞争力报告》(The Global Competitiveness Report 2019)，在全球国家综合竞争力排名中，美国的全球竞争力排列第 2 位，中国排列第 28 位②，美国的国际综合商业竞争力高于中国，这为中美两国企业在第三方市场进行双边互补发展奠定了合作基础。

一方面，从市场推力角度来看，中国企业“走出去”需要借鉴美国等发达国家企业丰富的国际营商经验。中国作为新兴经济体，虽然在市场规模和宏观经济稳定等方面具有良好的经济表现，但是企业在“走出去”过程中缺乏国际直接投资、跨国企业管理和国际企业并购等方面的运营经验③，同时在众多第三方市场国家中还缺少产品市场积累、品牌效应打造、产业链条对接以及法律法规研究等基础性工作的支撑，致使中国企业在“走出去”的过程中面临较大的投资风险、市场风险和运营风险。④ 另一方面，从市场拉力角度来看，美国企业成熟的全球市场网络运营体系有助于提升中国企业的国际竞争力。美国作为全球的重要发达经济体，在国际经济合作、对外直接投资和跨国企业管理

① 第三方市场合作：推动亚太产业链深度交融[EB/OL].(2020-02-18)[2021-12-14]. http://www.rmhb.com.cn/ zt/ydyl/ 202002/ t20200218_800193365.html.

② SCHWAB K. The global competitiveness report 2019[R/OL].(2019-11-21)[2021-12-14]. http://www3.weforum.org/docs/WEF_The Global Competitiveness Report 2019.pdf.

③ 吴崇伯，丁梦.中韩第三方市场合作：进展、阻力与对策[J].东北亚论坛，2020，29(3)：75-89，128.

④ KHER P, TRAN T. Investment protection along the Belt and Road[Z]. World Bank Working Paper, 2019:4-37.

等方面具有丰富的经验和强大的市场竞争力。① 在具体行业领域，美国企业的主要优势集中在科学技术、产品市场、劳动力市场、金融市场、商业活力和创新能力等方面，其中美国企业的国际化参与程度、跨国经济合作程度、国际研发合作程度等更加突出一些。② 因此，中美企业第三方市场合作可以凭借美国企业丰富的全球商业运营经验来弥补中国企业在国际化投资和管理等领域的不足，从而能够有效地加强中美双边合作，推动中美企业在第三方市场合作项目的高质量发展。

孟加拉国烧碱项目是中美两国企业在比较优势互补的基础上进行第三方市场合作的另一个示范性工程。2017 年 10 月，中国化工集团下属蓝星（北京）化工机械有限公司、美国国际工艺装备公司（International Process Plants）与孟加拉国 SR 化学工业公司（SR Chemical Industries Ltd.）达成年产 3 万吨烧碱的项目合同，该项目能够为孟加拉国相关企业拓展烧碱产业链条和增加产品附加值创造工业基础。③ 中国企业凭借在技术创新和成本控制方面的比较优势为工程提供烧碱设备的 EPC 总包项目服务，以此完善合作项目的上游产业链；美国企业借助其完善的全球销售市场渠道、跨国投资经验以及海外项目建设经验为该工程提供管理和融资支持，以此优化合作项目的下游营销市场。④ 基于此，中美两国企业通过加强比较优势互补，有效地提升了孟加拉国烧碱项目的生产质量。

（三）中美多元领域通过广泛深度合作，可以实现第三方市场多方共赢

中美企业在第三方市场开拓了产品服务、工程建设、投资合作和战略合作等多个合作领域，在东南亚、南亚、西亚以及非洲等地区的不少国家打造了许

---

① TAMER C S. The importance of distributor training at caterpillar[J]. Industrial marketing management, 1990, 19(1):1-9.

② MASAAKI K. Efficiency vs. effectiveness orientation of global sourcing strategy: a comparison of US and Japanese multinational companies[J]. Academy of management perspectives, 1998, 12(4):107-119.

③ 蓝星北化机签订首个海外烧碱总包项目[EB/OL].(2017-12-15)[2021-12-02]. http://www.chemchina.cn/ portal/xwymt/qyxw/webinfo/2017/12/1511750400406959.htm.

④ 蓝星北化机联手 IPP 实现全球业务共赢[EB/OL].(2017-04-14)[2021-12-10]. http://www.chemchina.cn/portal/xwymt/qyxw /webinfo /2017/04/1492990456992436.htm.

多重要合作项目。在第三方市场合作模式下,中美企业依托各自比较优势所形成的国际协作模式在扩大经济效益的同时,也进一步推动了第三方市场国家的基础设施建设和社会福利改善,为第三方市场国家的工业化和现代化注入了新动能。

中美企业第三方市场合作能够推动资本、技术和人力资源等生产要素在中国、美国以及第三方市场国家之间的充分流动,有助于激发三方市场合作潜能,实现多方共赢。一方面,第三方市场合作有助于中美两国企业创造更大的市场效益,为双方经济结构的互补性发展提供更多的合作空间。中国机械工程公司与美国通用电气公司基于第三方市场众多项目的长期良好合作,自2013年7月正式达成企业间《战略合作谅解备忘录》以来,通过工程总承包、项目管理承包、施工管理承包和建设—运营—移交等方式在巴基斯坦、孟加拉国、尼日利亚、安哥拉和肯尼亚等亚非地区的第三方市场共同投资建设了众多基础设施工程,合作范围涉及火力发电、新能源开发、设备自动化等多个领域的方案设计、工程建设、设备供应和技术支持,比如安哥拉索约(SOYO)燃机电站项目、巴基斯坦德纳加(Tenaga)风电项目等,双方企业在电力设备的装机总量上已经超过300万千瓦,项目合作金额高达35亿美元。[①] 另一方面,中美企业第三方市场合作能够结合当地的发展需求,为第三方市场国家的产业结构升级、社会就业率提升和生态环境保护创造更多的可持续发展路径。[②] 中美企业合作共建的迪拜太阳能光热发电项目采用了全球先进的集中式光热发电技术,能在储能设备的基础上实现全天候不间断发电。该项目每年生产的清洁能源可以帮助迪拜减少160万吨二氧化氮排放量、11万吨二氧化硫排放量以及2900万吨可吸入颗粒物,有效降低了过去石油消费习惯对当地生态环境的影响。与此同时,该项目在建设、运营和维护环节上能够为当地社会直接创造4000多个工作岗位和间接提供10000个左右的工作机会,对当地生态环境保护和社会经济发展起到了促进作用。[③]

总之,虽然中美两国正处在战略竞争下的贸易摩擦、投资分歧、经贸谈判

---

① 第三方市场合作指南和案例[EB/OL].(2019-09-05)[2021-12-08]. https://www.ndrc.gov.cn/xxgk/zcfb/tz/ 201909 /W020190905514523737249.pdf.

② MARYLA M, DOMINIQUE V D M. The Belt and Road initiative: economic, poverty and environmental impacts[Z]. World Bank Policy Research Working Paper, 2019:15-20.

③ 第三方市场合作指南和案例[EB/OL].(2019-09-05)[2021-12-08]. https://www.ndrc.gov.cn/xxgk/zcfb/tz/201909/W020190905514523737249.pdf.

与外交博弈的关键时期[①]，但是两国之间的经济联系与外交对话将对全球市场体系产生深远影响，并将深刻塑造21世纪国际关系格局与世界经济结构。[②] 鉴于此，拓展中美企业第三方市场合作模式的广度和深度，不仅可以激发双方企业的合作潜能，推动中美企业的产业结构对接和企业优势互补，能在中美战略博弈之外创造和平发展的经济基础，从而为加强中美之间的经济合作与外交关系提供新的路径，而且还能在满足第三方市场国家经济社会发展需求的同时，为全球市场提供更多的公共产品，最终实现中国、美国和第三方市场国家的多方共赢。[③]

三、中美在第三方市场的合作实践

近年来，中美企业在第三方市场的合作机制、平台搭建以及合作领域等方面都取得了较大进展，但受制于中美贸易摩擦溢出效应以及双方结构性矛盾等因素的影响，这些发展并非一帆风顺。自2017年以来，美国对中国发起了“一般301调查”、“特别301调查”以及“双反”调查等一系列贸易制裁措施，不仅严重阻碍了中美之间的正常贸易往来和双边合作，而且还加剧了中美之间的贸易摩擦和投资分歧[④]，进而对中美企业参与第三方市场合作造成了诸多现实阻力。

（一）中美在第三方市场的合作机制

在构建第三方市场合作平台方面，中美在官方层面以及企业、智库和民间团体等“二轨外交”层面进行了一系列对话与合作，并在第三方市场合作中搭

① 吴心伯.论中美战略竞争[J].世界经济与政治，2020(5)：96-130，159.

② 夏立平，祝宇雷.战略竞争背景下美国对华贸易威慑分析[J].美国研究，2020，34(1)：9-26，5.

③ GU Q Y. Making the BRI more inclusive[J]. Journal of infrastructure, policy and development, 2020, 4(1): 170-178.

④ SEGAL S, REINSCH W A. Section 301, Tariffs, and Chinese Trade and Investment[EB/OL]. (2018-03-23)[2021-12-13]. https://www.csis.org/analysis/section-301-tariffs-and-chinese-trade-and-investment.

建了许多合作平台，有效推动了中美第三方市场合作的快速发展，并在广大发展中国家的第三方市场取得了诸多建设成果。

一方面，在政府合作层面，中美两国在奥巴马政府时期在第三方市场合作中形成了多领域、多层次和多主体的合作体系。2014 年 1 月，两国政府制定了双方在亚洲开展合作的项目清单。首先，在粮食安全领域，中美两国政府共同对东帝汶的农业技术发展提供援助，通过打造玉米、洋葱等农作物的合作示范工程，为东帝汶的国家粮食安全提供相应的技术和资金保障；其次，在卫生健康领域，中美两国通过政府间合作在缅甸等湄公河流域国家开展了健康卫生合作，为提升相关国家的医疗水平提供帮助；最后，在海洋合作领域，中美两国政府通过海洋渔业联合执法、开展以东盟为核心的海上环境合作以及海洋科技合作等途径，为中美两国在海洋领域的协作奠定了坚实基础。2015 年 9 月，中国商务部与美国国际开发署签署了有关两国加强合作的谅解备忘录，为中美政府开展第三方市场合作搭建了重要平台，同时也有效推动了双方企业、智库和民间团体在第三方市场合作领域里的进程。①

另一方面，在"二轨外交"方面，"中美工商领袖和前高官对话"作为中美"二轨外交"的重要对话协商平台，从 2015 年 9 月的第 7 轮对话到 2018 年 12 月的第 11 轮对话，主要对中美贸易摩擦、两国政策未来走向、重点合作领域以及第三方市场合作等话题进行了深入的探讨和广泛的交流。其中，在涉及第三方市场合作上，中美双方代表都指出第三方市场合作方式将为中美经贸合作带来正面经济效益，能够为双方企业在第三方市场的基础设施、数字经济、物联网、现代物流和健康医疗等战略性新兴产业创造新的合作机遇。②

---

① 中美政府间的第三方市场合作主要表现为美国奥巴马政府与中国政府在国际发展领域的相互合作，不仅在防灾减灾、卫生健康、粮食安全和海洋合作等多个领域进行了深度合作，而且还达成了双方政府间的合作谅解备忘录，为中美第三方市场合作提供了重要的合作基础。参见中美签署发展合作谅解备忘录[EB/OL].(2015-10-01)[2021-12-01]. http://us.mofcom.gov.cn/article/zxhz/hzjj/201510 /20151001145706.shtml.

② 中国国际经济交流中心与美国全国商会联合举行的"中美工商领袖和前高官对话"从 2011 年至 2018 年已经举行了 11 轮对话，双方代表为中美之间的经贸合作、投资合作和意见交流搭建了重要桥梁与平台，其中中美关于第三方市场合作的讨论主要集中在第 7 轮至第 11 轮对话。参见中美工商领袖和前高官对话[EB/OL].[2021-12-03]. https://www.cciee.org.cn/list.aspx? clmId=612.

(二)中美在第三方市场的合作领域

在中美第三方市场的合作项目方面,双方企业依托各自的比较优势在新能源产业、电力产业以及化工产业等领域中取得了重要合作成果,其中一些合作项目已经成为第三方市场合作中的示范性工程(见表1)。

表1　中美企业第三方市场合作主要代表工程项目

产业类别	项目	中方单位	美方单位
新能源产业	巴基斯坦德纳加(Tenaga)风电项目	中国机械设备工程股份有限公司	美国通用电气公司
	肯尼亚凯佩托风电项目	中国机械工业集团有限公司	美国通用电气公司
	阿联酋迪拜太阳能发电项目	上海电气集团股份有限公司	美国亮源公司
电力产业	安哥拉索约(SOYO)燃机电站项目	中国机械设备工程股份有限公司	美国通用电气公司
	印尼中爪哇2×100万千瓦燃煤电站项目	中国通用技术(集团)控股有限责任公司	美国博莱克·威奇公司
化工产业	孟加拉国烧碱项目	中国化工集团有限公司	美国国际工艺装备公司

首先,在新能源产业中,中美两国企业合作建设的巴基斯坦德纳加(Tenaga)风电项目已于2015年9月开工建设。该项目是中国机械工程公司"走出去"开拓海外新能源市场的重要示范工程,也是中美企业在风电领域开展第三方市场合作的标志性项目。[①] 2015年9月,中国机械工业集团有限公司与美国通用电气公司就肯尼亚凯佩托风电项目达成合作协议,中国公司作为该项目的工程承包方负责执行具体的施工建设,美国公司作为设备和技术提供方参与项目的机械设备供应以及技术培训,该项目能够有效改善肯尼亚电力匮乏状况,同时还将为非洲清洁能源的开发利用创造更多发展机遇,有助

① 巴基斯坦Tenaga风电项目举行开工仪式[EB/OL].(2015-09-16)[2021-12-02]. http://www.cmec.com/xwzx/ gsxw/201509/t20150916_130662.html.

于进一步缓解当地的电力供需矛盾。[①] 2018 年 4 月,上海电气与美国亮源公司(Bright Source Energy)共同建设的迪拜太阳能光热发电项目是全球规模最大的单体太阳能光热发电工程,它可以有效改善当地的能源消费结构,促进当地新能源产业的快速发展。

其次,在电力产业中,中美企业共同建设的安哥拉索约(SOYO)燃机电站项目于 2015 年 12 月开工建设,并在 2019 年 5 月交付使用。这是安哥拉国内首个大型火力发电项目,同时也是非洲地区最大的燃气轮机循环电站工程,能够有效提升当地的电力供应效率。[②] 同时,中国通用技术集团与美国博莱克·威奇(Black&Veatch)组成企业联合体为印度尼西亚中爪哇 2×100 万千瓦燃煤电站项目提供设备和运营维护服务,有助于改善中爪哇地区电力生产不足的供需紧张状况。

最后,在化工产业中,中国化工集团、美国国际工艺装备公司(International Process Plants)与孟加拉国 SR 公司于 2017 年 10 月签署了合作协议,中美两国企业将共同在该项目的建设服务、技术支持和人员培训等多个领域中展开相互合作,旨在进一步加快孟加拉国烧碱产业的发展速度。

通过审视这些具体的工程项目,我们可以发现中美第三方市场合作在合作领域、目标市场以及合作形式三个方面呈现出一定的规律和特征。第一,从合作领域来说,中美在第三方市场上的合作项目主要以国民经济的基础产业为主,尤其在基础设施、能源开发、电力设备以及工业化工等领域展开了广泛合作,反映出中美第三方市场合作的重点主要聚焦于发展中国家的社会经济发展;第二,从目标市场来说,中美第三方市场合作的主要区域集中在南亚、东南亚、中东以及非洲地区的发展中国家和新兴经济体,其合作项目也能够契合当地工业化和现代化的发展路线图;第三,从合作形式来说,中美第三方市场合作主要呈现中国企业承建工程建设、美国企业提供设备和技术的分工协作模式,其合作基础主要依托于中美两国企业各自的比较优势。

---

① 国机集团与 GE 公司合作推动非洲清洁能源建设[EB/OL].(2015-09-18)[2021-12-03].http://www. sinomach.com.cn/xwzx/jtdt /2015jtdt /201509/t2015091765027.html.

② 安哥拉总统若昂·洛伦索视察并高度评价 SOYO I 联合循环电站项目[EB/OL].(2015-07-25)[2021-12-03]. http://www.cmec.com/xwzx/gsxw/201907/t20190726_220669.html.

四、中美第三方市场合作面临的主要挑战与阻力

中美企业通过第三方市场合作在亚洲、非洲等广大发展中国家合作建设了诸多项目，但同时也面临着双边贸易摩擦、美国对华负面舆论、全球新冠疫情等非传统安全因素的冲击，以及来自双方因在政治、经济和安全领域存在结构性矛盾而形成的诸多挑战与阻力。

（一）美国发起对华贸易制裁，有意挤压企业合作空间

全球经济重心的转移和大国博弈的加剧，导致美国特朗普（Donald Trump）政府对中国发起一系列贸易制裁，涉及关税、非关税壁垒和核心科技等诸多领域，严重阻碍了中美经贸关系的正常发展，尤其对中美两国企业在第三方市场的合作进程造成了巨大阻力，因为中美企业第三方市场合作与两国经贸和外交关系具有高度关联性，而中美贸易摩擦的周期性波动可以对双边贸易自由化和投资便利化造成直接冲击。①

特朗普政府推行贸易保护政策的核心在于恢复和维持美国本土经济的健康发展。在“美国优先”的原则下，美国政府主要采取了对外实行保护主义和单边主义，以及通过退出多边贸易协定、制定“汇率操纵国”名单、征收惩罚性关税和促进美国制造业回归等方法来提振美国经济发展。② 一方面，美国政府通过提高对华进口商品的关税税率和设置高关税壁垒，限制中美两国企业基于比较优势所形成的产业内和产品内合作，刻意挤压中国企业在全球价值链中的分工位置，以此达到部分产业链回流美国和限制中美企业合作的目的。如图 1 所示，2007—2018 年中国对美国贸易顺差呈现波动上升趋势，其中 2018 年中国对美国贸易顺差为 3233.27 亿美元，相较 2007 年贸易顺差提高了 1.98 倍。③

---

① 黄鹏，汪建新，孟雪.经济全球化再平衡与中美贸易摩擦[J].中国工业经济，2018(10):156-174.

② 李杨，孙俊成.特朗普政府的贸易保护主义政策:基于政党政治的研究视角[J].美国研究，2019，33(3):43-59，6.

③ 2018 年 12 月进出口商品国别(地区)总值表(美元值)[EB/OL].[2021-12-06]. http://www. customs.gov.cn/customs/302249/302274/302276/2278978/index.html.

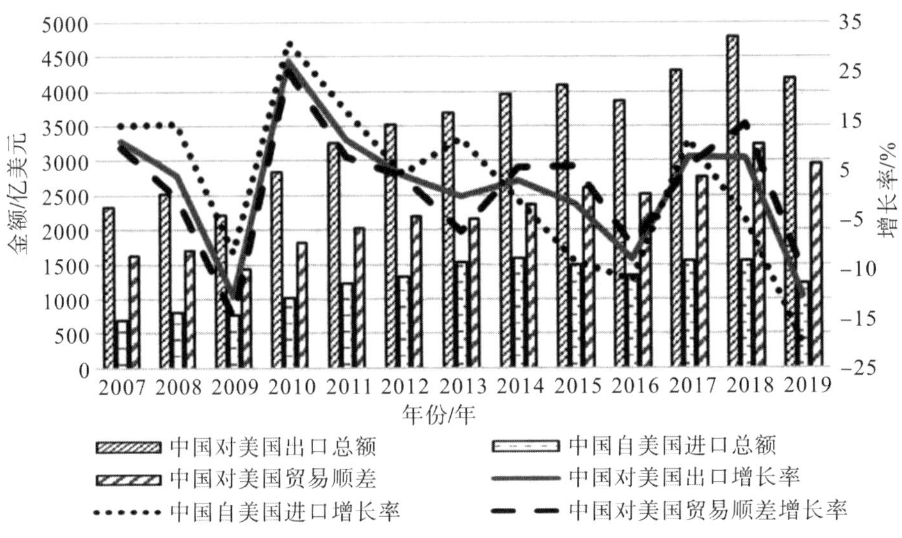

图 1　2007—2019 年中美贸易情况

资料来源:作者根据中国海关总署统计月报计算整理。

2019 年在特朗普政府持续干预下,中美双边进出口贸易均呈现较大幅度下降,其中中国对美国出口较上一年同期下降 12.49%,中国自美国进口较上一年同期下降 20.88%,但是该年中国对美国的贸易顺差仍然达到了 2959.6 亿美元,在 2007—2019 年处于第二高位水平。① 中国对美国的贸易顺差直接推动了美国特朗普政府对中国启动"301 调查",其结果是,美国对中国企业的高新技术和机电产品实施了惩罚性关税,不仅加剧了中美贸易争端的复杂性,而且还致使中美两国企业在全球产业链和供应链中的分工协作模式遭到冲击。② 2020 年,全球新冠疫情虽然严重冲击了世界政治与经济的宏观发展环境,但是中美在国际经贸领域仍然呈现出较强的发展态势,其中两国的进出口贸易均呈现较大幅度增长,尤其值得注意的是,中国这一年对美国的贸易顺差在 2019 年基础上又增长了约 7.08%,这种发展趋势促使特朗普政府在其执政后期继续对中国采取贸易限制政策,同时也必然会导致拜登政府在其任期内

① 2019 年 12 月进出口商品国别(地区)总值表(美元值)[EB/OL].[2021-12-06] http://www.customs.gov.cn/ customs/302249/302274/302277/302276/2851396/index.html.

② YANG J, ASKARI H, FORRER J, et al. US economic sanctions against China: who gets hurt? [J]. World economy, 2004, 27(2): 1047-1081.

继续对中国奉行强硬的贸易政策。①

另一方面，美国政府通过支持本国企业在境外的投资、建设和并购来挤压中国企业在海外市场的发展空间，尤其对中美两国企业在第三方市场的产业合作、技术共享和设备供应造成了直接冲击。例如，特朗普政府在知识产权、核心科技、原产地规则、劳工标准以及环境保护等领域设置对华企业的限制性措施，比如对中国中兴、华为等科技类公司进行科技禁运、限制进口等贸易制裁，同时通过国际游说来阻止华为5G设备进入澳大利亚、新西兰、日本以及德国、意大利等欧盟国家②，试图利用非市场经济行为阻碍中美企业在核心科技和精密仪器等技术领域的市场合作，这在一定程度上对中国企业在第三方市场的产业布局、投资选择以及管理运营都造成了冲击，其结果是，美国的做法进一步挤压了中美两国企业在第三方市场合作的产业领域和市场空间，导致双方企业都蒙受了较大损失。

（二）美国营造对华负面舆论，从而扰乱中美经贸合作

在第三方市场合作过程中，中国已经逐渐成为全球价值链分工体系中的核心参与者，为“一带一路”共建国家和以美国为代表的非国家的经济发展提供了重要发展支撑。③ 据《世界银行报告》预估，“一带一路”国际经济走廊建设能够使沿线经济体贸易增幅提升2.8%至9.7%，使全球的贸易增幅增加1.7%至6.2%。④ 但是，特朗普政府为了强化其对华竞争打压的需要，促使美国政府、智库以及媒体忽略“一带一路”对全球经济的贡献值，刻意将“一带一路”框架下的第三方市场合作以及互联互通建设等经济行为视为制造“债务陷阱”的非市场行为，从而在国际社会里营造一种负面的对华舆论氛围。⑤ 美国

---

① 陈宇.中美建交以来美国对华经济战略的嬗变（1979—2020）[J].国际观察，2021（2）：85-102.

② HARRELL P E. The U.S.-Chinese trade war just entered phase 2[EB/OL].（2019-12-27）[2021-12-06]. https://foreignpolicy.com/2019/12/27/united-states-china-trade-war-fought-export-import-controls-investment-restrictions-sanctions.

③ CHEN M X, LIN C. Foreign investment across the Belt and Road: patterns, determinants, and effects[Z]. World Bank Policy Research Working Paper, 2018:2-37.

④ World Bank. Belt and Road economics: opportunities and risks of transport corridors[Z]. World Bank Working Paper, 2019:5-9.

⑤ YODER B K. Uncertainty, shifting power and credible signals in US-China relations: why the “Thucydides' Trap” is real, but limited[J]. Journal of Chinese political science, 2019, 24(1): 87-104.

的错误认知严重恶化了中美经贸合作环境，使得两国企业在第三方市场合作的可持续发展受到了强烈的冲击。

特朗普政府对华采取的全面竞争性政策与强硬态度，折射出美国对中国的战略认知已经从原有的有限合作向全面竞争转变，旨在通过科技领域脱钩、限制中美企业合作和加征惩罚性关税等措施对中国进行全方位施压。

首先，在政策层面，特朗普政府通过颁布政策文件来加强其对华政策的竞争性。2017 年 12 月，美国政府发布的《国家安全战略》将中国确定为“战略竞争对手”，认为中国企业在广大发展中国家的关键技术、核心产业和基础设施等领域进行投资建设，不仅是为了扩展其区域经济影响力和实现地缘政治诉求，而且还力图在这些国家和地区产生对美国的替代效应。① 正是基于这份报告，美国贸易办公室开始采取对中国进行贸易制裁和限制打压中美之间的第三方市场合作等举措。

其次，在政府层面，特朗普政府及其高层团队诋毁“一带一路”倡议，以此营造对华竞争性的舆论氛围。2018 年 10 月，对华鹰派代表人物美国副总统彭斯(Mike Pence)在哈德森研究所(Hudson Institute)的演讲严重毒化了美国国内对华舆论环境，致使美国政府、国会、企业、智库以及媒体等组织掀起了对中国的“抹黑”行动，不仅对中美正常经贸往来造成了巨大冲击，而且还在一定程度上动摇了中美两国企业在第三方市场的合作基础。②

最后，在社会舆论层面，基于特朗普政府及其团队对华政策的强硬态度，美国智库、学者以及媒体也对“一带一路”进行抨击和打压。全球发展中心(CGD)③、哈佛大学肯尼迪学院(Harvard Kennedy School)④等美国智库研究机构在其研究报告中均明确指出“一带一路”的基础设施投资建设不仅加重了

---

① White House. National security strategy of the United States of America[EB/OL].(2017-12-18)[2021-12-05]. https://www. Whitehouse. gov/wp-content/uploads/2017/12/NSS-Final-12-18-2017-0905.pdf.

② ZHANG Y. Third-party market cooperation under the Belt and Road Initiative: progress challenges, and recommendations[J]. China international strategy review, 2019, 1(2):310-329.

③ HURLEY J, et al. Examining the debt implications of the Belt and Road Initiative from a policy perspective[J]. CGD policy paper, 2018, 121:1-33.

④ PARKER S, CHEFITZ G. China's strategic leveraging of its newfound economic influence and the consequences for U.S. foreign policy[EB/OL].[2021-12-11]. https://www. belfercenter. org/sites/default/ files/files/publication/Debtbook% 20Diplomacy%20PDF.pdf.

共建国家的“债务风险”，而且推动了全球商品供应链和产业链向着不利于美国的方向发生变化，这将动摇美国在全球政治经济中的核心地位。[①] 应当指出的是，发展中国家债务危机是由其内部经济结构不平衡发展以及外部美元金融霸权所导致的结果；中国也不是发展中国家唯一的债权国。[②] 相反，“一带一路”倡议通过增加就业、提升税收以及加大投资等途径有效降低了共建国家的政府债务风险，从而在一定程度上使其债务结构具有了可持续存在的基础。[③]

审视美国官方与非官方对中国的“抹黑”行为，我们可以发现，美国的做法具有明确打压中国经济发展的战略意图，尽管这些言论和报告都缺乏现实依据，但其在国际社会中造成的普遍误解对中国国际经济环境的稳定发展以及对“一带一路”框架下的第三方市场合作都具有很大的负面作用和冲击，势必严重阻碍两国企业第三方市场合作的发展进程。

(三)全球新冠疫情暴发，严重冲击中美双边关系

全球经济结构的改变会对国际关系格局的变动产生外围推动力，因为在这一过程中利益竞争与战略博弈不可避免，其结果是对国际政治和世界经济产生巨大的负面外部性。[④] 例如，2020 年新冠疫情作为全球突发公共卫生事件对世界经济、国际格局以及全球走向都造成了重大外部冲击。[⑤] 据联合国贸发会议(UNCTAD)评估：一方面，由于新冠疫情在暴发初期对中国制造业的持续影响及其所衍生的经济冲击，导致全球价值链出口额减少了 500 亿美元，其中受影响最大的部门包括精密仪器、机械、汽车和通信设备等；另一方面，由于欧盟、美国、日本和韩国等国在全球价值链中均与中国具有紧密的合

① HILLMAN J. China's Belt and Road Initiative: five years later[EB/OL].(2018-01-25)[2021-12-10]. https://www.csis.org/analysis/chinas-belt-and-road-initiative-five-years-later-0.

② 许少民，李江.“中国债务陷阱外交论”的发展及其谬误[J].国际问题研究，2020(1):40-53.

③ 鲍洋.“一带一路”倡议会引发“债务陷阱”吗?:基于中国对外投资合作的视角[J].经济学家，2020(3):45-55.

④ TITLI B. Sino-US disorder: power and policy in Post-COVID Indo-Pacific[J]. Journal of asian economic integration, 2020, 2(2): 159-179.

⑤ MARIA N, et al. The socio-economic implications of the Coronavirus Pandemic (COVID-19): a review[J]. International journal of surgery, 2020,78:185-193.

作关系，致使这些经济体在全球疫情中也受到了较大冲击。① 对于中美两国而言，中国作为美国在全球价值链中的重要合作伙伴，新冠疫情暴发对中国制造业的影响无疑会对美国经济产生连锁反应②，加之中美贸易摩擦对双边经贸合作的冲击，中美在经济领域的结构性矛盾因而会迅速扩展至国际政治层面上的战略博弈，进而对中美企业第三方市场合作造成结构性的发展阻力。

显然，中美作为两个最大的经济体在政治、经济和外交领域的竞争与合作将对国际格局产生深远的影响。随着新冠疫情的全球蔓延，以美国为代表的欧美发达经济体开始就疫情影响下的全球供应链以及经济衰退等相关问题向中国发难，甚至开始采取措施与中国进行“脱钩”，致使中美企业第三方市场合作面临更大的外部挑战。本来，中美两国作为全球重要的经济体和联合国安理会常任理事国，应当通过共同合作来缓解新冠疫情对全球的负面冲击，然而，由于特朗普政府及其高层官员在多个场合对中国的防疫情况进行诋毁和“污名化”③，严重阻碍了中美共同抗击疫情的合作，致使双边关系开始迅速下滑、战略互信基础逐渐消失以及合作空间遭到严重挤压。④ 此外，全球新冠疫情的确加大了中美双方在国际政治和经贸领域的合作难度，同时还进一步阻碍了中美在文化、旅游等多个领域的正常交流。在拜登执政时期，这种局面依然不会改观，因为美国不会主动减少或取消其对中国商品征收的高额关税，更不会拆除其对华刻意设置的非关税壁垒。⑤ 在此背景下，中美关系未来发展走向仍然存在诸多不确定和不稳定因素。⑥

---

① UNCTAD. Coronavirus outbreak has gost global value chains ＄50 billion in exports[EB/OL].(2020-03-04)[2021-12-06]. https://unctad.org/en/pages/new sdetails.aspx? OriginalVersionID=2297.

② VIDYA C T, PRABHEESH K P. Implications of COVID-19 Pandemic on the global trade networks[J].Emerging markets finance and trade, 2020, 56(10):2408-2421.

③ 赵明昊.新冠疫情与美国对华战略竞争的深化[J].美国研究，2020，34(4)：20-44，5-6.

④ 阮宗泽.一个世界 两种秩序[J].国际问题研究，2020(3)：44-49.

⑤ 王玫黎，杜陈洁.美国参与自主性武器国际军控的战略关切及角色定位[J].国际观察，2021(2)：127-156.

⑥ 王缉思.新冠疫情下的中美关系[EB/OL].(2020-04-07)[2021-12-06].http://nsd.pku.edu.cn/sylm/gd/501976.htm.

(四)中美结构性矛盾不断激化，进而加剧双方零和博弈

结构性矛盾是制约中美第三方市场合作的发展瓶颈。中美在政治制度、经济发展水平以及意识形态方面均存在较大差异的客观事实，致使双方面临诸多结构性矛盾，以至于特朗普政府对中国采取了一系列竞争性政策，从而进一步加剧了中美之间的零和博弈。[①] 伴随着中国综合实力的不断上升和美国巩固其霸权地位力度的不断加大，中美之间的结构性矛盾主要体现为政治体制差异、经济结构不对称和安全观不同等方面，导致中美之间的经贸关系受到较大冲击，尤其对中美两国企业在第三方市场合作的可持续发展造成了重大影响。

如上所述，中美之间的结构性矛盾主要集中在政治、经济和安全等领域，是限制中美企业第三方市场合作的重要因素。首先，政治领域的结构性矛盾是影响中美企业第三方市场合作的主要阻力。自冷战结束以来，美国在国际体系中不断推行其霸权主义和单边主义政策，对国际政治和世界经济进行长臂管辖，严重危害了世界局势的和平与稳定。当前，中国综合实力的快速上升与美国霸权的式微成为国际关系中一对最重要的结构性矛盾，其走向不仅影响当下的国际秩序，而且还会影响未来的国际秩序。格雷厄姆・艾里森(Graham Allison)指出，全球秩序未来发展的关键在于中美能否摆脱“修昔底德陷阱”。显然，中国作为全球新力量，其崛起引发了美国对自身未来发展的不确定性的深度思考，由此产生的结构性压力和战略焦虑势必会加剧中美间的零和博弈。[②]

其次，经济领域的结构性矛盾是限制中美企业第三方市场合作的关键因素。美国作为世界第一大经济体，其维护自身全球经济主导地位的行为与中国开拓世界市场空间之间存在结构性矛盾。中美经济结构失衡源于双方企业在全球价值链中的不同位置和分工，以劳动密集型和资源密集型为主的中国产业结构在货物贸易中占有优势，而以知识密集型和技术密集型为主的美国

---

① 赵可金.“软战”及其根源:全球新冠疫情危机下中美关系相处之道[J].美国研究，2020,34(3):9-34,5.

② GRAHAM A. Destined for war: can America and China escape Thucydides' Trap? [M]. New York: Houghton Mifflin Harcourt,2017:3-24.

产业结构在服务贸易中占有优势。① 但由于全球货物贸易和服务贸易市场自由化的不断发展，中美之间贸易的结构性失衡还会长期存在②，以至于美国对华采取的贸易制裁措施在抑制中国经济发展以及减少其对中国经济依赖关系的同时，也导致处在同一产业链条的美国企业遭受同样冲击和损失。③

最后，安全领域的结构性矛盾是阻碍中美第三方市场合作的核心因素。由于中美两国处在国际关系和世界经济中的不同位置，各自对安全领域的需求、范围和定义存在较大差异，使得美国政府中的对华鹰派持续在安全和外交领域对华实施更大的政策压力。④ 美国对绝对安全的追求导致中美在安全领域的认知观念和需求方面存在不对称现象，尤其在非传统安全中，美国为维护其自身利益，通过技术垄断、知识产权过度保护和贸易禁运等措施抑制双方企业合作，对中美两国企业在第三方市场上的合作项目造成了重大而深远的影响。与此同时，在 2021 年 3 月颁布的《国家安全临时战略方针》(Interim National Security Strategic Guidance)中，拜登政府直接对全球安全和美国国内安全政策进行了新的解释，并将中国视为美国在国际经济、国际关系、军事实力以及科学技术等诸多领域的潜在竞争对手。⑤ 基于此，美国对绝对安全的追求势必导致中美在安全领域的认知观念和需求产生明显差异。例如，美国为维护其自身利益，不断通过技术垄断、知识产权过度保护和贸易禁运等非传统安全措施来抑制中美企业合作，这无疑将对两国企业在第三方市场上的合作项目造成重大影响。

---

① PREMA-CHANDRA A, YAMASHITA N. Global production sharing and Sino-US trade relations[J]. China & world economy, 2009, 17(3):39-56.

② CHI H K. The China-US trade war: deep-rooted causes, shifting focus and uncertain prospects[J]. Asian economic policy review, 2020, 15(1):55-72.

③ ZHANG C, PU X. Introduction: can America and China escape the Thucydides' Trap? [J]. Journal of Chinese political science, 2019, 24(1):1-9.

④ 吴心伯.竞争导向的美国对华政策与中美关系转型[J].国际问题研究，2019(3):7-20,138.

⑤ White House. Interim national security strategic guidance[EB/OL].[2021-12-14]. https://www. whitehouse.gov/wp-content/uploads/2021/03/NSC-1v2.pdf.

五、中美第三方市场合作的前景展望与中国的应对

中美两国产业结构和生产要素禀赋具有高度的互补性与合作潜力，但是中美战略竞争下的贸易摩擦、投资分歧和结构性矛盾限制了双方企业在第三方市场上的技术合作、联合投资和共同建设，致使中美企业第三方市场合作的未来发展面临诸多不确定性因素。虽然拜登政府在对华态度、政策和方式上有别于特朗普政府，尤其是表现在通过盟友外交和多边机制来共同挤压中国在国际社会的发展空间上，但是它仍然继承了特朗普政府时期将中国视为主要竞争者的战略思维和认知，因此，竞争性外交政策仍然是拜登政府对华关系的总基调。[①] 在此背景下，中美企业第三方市场合作依然面临明显的不乐观前景。值得注意的是，鉴于中美两国在全球价值链中已经深度联系在一起，双方都有必要保持最低限度的经贸合作[②]，因此，我们可以通过第三方市场合作来增强中美企业在经贸领域的互相协作，从而为缓解中美紧张的双边关系注入更多的积极因素。

(一)中美第三方市场合作的不确定前景

随着中美战略竞争下的贸易摩擦、投资分歧以及科技封锁等结构性矛盾的日益加剧，中美企业第三方市场合作进程受到较大外部冲击，不确定与不稳定因素时常出现。2017 年 8 月 18 日，美国政府针对中国发起了以知识产权、技术转移和科技研发等为核心的“301 调查”。2018 年 3 月 22 日，美国公布了对中国的“301 调查”报告，并开始对中国商品征收惩罚性关税；6 月 15 日，美国政府不顾双方在 5 月达成的合作共识，继续批准对中国约 500 亿美元商品加征关税；7 月 6 日，美国正式对第一批征税清单中的 340 亿美元商品加征 25%的关税，而中国为捍卫自身权益对美国进口商品作出同等规模的征税措

① 吴心伯.拜登执政与中美战略竞争走向[J]. 国际问题研究，2021(2)：34-48，130-131.

② 王缉思. 坚守中美关系的三条底线[N]. 环球时报，2020-06-02(14).

施作为反击。至此，中美贸易摩擦升级为贸易战。[①]美国通过贸易禁运、技术制裁和投资限制等方式抑制中美企业开展正常的产业内和产品内科学技术合作和比较优势互补合作，通过切断美国企业对中国企业的核心部件供应和技术支持等渠道，拆散中美企业在全球价值链中的合作关系，限制双方企业在第三方市场国家的合作空间，以此边缘化中国企业“走出去”在海外市场的投资活动。[②]这无疑严重阻碍了中美企业第三方市场合作的发展进程。

直至2019年12月13日，中美两国贸易谈判小组经过不懈努力，在合作共赢的基础上终于达成了中美经贸第一阶段协议文本，这对中美两国企业参与第三方市场合作是一个利好因素，因为它不仅有助于增强双方企业共同参与国际合作的信心，而且还可以稳定中美第三方市场合作的市场预期。但是，全球新冠疫情的暴发扰乱了全球价值链、供应链和产业链的正常运转，依托于生产要素比较优势互补的中美经贸合作结构因而受到强烈冲击，尤其是美国国内的经济民族主义与“美国优先”政策相结合，进一步加快了美国对中国的全方位围堵进程。[③]例如，在2020年美国总统大选中，中美战略竞争成为美国总统竞选过程中的热点关注话题，共和党和民主党围绕这一话题展开一系列竞争与博弈，在一定程度上强化了美国国内对中国的竞争性社会舆论导向，使得中美之间的政治对话与经贸合作面临更加严峻的国际环境。

值得注意的是，民主党总统候选人拜登(Joseph Robinette Biden Jr.)就任新一届美国总统百日后，其对中国的贸易、科技以及关税等诸多领域的政策导向逐步明朗起来，主要表现在两个方面[④]：一是他在很大程度上继承了特朗普对中国的贸易、投资和科技政策[⑤]；二是其外交政策初步形成了自己的特点，既不同于特朗普政府的孤立政策，也不同于奥巴马(Barack Hussein Obama)政府的紧缩战略，因为其倡导的外交政策延续了以美国领导和盟友合作为主

---

① WONG D, KOTY A C. The US-China trade war: atimeline[EB/OL].(2020-08-25)[2021-12-03]. https://www.china-briefing.com/news/the-us-china-trade-war-a-timeline.

② 孙海泳.论美国对华“科技战”中的联盟策略:以美欧对华科技施压为例[J].国际观察,2020(5):134-156.

③ 赵明昊.特朗普执政与中美关系的战略转型[J].美国研究,2018,32(5):26-48,5-6;周琪.论特朗普的对华政策及其决策环境[J].世界经济与政治,2019(3):57-78,157-158.

④ JAKUB J. Biden's policy towards China: the prospects for transatlantic dialogue[J]. OSW Commentary,2020, 363:1-3.

⑤ Oxford Analytica. Biden's US foreign policy agenda is emerging[EB/OL].(2020-05-13)[2021-12-20]. https://doi.org/10.1108/OXAN -DB252575.

导的传统发展路径[①]，这在一定程度上表明拜登政府在其任期内可能会对中国采取更为强硬的外交政策。[②]尽管自拜登政府执政以来中美在政治、经贸以及外交等诸多领域已经进行多次建设性对话与沟通，例如，2021 年 5—6 月，两国先后在经贸领域进行了两次对话，就双方共同关注的世界经济宏观环境、国际多边合作以及中美经贸关系等议题展开了积极和务实交流[③]，为两国在国际贸易、直接投资等领域开展合作创造了利好氛围，同时也为中美企业在第三方市场展开合作奠定了发展基础，但是，全球经济的整体疲软、新冠疫情的全球持续蔓延以及美国国内要求对华采取强硬政策的社会舆论等诸多不稳定因素，都会直接或间接地导致拜登政府在其任期内不太可能在经贸、科技以及安全等议题上减弱其对中国的限制和制约力度。因此，拜登政府时期的中美贸易关系依旧充满诸多不确定和不稳定因素，由此衍生的相关问题可能会传导至中美两国企业在第三方市场上的合作项目，进而导致中美第三方市场合作进程遭遇强大阻力。

(二)中国的应对策略

基于上述分析，本文认为，在当前中美关系比较紧张的大背景下继续推进两国第三方市场合作，不仅需要中国主动作为，更需要双方共同作出努力。

1.继续推进中美经贸谈判，缓解双边贸易摩擦关系

中美贸易摩擦及其衍生的相关问题对中美双边经贸关系的正常发展造成了很大影响，并对中美企业第三方市场合作的可持续发展形成了相当大的阻力。为了缓解中美贸易摩擦对双边经济合作的冲击，中国需要继续主动地加强中美双方在经贸领域的谈判、协商与合作。一方面，继续推进中美两国在经贸领域的谈判进程，在巩固已有谈判合作协议的基础上落实中美经贸谈判协议的合作共识，拓展双方在知识产权、技术转让、金融服务、宏观经济政策以及争端解决机制等领域的合作范围与深度，加速推动中美之间的资源优化配置、

---

① JONATHAN R. What does Joe Biden's victory mean for Israel? [J]. Israel journal of foreign affairs, 2020, 14(3):375-378.

② SOARE S R. Biden's security policy: democratic security or democratic exceptionalism? [J]. Intereconomics,2021,56(1):14-20.

③ 商务部：中美经贸领域已开始正常沟通 将共同努力务实解决具体问题[EB/OL]. (2021-06-03) [2021-12-11]. http://www.gov.cn/xinwen/2021-06/03/content_5615251.htm.

产业结构对接和优势产能合作进程，从而为中美企业在第三方市场上的合作提供坚实的基础；另一方面，中国应积极推动构建中美之间不同层面的贸易纠纷协调机制，加强双方在经贸领域持续开展建设性合作。基于中美在经贸领域的谈判形势，中国应加快构建政府高层的中美贸易框架小组与日常工作层面的双边评估和争端解决机构进程，以便通过公平快速的评估和争端解决机制来妥善处理中美双边经贸纠纷以及衍生的其他问题，为中美双边贸易和直接投资创造更多的政策沟通与协调空间，进而为中美两国企业第三方市场合作创造良好的发展环境。

2.完善"二轨外交"机制，畅通中美交流渠道

中美关系是世界上最重要的双边关系，两国之间的交流合作不仅需要构建政府层面的官方交流机制，还需要设置包含企业代表、智库学者以及民间团体等"二轨外交"协商平台，以此来满足两国在政治、经济和安全等不同领域的意见交换与战略对话需求，从而为中美关系的可持续发展创造更多的交流渠道和机会。因此，在中美两国政府形成的官方对话渠道基础上，中国还需要进一步完善中美两国在其他层面上的"二轨外交"交流平台，为两国政府提供更多的政策协调空间。

一方面，继续完善已有的中美"二轨外交"合作机制。中国应继续推动"中美工商领袖和前高官对话""美中贸易全国委员会"等交流机制的健康发展，为中美两国企业代表以及智库学者提供意见交流和反馈渠道，通过积极务实的平等交流，不断减少中美两国在国际贸易、直接投资和企业文化等领域的摩擦与分歧，推动中美双边经贸关系的稳定发展以及两国企业第三方市场合作的可持续发展。另一方面，为提升中美"二轨外交"在中美贸易摩擦、第三方市场合作、安全困境以及全球治理等议题中的协调作用，我们应当凭借"二轨外交"的非官方性和灵活性特点为解决两国在政治、经济以及安全领域的结构性矛盾创造更多的机会，借此推动中美两国政府、企业和民间意见的交流沟通，并管控好中美双边贸易摩擦和投资分歧。

3.构建危机应对机制，确保企业正常合作

中国已经与法国、意大利、日本、韩国和新加坡等多个发达经济体签署了第三方市场合作协议，并在这些协议的基础上进一步形成了第三方市场合作平台，为这些国家企业的优势互补和国际经济协作提供了重要的危机应对保障机制。值得注意的是，虽然中美企业在第三方市场中取得了众多合作成果，但两国在政治、经济和文化等领域存在的战略竞争导致双方企业在第三方市场合作中面临诸多风险与挑战，加之中美在第三方市场合作中还没有达成正

式的合作协议和形成对应的合作平台，以至于中美企业在第三方市场的合作项目中缺乏相应的合作保障机制。因此，为了进一步提升中美企业在第三方市场合作中应对突发危机的能力，中国企业需要与美国企业在不同领域构建危机应对机制，以此来保障合作项目的顺利开展。

一方面，中国企业在第三方市场合作中需要构建应对中美战略竞争及其溢出效应的危机应对机制。在美国对华战略竞争的背景下，中国企业在第三方市场合作项目中需要与美国的企业以及第三方市场国家的企业达成风险分担协议，这样，中国企业就可以通过跨国并购、股权合作以及联合投资等方式与美国企业、第三方市场国家形成风险共担和利益共享的合作共同体，从而有效降低中美企业第三方市场合作项目可能遭遇的风险冲击。

另一方面，中国企业在第三方市场合作中需要构建应对新冠疫情等非传统安全的危机应对机制。新冠疫情的暴发扰乱了全球价值链的分工协作体系，由此衍生的产品供应链停滞、大宗商品价格波动以及国际金融市场不稳定等现象都将冲击中美企业第三方市场合作的可持续发展基础。因此，中国企业需要细化在第三方市场合作中的分工协作关系，通过技术合作、卫生防疫以及定向分工等方式确保建设人员的身体健康，同时还要凭借基础材料本地化、紧缺材料合作研发以及融资渠道多元化等方式来保障合作项目的顺利开展。

4.巩固已有合作基础，拓展新兴产业合作

中美企业第三方市场合作遍及广大发展中国家，但双方企业合作项目主要集中在基础设施、电力开发以及化工等传统行业。为了推动中美第三方市场合作的可持续发展，中国企业应在巩固双方已有合作项目的基础上，进一步拓展新兴产业领域里的合作潜力。一方面，巩固中美企业在第三方市场中已有的合作基础，不断加大合作项目中对科技研发的技术投入、技能培训的人力资源投入以及联合投资的资本投入等，从而提升双方企业合作项目的技术、资本、人力资源、研究开发以及管理运营等生产要素禀赋。比如，中美两国企业可以通过其共同参与合作的迪拜太阳能光热发电项目，增加技术投入和技能培训，借此帮助当地企业加强风电技术研发，也可以通过基础材料本地化的方式来为当地相关产业部门提供发展机会和为当地社会创造更多的就业岗位。

另一方面，开拓中美企业在第三方市场中的新兴产业合作，一定要首先跳出中美企业在第三方市场中的基础设施产业和能源电力产业等单一合作领域，然后在结合中美两国企业比较优势的基础上来对接第三方市场国家的工业化发展需求，只有如此，两国才能推动数字经济、国际物流、现代农业、新能源开发、健康医疗以及能源管理等新兴产业成为彼此企业第三方市场未来合

作的重点领域，进而为中美两国企业的跨国经济合作创造新的发展机遇，同时还可以帮助第三方市场国家快速推进其工业化发展进程。

六、结语

第三方市场合作是中美企业开展比较优势互补、产业结构对接和发展目标协同的新型合作模式。作为一种合作共赢的国际经济合作形式，中美两国企业在亚洲、非洲等广大发展中国家的基础设施、能源产业、化工产业和电力产业等领域中取得了一系列重要合作成果，为第三方市场国家的工业化和城市化发展提供了经济动力。

然而，由于美国特朗普政府推行经济民族主义的“美国优先”政策，在贸易、科技以及知识产权等领域掀起了对中国的全方位围堵，致使中美两国战略竞争的零和博弈态势进一步加剧。与此同时，中美两国在政治、经济和安全领域的结构性矛盾严重阻碍了双方企业在第三方市场合作中的可持续发展进程，尤其是美国的单边主义和保护主义政策以及全球新冠疫情的暴发和肆虐对中美价值链造成的巨大冲击，深刻影响了中美企业在第三方市场合作中的可持续发展。

审视中美建交40多年来的发展历程，双边关系发展虽然并非一帆风顺，但共同利益总体上远大于分歧。尽管特朗普治下的美国所奉行的对华政策非常不友善，拜登治下的美国在很大程度上也会继续奉行不友善的对华政策，但是第三方市场国家的经济发展需求和工业化进程都要求中美两个大国进一步深化其在第三方市场上的合作。本文认为，面对充满不稳定与不确定因素的中美关系，只要双方能够建设性地管控分歧，两国的企业就能够在第三方市场上继续开展合作，就能够持续地给全球价值链、国际贸易以及国际金融等领域的健康发展创造重要的推动力。也就是说，中美如果能够通过共同探讨并达成共识的手段来重新确立加强两国外交关系、经济合作以及政治互信的新路径，不仅有助于进一步拓展拜登政府时期中美企业在第三方市场合作中的发展空间与合作广度，加速双方企业在全球价值链中的优势互补与产业结构对接进程，而且还可以为中美战略博弈向良性竞争转变提供更多的积极要素，进而形成相对稳定的国际经济发展环境。

贸易畅通篇

“一带一路”建设与建构国内国际双循环的新发展格局*

李文溥　王燕武

一、引言

自从 2020 年 5 月中共中央政治局常委会会议提出“深化供给侧结构性改革，充分发挥我国超大规模市场优势和内需潜力，构建国内国际双循环相互促进的新发展格局”以来，如何在国民经济各项工作中“构建国内国际双循环相互促进的新发展格局”(以下简称“双循环”)，成为学界、政府部门以及社会各界热烈讨论的理论与政策热点问题之一。而与此同时，《中共中央关于制定国民经济和社会发展第十四个五年规划和 2035 年远景目标的建议》(以下简称《建议》)指出，“推动共建‘一带一路’高质量发展。坚持共商共建共享原则，秉持绿色、开放、廉洁理念，深化务实合作，加强安全保障，促进共同发展。推进基础设施互联互通，拓展第三方市场合作。构筑互利共赢的产业链供应链合作体系，深化国际产能合作，扩大双向贸易和投资”。可以看出，“双循环”和“一带一路”建设是新时期中国主动谋求变化，推动全球化发展的重要举措，二者之间存在相互促进的关系。

从实践意义上看，“一带一路”建设将有助于提升国内市场一体化程度，挖掘消费增长潜力，提升区域经济发展协调性，推动供给侧结构性改革，促进国内大循环。同时，“一带一路”建设也将从更全面开放、更全方位的视角，链接

* 本文作者之一李文溥系厦门大学经济学院原副院长、教授，王亚南经济研究院原副院长，宏观经济研究中心主任，于 2021 年 4 月 14 日在厦门大学一带一路研究院以本文内容为主题做“一带一路”系列学术讲座第 21 场，成果发表于《经济研究参考》2021 年第 4 期。

国内国际市场，推动和壮大国际大循环。中国对外贸易的进出口构成决定了国际大循环将长期存在，不容忽视，单一国内市场的循环是不可能的。通过拓展新合作空间、深化"软环境"内容合作以及提升引领作用，"一带一路"建设将有利于推动形成"双循环"发展新格局。总之，作为中国今后较长一段时期内的对外开放主导方向，"一带一路"建设倡议将成为引领国内国际双循环新发展格局的重要实践路径①，是"双循环"新发展格局的重点内容②，也是推动形成"双循环"新发展格局的重要抓手和有力支撑。

基于上述认识，本文将首先明晰"双循环"新发展格局的内涵。已有多数研究主要从国内外经济环境、大国经济、市场规模等角度来讨论"双循环"的重要性、必要性和可行性。③本文将从产品使用价值及价值的实现角度，兼及一国在特定时期的资源禀赋结构，来讨论构建"双循环"新发展格局的相关问题。我们认为，"双循环"可以从不同的角度进行研究，从社会经济运行的基本前提条件角度看，它可以归结为人、财、物以及技术等资源在国内国际的顺畅流动；从社会再生产的顺利运行角度看，它可以归结为社会总产品的实现问题，也即社会总产品作为使用价值如何在国内外销售出去，与此同时，扣除物耗之外的产品新创价值如何在国民经济各部门——政府、企业及居民之间合理分配，从而形成结构合理的社会总需求，使社会再生产过程能够顺畅地正常循环下去，并且实现较快的扩大再生产也即持续稳定的较快增长。其次，在充分讨论"双循环"内涵的基础上，本文还将就如何通过"一带一路"建设倡议，推动国内国际双循环相互促进的新发展格局的构建，提出相关看法及政策建议。

---

① 陈健."一带一路"引领"双循环"新发展格局的优势与实践路径[J].西南民族大学学报(人文社会科学版)，2021(2)：112-119.

② 王义桅."一带一路"与"双循环"如何实现同频共振[J].中国远洋海运，2021(1)：56-59.

③ 王娟娟.新通道贯通"一带一路"与国内国际双循环[J].中国流通经济，2020(10)：3-16；张建刚.畅通国内国际双循环繁荣我国经济的路径研究[J].毛泽东邓小平理论研究，2020(9)：12-19；张燕生.构建国内国际双循环新发展格局的思考[J].河北经贸大学学报，2021(1)：10-15.

二、基于使用价值和价值视角的"双循环"内涵分析

(一)从产品的使用价值角度看,"双循环"的重点应当在于专业化分工与国际大循环

毋庸置疑,无论是从人口、地理层面,还是从政治、经济、国际影响力层面看,当今的中国都是一个大国。大国与小国的一个重大区别是,小国幅员狭小,资源禀赋比较单一,所能生产的产品种类比较有限。因此,专业化生产与规模经济决定了,其产品不可能全部供国内消费,同时,国内诸多消费需求,又必须依靠进口予以满足。但是,大国不同。大国幅员广大,资源禀赋多样,人口众多,因此,其所生产的产品种类必然繁多,可以满足国内的多方面需求;与此同时,由于人口众多,一些关系国计民生的主要产品的需求可能相当大,难以完全依靠国际市场满足,立足本国可能更为现实。因此,其本国产品就使用去向而言,整体而论,必然以满足国内需要为主,以国内循环为主。以中国而论,从1978年至今,净出口占GDP比重大约在-4.0%~9.0%之间波动,最高年份(2007年)不过是8.7%;按全部出口产品增加值占当年GDP的比重算,也不过是4.0%~36.0%,最高年份是35.4%。因此,可以得出结论:改革开放以来,我国的产品生产,从使用价值上看,一直是以满足国内需求为主的(2/3以上),进出口部分主要是从优化资源配置的角度,调剂国内生产与国内需求结构上的差异,为促进国内循环和国际循环的需要而产生的。

过去如此,未来如何呢?中国的制造业占GDP的比重,自2011年以来,一直逐步回落,说明中国制造业产出在GDP中的占比,已经越过峰值,与此同时,中国产品出口占世界出口的比重,2015年达到了历史最高水平(13.8%),此后逐渐回落至12.8%(2018年),可以预计,未来的占比上升空间,也将是有限的。因此,可以断言,未来中国生产的产品也仍将以满足国内需求为主,或者说是以实现国内大循环为主的,这是大国经济区别于小国经济的一个显著特征。

但是,能否因此得出结论:中国必须不断地提高产品的自给率,实现完全的自力更生或是高端制造业产品的完全自给自足?答案是否定的。因为这是不可能不经济也没有必要的。原因在于:

首先,从供给上看,如果无视一国在特定经济发展阶段,存在特定的资源

禀赋(尤其特定的人力资本禀赋及结构)和生产力水平,希望它能从低端到高端,完整地生产本国所需的一切产品,也就意味着放弃专业化分工与规模经济原则,这将导致资源的非优化利用,降低经济效率。此时,同样的资源消耗,经济增长速度和全社会福利水平一定低于专业化分工条件下可以达到的水平。

其次,从分配上看,则会产生更严重的问题。现今世界市场上流通的各种产品,是由各国具有不同人力资本水平从而不同收入水平的劳动者生产的,产品(及其加工环节)的复杂程度是与劳动力的人力资本禀赋以及不同的收入水平相互联系的。中国人口众多、幅员广大,各地自然资源环境条件以及社会经济条件差异较大,劳动者的人力资本赋存差距也较大,因此收入差异相对大于幅员小、人口少,人力资本赋存差异较小的小国,这固然为大国存在较广的产业分布提供了差异化的资源禀赋,但一个国家的经济条件、资源禀赋差异再大,也不能与全世界的经济条件、资源禀赋差异等幅;一个国家的人力资本赋存差异再大,也不可能与全世界的人力资源赋存差异等幅。因此,如果本国所需要的产品都要自力更生,那么,势必陷入两难:如果自给自足在生产上是经济的,那就意味着国内收入分配差距从而经济发展差距要等于世界各国收入分配及经济发展的差距之和,这在社会经济政治上是不可想象的;如果在较小收入差距基础上,生产全世界不同收入水平国家生产的全系列产品,那么,可能导致两端不经济——在低于本国人力资本禀赋的低端上,用高人力资本禀赋生产低人力资本产品;在高于本国人力资本禀赋的高端上,则反之。前者需要补贴而不经济,后者或者不可能或者是成本高昂的。

此外,这些不同人力资本禀赋的劳动力数量结构是否与本国对这些产品的需求结构对应?这些地区是否具有与其人力资本禀赋相应的其他资源赋存,使之可以与世界上相应地区竞争并胜出?显然,这里的限制条件过于严格而难以实现。更何况,任何国家总是希望尽可能缩小或控制国民收入分配差距,与此相应,在生产上不能不将产业分布带宽尽量缩小。同时积极参与国际经济循环,以获得专业化分工及规模经济之利。

进一步地,在一个国家所使用的全部产品不可能完全自力更生或者说在产品使用价值上实现100%的国内循环的前提下,能否做到全部高端或高技术制造业产品的完全自给自足?答案仍然是否定的,至少目前是不可能的。因为中国现在仍然是一个发展中国家。人均GDP才刚刚超过1万美元,大约仍比世界平均水平低10%,而发达国家的人均GDP平均水平则已经接近5万美元。在国民劳动参与率、劳动者年均劳动时数为常数——中国目前的国民劳动参与率和劳动者年均实际劳动时数都高于发达国家——的情况下,人均 GDP 就是一个人均劳动生产率指标,也是一个衡量劳动力的平均人力资本赋存的近似指标。中国一个劳动力在一年里用这么多的劳动时间只能生产出这么多的增加值,而发达国家的劳动力用更少的劳动时间就能生产出数倍的增加值,说明中国劳动者的平均劳动生产率水平比人家低得多,也说明中国劳动者平均的人力资本赋存比发达国家的劳动者低得多。

在本国的劳动生产率和人均人力资本赋存仅仅是发达国家平均水平的1/4～1/5的情况下,中国目前有些高端或高技术制造业产品不会生产,中国同类产业所生产的产品主要集中在行业的中低端水平上,这是正常的。这是中国人均 GDP 水平的实物产品体现。一个经济体的人均 GDP 水平会反映出其相应的人力资本赋存水平,而人力资本赋存水平决定了其所能拥有的产业一般水平以及生产的产品层次范围。一个国家的人均 GDP 是 1 万美元,它的 GDP 产品结构当然与人均 GDP 4 万～5 万美元国家的 GDP 产品构成是不一样的。人均 GDP 水平高低不同,不仅仅体现为一个劳动力所生产的产品量是不一样的,而且也体现为所生产的产品品种不同、同类产品的档次不同,从而产品的增加值、价值量差距甚大。我们可能已经适应了一个美国农民所能生产的农产品产量是一个中国农民的几十倍,却忽略了,在制造业,这个差距未必都体现为所能生产的同样产品的量不一样,而更多体现为两个员工所能生产的产品品种和产品档次是不一样的,从而导致两个员工所生产的产品增加值有数倍的差距。

在这种情况下,能否做到所有高端或高技术制造业产品都能够自给自足呢?似乎不可能。因为,如果本来就没有可能生产全世界制造业所能生产的全部产品,现在又要求能够生产所需要的全部高端或制造业产品,这是做不到的。如果能做到这一点,这就要求这个国家的人均产出应当达到世界上最发达国家的人均 GDP 水平。后者现在既然达不到,前者又怎么可能做得到呢?

当然,有人说,尽管做不到前者,但至少可以做到每种高端或高技术制造业产品都能生产,规模不必太大,以能够满足本国需求为限。这可以吗?答案仍然是否定的。

第一,从宏观上看,它人为地扩大了产业分布带宽。在一定的收入水平及一定的收入分配差距条件下,一个国家的产业会以这一人均 GDP 水平为中心值,形成相应的产业层次分布带宽。如果不考虑人均 GDP 水平所决定的最优产业层次分布,勉强生产自己所需要却超越本国产业层次的制造业高端产品,那么势必因此同时向上向下扩大产业分布带宽(因为,在一个社会的总人力资本赋存为常数的情况下,超出最优产业层次分布发展高端产业,就需要进入这部分产业的那部分劳动者拥有更多的人均人力资本赋存,这就势必使其他部门只能配置更低人力资本赋存的劳动力），在市场经济条件下，它将进一步扩大收入分配的差距，产生相应的政治经济问题，在计划经济体制下，则会产生问题的另一种表现方式。进一步地，如果考虑到人力资本赋存不仅有量的差别以及专业知识技术技能门类上的不同，而且越是高端的人力资本赋存，越是高度专业化，所谓隔行如隔山，不同岗位需要不同的知识及技能。那么，如果突然要跨行业发展原本不生产的高端产品，所遇到的人力资本短缺问题就更为复杂，远非出重金挖几个产业头部人才就可以解决。特别是当需要自力更生的产品品种甚多时，人力资本短缺问题将更加难以解决。

第二，即使不考虑这些，不惜代价培养起这样的产业，由于所需产品品种众多，但又限于仅满足国内需求，它能做到专业化分工、规模化生产吗？它与那些专注生产其中某种产品甚至某个零部件某个产业环节，以满足全世界对这一产品甚至某个零部件某个产业环节需求的国家相比，会有规模经济吗？它的生产成本能有国际竞争力吗？显然没有。如果没有，即使这些产品不出口，不想在国际市场上争一席之地，可总要保住国内市场吧？如果要保住国内市场，岂不要对此类外来产品设置高关税壁垒？即使可以设置这样的关税壁垒，在高关税壁垒保护下垄断国内市场，可是，没有竞争，市场不大，产量有限，利润不多甚至亏本，久之，还能继续保持这个产业的效率和技术进步吗？更何况，即使想要这么做，能做得成吗？这不是在跟 WTO 的一般规则相悖吗？选一两样产品保护，作为例外，或许还可能。如果样样都如此，那还能加入 WTO 吗？还能加入这个自由贸易区那个自由贸易协定吗？还谈何对外开放呢？或许可以说，大不了不加入 WTO 了，退回去搞闭关锁国的计划经济还不成吗？可是，就那也不成。关于这一点，请看一下计划经济时期中国每年的进口数字及贸易依存度就知道了。中国那时的贸易依存度与美国、印度相去不远。[①] 那时进口的，基本上都是国内不能生产的。为了进口它们，不惜血本（在计划经济时期，中国出口的平均换汇成本大概是官方汇率的 2 倍）地鼓励出口。出口从原本不过是互通有无的商品贸易变成了具有政治意义因而需不惜代价完成的创汇任务。[②] 外汇管制，因此成为体制标配。要不是有些必需

---

① 1979 年，中国的贸易依存度（进出口/GDP）为 12.39%（出口依存度为 5.55%，进口依存度为 6.84%），同年美国、印度的贸易依存度是 16.86%、14.32%。参阅罗季荣、李文溥.社会主义市场经济宏观调控理论[M]. 北京：中国计划出版社，1995：326.

② 作者 20 世纪 80 年代初曾到某省外贸局做过调查，发现该省当年最高换汇成本的出口商品是 22 元人民币换 1 美元，是官方汇率的 14.1 倍。

的产品国内不能生产，又何至于此呢？[①] 当时如此，并非仅仅因为那时中国经济落后，生产力水平低。中国现在进入中等偏上收入经济体了，还是有那么多高端制造业产品要进口。可以断言，即使将来成为发达国家了，也仍然做不到高端制造业产品全部自给，还是有很多需要继续进口的。因为，所有高端或高技术产品都由本国生产，是不符合经济全球化背景下专业化分工与规模经济要求的。现在即使是世界上经济最发达的大国，也没有这么做。它不是没有道理的。这个道理用简单的微积分就可以证明：局部最优一定不优于全局最优。在经济全球化的时代，资源必须在全球范围进行配置才能达到最优。

因此，尽管中国是大国，就产品使用去向而言，结果必然是国内大循环为主，国内国际双循环相互促进的。但是，在政策思维上，应当保持清醒认识，注意防止一个倾向掩盖另一个倾向。不宜提倡凡国内所需，都要在国内生产，凡国内生产都要追求100%国产化，片面提高所有产品或零部件的国产化率，力求万事不求人；不宜把提高国内循环比重作为政策目标。相反，应继续提倡积极参与国际分工，根据资源禀赋与特定经济发展阶段生产力的潜在优势，有所为而有所不为。不断提高产业的专业化分工水平，积极参与国际大循环。在参与国际大循环中，不断提高自己的国际竞争力。通过增强本国产业的国际竞争力来提高本国产业在国际大循环中的话语权与把控能力。

(二)产品价值使用上看，"双循环"应以国内循环为主

自20世纪90年代中期以来，我国实行以出口劳动密集型产品为导向的粗放型经济增长模式，国民收入支出上的"两高一低"(高投资，高净出口，低消费)结构失衡日趋严重。

2008年之后，受世界金融危机影响，净出口占GDP比重下降，出口拉动乏力，国内消费不振，不得不依靠投资拉动增长。2016年下半年民营投资出现断崖式下跌，至今仍未完全恢复。为保增长，不得不依靠扩大国有企业及政府投资。政府投资基本上是非生产性投资及基础设施投资，增加有效供给的作用有限，国有企业的投资效率向来偏低，这就导致了资本产出效率不断下降，降低了未来经济增长潜力。

事实证明，除了人均收入水平极低，本国国民所得难以维持周转，必须依

① 进出口及外汇管制，不仅是中国实行计划经济时的做法，而且是所有计划经济国家的通例。

靠经常性外援的少数低收入国家,以及本币是国际硬通货的个别国家之外——它们可以通过发行超过本国流通所需的货币而借支他国国民收入,一般情况下,多数国家当年创造的国民所得必须基本上为本国国民所消费,也即本国国民所创造的产品新创价值必须基本上为本国国民所消费。首先,国民收入的使用不能进行国际大循环,也即一个国家尽管可以而且应当实行专业化生产,积极参与国际分工,但是,大量出口的同时必须大量进口,实现国际收支每年大体平衡,略有结余。一个国家如果每年都形成大量的净出口和贸易顺差,一定是国民收入分配结构出了问题,导致国内需求不足,经济增长不能不靠净出口来拉动。其次,国民收入中政府(和国企)占比太高,也会导致居民消费需求不足,不能不依靠扩大政府及国有投资来扩大内需推动产品价值的国内实现,然而,没有居民消费需求做后续支撑,国有及政府投资就只能在短期内扩大内需拉动增长,但势必扭曲投资与消费的结构,长此以往将导致累积的国民经济结构扭曲,经济增长的潜力和效率下降。由于多年来实行以出口劳动密集型产品为导向的粗放型经济增长模式,我国国民收入支出结构失衡至今尚未根本扭转。当前产品价值国内循环的最大问题是居民消费需求严重不足。

1978—1990 年,中国居民消费率基本稳定在 50%以上;1991—2000 年居民消费率减少至 45%左右,下降了约 5 个百分点;2001—2010 年,居民消费率进一步快速下降到 35%的水平,较前一个阶段低了 10 个百分点。国际金融危机之后,随着"外需转内需"、总需求结构的调整,尤其是扩大消费需求的转向,居民消费率出现小幅回升,但截至 2019 年,仍然低于 40%的水平。(见图 1)

进一步地,与世界其他主要国家相比,中国居民消费率水平偏低的事实将显现得更为明显。尽管中国居民消费占 GDP 比重在近十年来逐步回升,但仍然明显低于世界各类经济体的类均值(见表 1)。[①]

---

① 中外统计口径有所不同,但即使将这一因素估算在内,仍不能改变中国居民消费率偏低的结论。居民消费占 GDP 比重=居民可支配收入占 GDP 比重×居民平均消费倾向。研究发现,无论是发达国家还是中国,居民平均消费倾向在整体上都是十分稳定的。从 1978 年到 2018 年,中国农村居民的平均消费倾向基本上维持在 80%左右。1978—2018 年的城镇居民消费率呈下降趋势,但是,作为分母的城镇居民收入,在这 40 年里有很大变化,因此,如果进行还原计算,可以发现,1978—2018 年的城镇居民消费率呈三个阶梯下降的趋势可能是统计计算口径上的问题。因此,顺利实现社会产品价值的国内循环,根本之策在于改变国民收入分配结构,提高居民可支配收入占 GDP 的比重,缩小居民收入分配差距。当然,通过改善社保体系从而改变心理预期、行为方式,是可能逐步缓慢地提高居民平均消费倾向的。详细分析,请参阅李文溥,王燕武,陈婷婷.居民消费能否成为现阶段拉动我国经济增长的主动力[J].经济研究参考,2019(1):5-19.

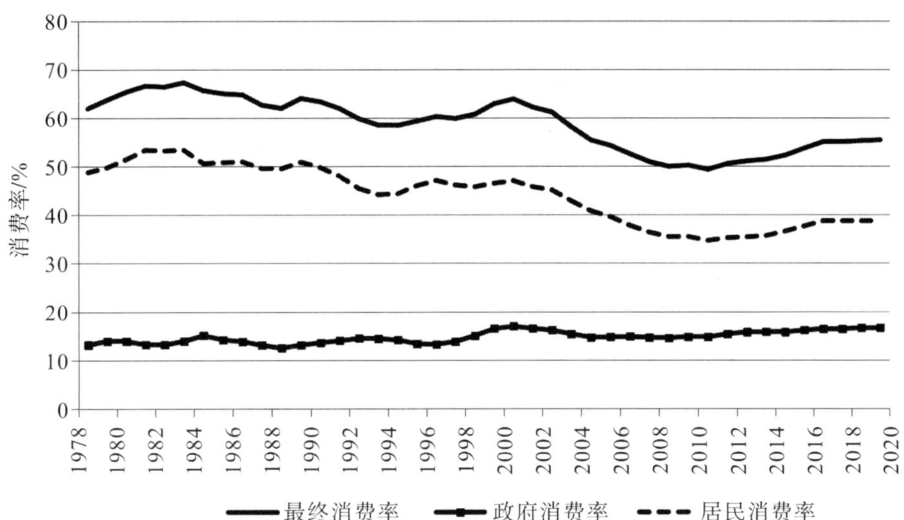

图 1　1978—2019 年中国的最终消费率、居民消费率和政府消费率

资料来源：整理自 CEIC 数据库。

表 1　世界上不同收入类型国家和地区的居民消费率情况

单位：%

项目	1990	2000	2005	2010	2015	2016	2017	2018	2019
世界	58.51	58.46	57.53	57.26	57.70	57.97	57.80	57.68	—
高收入国家	58.35	59.18	59.20	59.59	59.03	59.25	59.12	59.04	—
中等偏上收入国家	56.94	54.66	51.12	48.80	51.32	51.75	51.47	51.05	—
中等收入国家	58.66	56.47	53.12	51.26	54.09	54.51	54.27	53.95	—
低收入国家	—	74.37	77.79	—	76.22	75.25	73.67	—	—
中国	49.99	46.73	39.59	34.33	37.77	38.67	38.54	38.52	—
日本	51.17	54.41	55.62	57.75	56.58	55.69	55.44	55.64	—
韩国	50.23	54.50	52.32	50.44	48.54	47.96	47.55	47.97	48.58
美国	63.88	65.96	67.10	67.94	67.42	68.15	68.32	68.19	—
英国	66.67	66.50	64.87	64.25	64.47	65.10	65.01	65.48	64.91

续表

项目	1990	2000	2005	2010	2015	2016	2017	2018	2019
巴西	59.30	64.59	60.50	60.22	63.96	64.25	64.48	64.70	64.94
泰国	56.56	54.13	55.84	52.18	51.35	50.00	48.94	48.90	50.05
印度	67.08	63.74	57.38	54.72	59.01	59.30	59.02	59.32	60.24
菲律宾	71.21	71.72	73.95	70.19	72.47	72.55	72.18	72.54	73.21

资料来源：世界银行 WDI 数据库。

三、“一带一路”建设在“双循环”新发展格局中的作用

(一)“一带一路”建设在构建国内大循环中的作用

“双循环”的主体是国内大循环。中国未来增长的动力将更多地依赖内需拉动，靠消费尤其是居民消费拉动。提高居民收入在 GDP 中的占比，降低居民负债水平[①]，改善社会保障水平，充分挖掘国内消费潜力，促进国内大循环，是有效应对外部形势变化、提高经济发展韧性和活力的必然选择。

“一带一路”建设将从以下几点激发国内消费市场，助推国内大循环的形成：

首先，“一带一路”建设有助于减少国内市场阻隔，进一步改变中西部地区、落后地区的相对封闭状态，促进要素资源流通，提升国内市场一体化水平，促进国内大循环。国内大循环的前提要件之一是统一的国内市场。没有统一的市场，国内大循环就可能被切割成一块块区域小循环，从而失去其规模效率。从过去的经验看，囿于行政和体制约束以及地方保护主义，国内市场的区隔和割裂所造成的商品流通障碍有时甚于对外贸易。这无疑不利于构建“双循环”新发展格局。加快“一带一路”建设可以在一定程度上推动国内市场的一体化。习近平总书记指出：“一带一路”建设将推动中国开放空间从沿海、沿江向内陆、沿边延伸，同京津冀协同发展、长江经济带发展、粤港澳大湾区建设

① 王燕武，李文溥. 居民债务压力下的财政政策效应[J]. 中国工业经济，2020(12)：28-46.

等国家战略对接,有利于带动形成陆海内外联动、东西双向互济的开放新格局","符合中国经济发展内生性要求,也有助于带动中国边疆民族地区发展"。因此,"一带一路"建设不仅是推进中国对外开放的新手段,也是串联和打通国内各大经济区域,实现对内开放的重要方式。

其次,"一带一路"建设有助于提升区域发展的协同性,缩小东中西部、东北地区之间的发展差距,优化资源跨区域配置,促进国内大循环。"一带一路"建设的核心内容是促进基础设施建设和互联互通,其强调的不仅是对沿线沿路国家和地区的政策和发展战略对接,也蕴含着对国内各区域的协调联动发展和共同繁荣。在构建完整的对外开放体系时,"一带一路"建设要求先练好"内功",缩小国内市场的不协调不均衡状况,增强区域发展的协同性。具体而言:一是"一带一路"经过区域内的协同,包括政府部门、产业、社会组织之间的协同等;二是"一带一路"建设与其他区域经济政策的协同,充分发挥"一带一路"建设对非相关区域的引领示范、辐射带动作用;三是以"一带一路"建设为契机,深化省际部门协作,推动体制机制改革,促进改革开放向"深水区"蔓延,实现资源、成果和创新制度共享。由此,"一带一路"建设所引发的内部协调机制"联网互通",将有利于推动和促进良性互动的内循环格局形成。

最后,"一带一路"建设有助于推动供给侧结构性改革,将国内因需求结构升级而难以消化的过剩产能去除,为国内产业结构调整争取更多的时间,起到链接国内大循环和国际大循环的作用。"一带一路"建设的主观意愿是与周边国家近睦远交,营造有利外部发展环境,但客观上也会将国内积累的巨大产能和建设能力部分输送出去,一方面,缓解国内"去产能"压力,为产业调整赢得时间和空间;另一方面,稳住经济增长,助力五大发展新理念和高质量发展的推行,为经济增长新旧动能转换提供更为宽松的环境。

(二)"一带一路"建设在构建国际大循环中的作用

开放带来进步,封闭必然落后。对今天的中国而言,谈及对外开放,其关键在于如何提高对外开放的质量,而不是对不对外开放的问题。这是共识。因此,"双循环"的发展新格局绝不能少掉或忽略国际大循环的重要性。国内大循环与国际大循环本质上是一体的,不能分割。这是由经济全球化和国际分工体系决定的,任何一个国家或地区都无法脱离国际产业供应链、价值链和创新链而单独存在。就国际大循环而言:

首先,"一带一路"建设将以更全面的开放来促进国际大循环。以往的对外开放过于侧重面向欧美发达经济体，容易受欧美市场经济波动的影响。通过“一带一路”建设，有利于中国更好地践行世界多边贸易规则，为国际经济新秩序的形成奠定基础。数据显示，2015—2019年，中国对65个共建国家的进出口总额占中国全部对外贸易总额的比重由25.3%稳步提升到29.6%。其中，出口占比由27.2%提高到30.9%；进口占比由22.7%增长到28.1%；顺差占比由39.7%增加到44.3%。分洲际看，中国向40个“一带一路”沿线亚洲国家和地区的出口总额占中国出口到所有亚洲国家和地区的总额比重由45.5%提高到51.3%，进口比重由34.5%提高到42.6%；向24个“一带一路”沿线欧洲国家的出口总额占出口到欧洲国家的总额比重由21.4%提高到26.4%，进口比重由17.9%增长到24.5%。“一带一路”国家和地区对中国对外贸易的重要程度在稳步提升。

其次，“一带一路”建设将以更全方位的开放来促进国际大循环。“一带一路”建设并非单纯的对外投资，也非仅限于经济领域的贸易往来，而是包含社会、政治、制度、文化、政策等多层次的秉持“共商共建共享”原则的国际合作新平台。习近平同志指出：“‘一带一路’建设承载着我们对文明交流的渴望，承载着我们对和平安宁的期盼，承载着我们对共同发展的追求，承载着我们对美好生活的向往，顺应了全球治理体系变革的内在要求，对全球经济治理体系的改革完善具有重大意义。”“一带一路”建设要努力实现的是政策沟通、设施联通、贸易畅通、资金融通、民心相通。相较于以往偏向于经贸交流的对外开放模式，“一带一路”建设将具备更多“软环境”方面的对外输出与合作，从而有助于从制度、政策、文化等层面寻求到更多的认同感和价值尊重，提升国际大循环的广度和深度。

最后，“一带一路”建设将以“桥梁”的方式充当联通国内国际双循环的重要抓手，壮大国际大循环。通过“一带一路”建设，一方面，减少国内市场的壁垒障碍，降低国内物流成本；另一方面，也串联起沿线各国，极大地拓宽了市场，做大了国际市场，创造了新的国际贸易需求，从而进一步壮大国际大循环。2020年以来，新冠疫情的蔓延严重冲击了全球供应链体系。借助于“一带一路”建设，中国实现了国际货物运输形式的多样化，不仅可以经由海运，还可以借由陆运（中欧班列），将货物输出和引入，构建了国际物流的新通道。

四、以“一带一路”建设为抓手，促进“双循环”新格局形成

“双循环”是针对当前国内外环境形势变化而提出来的，寄希望以重构国内市场主体地位的方式，缓解外部政治、经济及疫情变化冲击的影响。“一带一路”建设从提出到成型再到内涵界定，迄今已逾十年，已经扎扎实实地在实践中得以推行和实施。“双循环”新发展格局实质上是对“一带一路”建设的新要求，需要在今后“一带一路”建设中加以贯彻落实。目前来看，“一带一路”建设还存在一些不足之处。

首先，以“一带一路”建设来取代传统贸易模式，任重道远。具体表现在：一是疫情冲击下，对外贸易回归欧美传统市场。这意味着贸易路径依赖性较强，越是危急时刻，越容易恢复原有模式。截至2020年10月份，中国对共建“一带一路”国家对外贸易总额占全部贸易总额的比重为26.1%，较2019年下降3.5个百分点。其中，出口总额占比减少了3.8个百分点，进口总额占比下降了3.2个百分点，顺差占比更是大幅降低了7.8个百分点。究其原因在于：一是与欧美发达经济体相比，共建“一带一路”国家多为贫穷的发展中国家，居民收入较低，政府治理能力较差，在应对危机冲击方面处于劣势地位，更容易产生波动；二是从共建“一带一路”主体国家的进出口产品构成上看，中国与这些国家之间的贸易主要以互补性的产业间贸易为主，而不是能够独立循环的产业内贸易。见表2，中国对共建“一带一路”10个主体国家的分行业贸易差额情况中，贸易逆差有6个国家主要集中在矿产品，而贸易顺差中，除马来西亚之外，有9个国家主要集中在3个行业（包括机器、机械器具、电气设备及其零件、录音机及放声机、电视图像、声音的录制和重放设备及其零件、附件；贱金属及其制品；纺织原料及纺织制品等）。这意味着，中国从这些国家主要进口的是原材料（矿产品），出口的则是劳动密集型或初级工业制成品，基本遵循的是要素禀赋（HO）理论的国际贸易起因。

表2 2019年中国对共建“一带一路”国家对外贸易排名前十的国家产品贸易差额

单位:百万美元

海关HS分类	越南	马来西亚	俄罗斯联邦	印度	泰国	新加坡	印度尼西亚	沙特阿拉伯	菲律宾	阿联酋
特殊交易品及未分类商品	−6421.8	373.5	347.1	113.7	183.5	211.7	116.9	218.2	181.1	76.4
鞋及零件制品	−1118.4	960.0	2227.2	733.7	449.9	755.8	−157.0	778.4	1958.9	977.8
木及木制品	−606.5	128.5	−4135.0	208.1	−989.2	155.7	−434.6	244.8	368.3	262.9
活动物;动物产品	−376.5	−29.7	−2074.7	−1225.0	153.7	67.8	−721.1	−158.2	456.3	33.1
动、植物油等	−12.3	−1408.0	−489.3	−393.6	−23.0	5.9	−3942.1	0.7	−51.2	−161.2
贵金属及制品	27.8	27.8	−616.8	−1422.1	−485.2	−4804.9	21.3	67.6	17.5	144.3
食品;饮料;烟草等制品	225.1	490.3	461.2	96.9	40.4	219.7	374.5	138.1	819.8	203.9
皮革等制品	312.9	736.4	3699.9	450.1	−6.3	666.6	294.3	579.7	444.3	499.2
矿产品	352.7	−12451.7	−43727.2	−3082.7	−140.5	5011.0	−12270.8	−41542.4	1212.2	−10635.0
木浆、纸、纸板等制品	910.8	999.7	−751.6	567.7	217.7	259.0	−2233.2	417.9	465.2	491.5
车辆、航空器、船舶及有关运输设备	1234.3	1560.4	2582.9	1656.4	276.6	5084.3	1284.1	1459.4	1963.3	2217.5
光学等产品及附件	1290.4	−466.6	1025.4	1782.8	−1229.9	−1404.5	1065.4	268.1	166.2	577.3
植物产品	2284.5	1374.1	347.9	−496.2	−3299.0	261.1	936.5	155.8	−183.4	258.6
塑料制品;橡胶及其制品	2367.4	−933.3	1568.6	2322.3	−5560.0	−2373.0	1263.3	−4248.2	1805.3	−509.9

续表

海关HS分类	越南	马来西亚	俄罗斯联邦	印度	泰国	新加坡	印度尼西亚	沙特阿拉伯	菲律宾	阿联酋
石料及类似材料的制品;玻璃及其制品	2941.9	1821.9	852.8	2141.3	815.1	1652.8	1050.5	1370.6	1070.3	1118.5
杂项制品	2962.1	3970.4	2814.1	3476.8	1720.5	4130.9	1714.5	3078.6	2044.6	2356.8
化学工业及其相关工业产品	3780.7	522.4	971.3	9268.8	1561.0	−2493.3	1373.0	−5829.3	1393.9	240.5
机器等产品及零件	4797.2	−21753.0	18513.2	32669.8	−2108.1	8158.9	15755.7	6091.5	−3139.9	13087.3
贱金属及其制品	8609.5	2210.5	215.3	5106.7	5705.2	3131.9	2048.1	2743.5	3855.0	2851.2
纺织原料及纺织制品	10363.8	2711.5	5352.1	2978.0	2201.1	1022.7	4152.5	3829.7	5739.8	4272.3

备注:整理自CEIC数据库。

其次,“一带一路”建设在整合内部市场方面,作用有限。近年来,随着新发展理念和高质量发展的广泛普及,地方政府对纯粹经济增长目标的追求不再像过往那样执着,但地方政府间的竞争机制依旧存在。城市与城市之间的融合发展、协调发展,还多数停留在纸面上。并且,除了“一带一路”建设之外,不同区域之间还存在与之等级相近的区域发展战略,很难在短期内实现项目共建和利益共享。目前来看,互联网的发展极大地打破了消费类产品的全国区域市场分割,但在一些生产资料的产品领域以及一些具有垄断特征的服务产品领域,依然存在着较为严重的市场分割现象,而这些并非“一带一路”建设所能克服的。

最后,“一带一路”建设重点偏于基础设施等“硬环境”,对“软环境”建设重视程度不够,缺乏系统性安排。“一带一路”建设是一个综合各项要素的国际合作大平台,并不仅限于经贸往来,还涉及政治合作、政策共商、文化交流、创新共享等各个层面的往来。但从目前看,现有的“一带一路”建设力有不逮,还难以有效兼顾到“软环境”方面的投入,使得国际上对于“一带一路”的认识多有误解。

总体而言，近年来，我国在推动“一带一路”建设上做了大量工作，也进行了大量投资，为构建国内国际双循环相互促进的新发展格局创造了良好的前提条件。在构建国内国际双循环相互促进的新发展格局中，如何通过“一带一路”建设推动形成国内国际双循环相互促进的新发展格局，是值得有关部门重视的一项工作。我们认为，通过“一带一路”建设推动国内国际双循环的关键在于：通过“一带一路”建设，缩小国内地区差距，提高国内市场一体化程度，充分利用共建“一带一路”国家市场容量，扩大出口，增加国内居民可支配收入，促进居民消费。

一是利用“一带一路”建设布局，提升区域发展协同性，缩小东中西部、东北地区之间发展差距，优化资源跨区域配置，促进国内大循环。“一带一路”建设的核心内容之一是促进基础设施建设和互联互通，它强调的不仅是对沿线沿路国家的政策和发展战略对接，也蕴含着对国内各区域的协调联动发展和共同繁荣，包括“一带一路”建设经过区域内政府间、产业间、社会组织间的协同以及“一带一路”建设区域与其他区域的经济政策协同，发挥“一带一路”建设对非相关区域的引领示范、辐射带动作用，推动体制机制改革，促进改革开放向“深水区”蔓延，实现资源、成果和创新制度共享。

二是利用“一带一路”建设布局，加快对外贸易转移，降低对欧美发达经济体的市场依赖程度，扩大出口总量，稳住经济增长和就业，促进居民收入增加。当前，共建“一带一路”国家的外贸总额占中国全部外贸总额的比重接近30%，贸易顺差占比更是超过40%，已成为中国外贸的重要指向市场。

三是利用“一带一路”建设布局，以基础设施投资为先导，积极引导带动民营经济对外投资，突出西部沿线地区作为辐射西部内陆、连接“一带”和“一路”、协同衔接长江经济带的地位，着力推动以其为依托的西部新型经济走廊建设，促进中西部地区的产品向民俗、宗教相近的中亚阿拉伯地区出口，扩大内陆市场的出口规模。继续深挖亚洲、东南亚地区的巨大市场需求①，充分融合区域全面经济伙伴关系协定（RCEP）、东盟、亚太经济合作组织（APEC）等多个区域内组织，加快构建更大范围的亚洲自贸区网络。加快推进与中东欧及西欧地区国家签署共建“一带一路”合作文件，扩大提升中国—中东欧之间的合作，推动与该地区更多国家签署双边投资协定及建立自贸区，促进中国

① 中国对65个共建“一带一路”国家中的对外贸易中，总额排名前10名的有6个在东南亚。2019年，这6个国家占据了中国出口总额的13.5%，仅次于欧盟（17.5%）和美国（16.7%）；占据了中国进口总额的13.1%，仅低于欧盟的13.4%。

与中东欧地区合作由贸易为主转向投资和贸易并重。

通过"一带一路"建设，积极参与国际分工，促进产品使用价值的国际大循环，提高本国要素及产业的专业化分工水平，推动本国产业的更新换代与供给侧结构调整，延长本国产业的生命周期。一是利用"一带一路"建设布局，推动供给侧结构性改革，将国内因需求结构升级而难以消化的过剩产能，推向国际市场，以国际大循环反哺国内生产供应体系调整，为国内产业结构调整争取更多时间、空间。"一带一路"建设的主观意愿是与周边国家近睦远交，营造有利外部发展环境，客观上有利于将国内积累的巨大产能和建设能力输送出去，缓解国内"去产能"压力，稳住经济增长，为经济增长、新旧动能转换提供更宽松的环境。二是利用"一带一路"建设布局，进一步实现全方位开放，更深地介入国际产业链、价值链分工体系，提高国内产品附加值，增强产品竞争力，提升国际贸易分配所得。通过产业转移、技术输出等手段，帮助"一带一路"国家实现产业价值链升级，推动区域性分工地位的提升，逐步改善中国在全球价值链分工中的劣势地位。继续推进转变传统以加工贸易为主的贸易参与模式，推进高端制造业发展，变"制造大国"为"制造强国"，培育全球价值链的中高端环节竞争新优势，依靠科技创新、资本等要素，坚持技术导向，注重人才培养，提升产品质量，促进产业结构升级。三是通过促进国内规则规制对接国际高标准市场规则体系，更好地建设"一带一路"，从而更好地连通国内市场与国际市场，促进"双循环"形成。"一带一路"建设的短板和"瓶颈"在于"软环境"，如政治制度、规则标准、创新共享、投融资合作、文化交流等。要依托"一带一路"建设，以深化贸易合作及产业合作等为抓手，持续深化与"一带一路"国家在经贸规则标准领域的合作；以联合科研攻关、建立联合实验室等为平台，持续加强创新能力合作；以扩大国际多双边金融机构合作、创新投融资方式等为突破口，增强"一带一路"建设的资金保障能力；以多双边国际会议、国际合作高峰论坛、行业论坛等为渠道，加大人文交流投入力度，丰富合作内容，加强文化"走出去"步伐，增强文化影响力和认同感。

"一带一路"倡议下境外经贸合作区和对外直接投资*

张相伟　龙小宁

一、引言与文献综述

随着中国经济实力的稳步提升和"走出去"战略的深入实施，近年来中国对外直接投资规模迅猛增长。2015年对外直接投资流量首次超过当年吸引外资量，这表明中国产业开启了以主导者的身份融入国际贸易体系的新时期。[①] 境外直接投资作为国际经济合作的最重要方式之一，已经成为中国经济增长的重要引擎，不仅有利于中国企业获取先进的技术知识和管理经验，也有利于实现经济结构调整和国际收支平衡。但与发达国家（地区）相比，中国对外直接投资存量仍有较大差距。[②] 为更好地实现投资便利化，近年来中国与各国签署了一系列双边投资协定、自由贸易协定、区域投资协定和全球多边投资协定。然而，数目繁多、内容烦冗的国际贸易与投资协定，并未能有效解决中国企业境外投资所面临的复杂多变的投资环境和日益上升的成本等问题。

为帮助中国企业"走出去"，并分享中国工业化经验，中国政府结合改革开

* 本文作者之一龙小宁系厦门大学一带一路研究院兼职研究员、知识产权研究院教授，于2020年11月12日在厦门大学一带一路研究院以本文内容为主题做"一带一路"系列学术讲座第10场，成果发表于《山东大学学报（哲学社会科学版）》2022年第4期。

① 吴福象，段巍.国际产能合作与重塑中国经济地理[J].中国社会科学，2017(2):44-64,206.

② 本文所提到的国家均指国家和地区。

放以来国内产业园区建设的成功经验[①],自2006年正式提出在境外建立境外经贸合作区。[②] 与短期内难以有效执行的贸易和投资协定相比,境外经贸合作区能更灵活地依靠两国政府之间良好的政治外交关系,以"特区"的形式有效保护企业在经济和制度水平相对落后国家的投资安全。同时,合作区内企业还可以享受东道国政府的配套政策支持以及中国政府的财政支持[③],从而有效地促进中国企业"走出去",并带动当地经济发展。

由于契合所在国经济和产业的发展诉求,境外经贸合作区的合作模式受到当地政府和民众的广泛认同,影响力和作用日益增强。"一带一路"倡议的提出使境外经贸合作区的战略地位更加凸显,被商务部定位为"一带一路"建设的重要承接点。2015年发布的《推动共建丝绸之路经济带和21世纪海上丝绸之路的愿景与行动》(下文简称《愿景与行动》)更提出"探索投资合作新模式,鼓励合作建设境外经贸合作区、跨境经济合作区等各类产业园区,促进产业集群发展"。境外经贸合作区已成为新时期中国对外开放的重要载体和推进"一带一路"建设的有力抓手。2019年发布的《对外直接投资统计制度》也新增了"境外经贸合作区定义及合作区类型的统计界定标准"。截至2019年底,中国企业在建初具规模的境外经贸合作区100多家,累计投资419亿美元。其中,82家分布在"一带一路"国家,累计投资额占比达83.5%,上缴东道国税费超过30亿美元,为当地创造就业岗位32万个。[④] 境外经贸合作区投资行业主要集中在制造业、能矿资源和农产品加工型领域,以加工制造、资源利用和商贸物流型为主,科技研发型较少。但近年来随着中国越来越注重成本和资源因素,以及创新型国家建设需要,对科技研发型合作区的建设日益重视,合作区正向更加多元化和高级化的方向发展,出现了科技合作园区、高新

① 中国商务部国际贸易经济合作研究和联合国开发计划署代表处2019年发布的《中国"一带一路"境外经贸合作区助力可持续发展报告》指出:"境外经贸合作区是承载凝聚中国改革开放40年发展经验的重要平台。"

② 卢进勇和裴秋蕊将境外经贸合作区的发展划分为三个阶段,2005年前为企业自主自发建设阶段,2006—2013年为政府主导、企业申办阶段,2014年后为企业自建、政府扶持阶段。参见卢进勇,裴秋蕊.境外经贸合作区高质量发展问题研究[J].国际经济合作,2019(4):43-55.

③ 中国政府对境外经贸合作区的具体政策支持文件详见近年来商务部发布的"中国政府对境外经贸合作区的支持政策措施"和《境外经贸合作区服务指南范本》等文件。

④ 商务部.中国对外投资发展报告2020[R/OL].(2021-02-02)[2021-11-24].http://www.mofcom.gov.cn/article /ae/ai/202102/ 20210203036239.shtml.

技术合作区等形式。[①] 相对于2013年，商务部2015年关于境外经贸合作区的最新考核文件，重点支持类型也增加了科技研发型。然而尽管境外经贸合作区所倡导的产业集聚和产能转移已初见成效，但也存在园区规划不合理、产业定位不明确、产业与东道国实际需求不契合、融资难、投资环境欠佳、专业人才匮乏以及运营模式和发展不可持续等问题。[②]

互联互通被视为"一带一路"合作的重点，自2013年起互联互通建设成效显著。[③] 政策沟通方面，截至2021年6月，中国已与140个国家以及32个国际组织签署了206份共建"一带一路"合作文件。贸易畅通方面，截至2020年底，中国已与51个"一带一路"国家签订了双边投资协定，与6个"一带一路"国家签署了自由贸易协定。2013年以来，中国与"一带一路"国家的货物贸易额占中国货物贸易总额的比重达29.1%，对东道国直接投资的存量占中国总存量的比重达7.8%。设施联通方面，"一带一路"国家已成为中国对外承包工程合作重要目的地，自2013年以来新签合同额年均增长10.2%。资金融通方面，中国持续扩大与"一带一路"沿线地区金融多边合作，截至2020年底，已与28个国家共同核准《"一带一路"融资指导原则》。[④]

然而，尽管境外经贸合作区被视为"一带一路"建设的重要承接点，但关于境外经贸合作区对"一带一路"建设作用的研究并不多，尤其是量化研究。"一带一路"倡议提出之前，学者们主要关注了境外经贸合作区的产生背景、发展现状和特点以及对中国经济发展的作用。[⑤] 境外经贸合作区已成为中国企业抱团"走出去"的平台，有效地发挥了规避贸易摩擦、降低生产成本、转移过剩

---

① 祁欣，杨超.境外经贸合作区建设若干问题探讨与建议[J].国际贸易，2018(6)：30-33、66.

② 胡江云，赵书博，王秀哲."一带一路"构想下的境外经贸合作区研究[J].发展研究，2017(1)：8-12；刘洪愧."一带一路"境外经贸合作区赋能新发展格局的逻辑与思路[J].改革，2022(2)：48-60.

③ 北京大学课题组测算了2018年融入"一带一路"的94个国家的"五通"水平，并分为"畅通型""连通型""良好型""潜力型""薄弱型"五个等级，研究结果显示："一带一路"建设整体向好，互联互通水平平均达到"良好型"等级；各"通"发展水平差异显现，"贸易畅通"和"民心相通"得分较高；国别差异突出，东南亚和中亚及蒙古国位居前列。https://ocean.pku.edu.cn/info/1165/3077.htm.

④ 孙壮志，赵克斌，王晓泉."一带一路"蓝皮书："一带一路"建设发展报告(2021)[M].北京：社会科学文献出版社，2021：2-6.

⑤ 张广荣.中国境外经贸合作区发展政策探析[J].国际经济合作，2013(2)：40-42；路红艳.中国境外经贸合作区发展的经验启示[J].对外经贸，2013(10)：7-10.

产能、促进中国装备出口等作用。[①] 但是,由于受所在国政治、经济、文化以及法律等因素影响,境外经贸合作区的建设进展较为缓慢,存在因定位不清而造成的大量重复建设现象。[②] "一带一路"倡议提出之后,部分学者开始关注境外经贸合作区与"一带一路"倡议之间的关系,主要采用案例分析和描述性讨论方法阐述"一带一路"构想下发展境外经贸合作区的意义[③],以及分析其建设现状及可持续发展问题。[④] 也有少数学者对境外经贸合作区的作用进行了量化分析,研究发现境外经贸合作区促进了中国企业对外直接投资,降低了企业对外出口成本。[⑤]

尽管"五通"在《愿景与行动》中被视为"一带一路"建设的合作重点,境外经贸合作区也被视为实现"一带一路"建设"五通"的重要途径,但鲜有文献量化分析境外经贸合作区对实现"一带一路"建设"五通"目标的影响,更缺乏用以分析境外经贸合作区对实现"五通"目标影响的统一理论框架。本文拟基于中国境外经贸合作区的内涵、特点以及发展现状,从新制度经济学的视角,尝试构建一个境外经贸合作区与"五通"之间关系的理论分析框架,并基于中国对外直接投资数据,实证分析境外经贸合作区对中国对外直接投资的异质性影响,以及与"一带一路"建设中"政策沟通、设施联通、贸易畅通、资金融通、民心相通"等目标之间的关系,以弥补现有文献的空白,为未来中国境外经贸合作区建设和"一带一路"倡议的持续推进提供经验证据。

与现有文献相比,本文贡献如下:一是首次构建一个理论框架并实证分析境外经贸合作区与"一带一路"建设"政策沟通、设施联通、贸易畅通、资金融通、民心相通"之间的关系;二是以中国对东道国投资的企业个数作为因变量,更能识别境外经贸合作区对中小企业的影响;三是探究境外经贸合作区对不同企业对外直接投资动机的异质性影响。

---

① BRAUTIGAM D, TANG X. "Going global in groups": structural transformation and China's special economic zones overseas[J]. World development, 2014, 63: 78-91.

② 李丹,陈友庚.对外援助我国境外经贸合作区建设[J].开放导报,2015(1):51-53.

③ 胡江云,赵书博,王秀哲."一带一路"构想下的境外经贸合作区研究[J].发展研究,2017(1):8-12.

④ 卢进勇,裴秋蕊.境外经贸合作区高质量发展问题研究[J].国际经济合作,2019(4):43-55;武汉大学"一带一路"研究课题组."一带一路"境外经贸合作区可持续发展研究[J].社会科学战线,2019(6):82-88.

⑤ 李嘉楠,龙小宁,张相伟.中国经贸合作新方式:境外经贸合作区[J].中国经济问题,2016(6):64-81.

二、理论分析与假设提出

(一)境外经贸合作区与对外直接投资

境外经贸合作区是由中国政府与政治关系良好的国家，谈判签订协议，由东道国在协议所限定的地域范围内，提供良好的投资环境和关税减免等优惠政策的特殊区域。[①]境外经贸合作区本质上是中国与东道国在有关限定区域内建立更加紧密双边经贸联系的一种制度安排，一定程度上是双边政府间的高层次合作，是以政府间协作为前提，以两国优惠政策为依托，具有双边互利互惠特征的中国企业跨境投资建设的经济开发区。[②]

根据理性选择制度主义理论，双边之间的制度安排有利于降低合法交易的成本，促进双边间经济合作与发展。[③]而东道国稳定的政治经济环境是企业生存的基本保障[④]，东道国税收优惠和准入限制放宽等政策能为企业提供便利和降低成本，为外资企业发展提供良好环境。[⑤]因此，境外经贸合作区作为东道国制度环境的一种替代性制度安排，为中国境外投资提供了一种制度保障，具有降低企业投资风险的作用，进而促进中国企业“走出去”。因此，本文

---

① 境外经贸合作区的建立首先是中国政府与政治稳定、资源互补、外交关系良好的国家进行协商，确定基本的扶持政策，然后中国商务部再向中国的大型国有企业或有实力的民营企业公开招标，并在建设过程中对牵头企业的规划和实施进行实时监督和定期考察，提供必要的服务支持.关于国家对境外经贸合作区的政策支持，详见2010年商务部出台的《中国政府对境外经贸合作区的支持政策措施》：http://www.mofcom.gov.cn/article/ztjwjjmyhzq/subjectn/201004/ 20100406869369.shtml.

② 赵晓晨，韩瑞，李青.天津民营经济的贡献及发展途径新探[J].天津大学学报(社会科学版)，2012，14(4)：324-328.

③ KEOHANE R O. After hegemony: cooperation and discording the world political economy[M]. New Jersey：Princeton University Pres，2005：31-46.

④ DELIOS A，HENISZ W J. Policy uncertainty and the sequence of entry by Japanese firms，1980—1998[J]. Journal of international business studies，2003，34(3)：227-241.

⑤ MEYER K E，NGUYEN H V. Foreign investment strategies and subnational institutions in emerging markets: evidence from Vietnam[J]. Journal of management studies，2005，42(1)：63-93.

提出理论假设H1：

H1：境外经贸合作区作为东道国制度环境的一种替代性制度安排，有利于推动中国企业对外直接投资。

由于中国已建成的境外经贸合作区主要位于发展中国家，该地区技术水平相对落后，企业难以在该地区获得先进的技术资源，主要是为了更好地开发和利用东道国的市场和资源。因此，本文提出理论假设H2：

H2：境外经贸合作区对中国市场寻求型和资源利用型对外直接投资的促进作用更大。

(二)境外经贸合作区、"一带一路"与"五通"

境外经贸合作区主要位于"一带一路"国家。根据商务部统计，截至2019年底，中国在建初具规模的境外经贸合作区113家中82家位于"一带一路"国家。由于"一带一路"和其他国家之间的经济发展和制度水平存在较大差异，境外经贸合作区对中国境外直接投资的影响程度也可能存在差异。故本文进一步提出理论假设H3：

H3：境外经贸合作区对中国对外直接投资的影响在"一带一路"和其他国家之间的影响可能存在差异。

如前文所述，"互联互通"被视为"一带一路"倡议的合作重点，并特别强调了境外经贸合作区在实现互联互通中的作用。为更加深入地分析境外经贸合作区与"五通"之间的关系，下文将基于新制度经济学理论提出分析框架。

根据新制度经济学理论，制度是影响人类行为的一系列规则与约束，包括经济、法律、合约等正式规则以及以意识形态、文化为基础的认知规范等非正式规则。[①]根据制度的演化时间，制度可分为四个层次[②]：第一，风俗、传统、宗教、文化、意识形态等没有明文规定或法律保护的非正式制度；第二，宪法、法律、司法、产权、政体等正式制度或博弈规则；第三，公司治理、政府治理、交易治理等治理机制；第四，基于市场等的具体资源配置机制等。而每个层次制度变迁的时间不同。从第一层次到第四层次的制度演化所需要的时间逐渐减

---

① NORTH D C. Institutions, institutional change and economic performance [J]. Journal of economic behavior & organization, 1990, 18(1): 142-144.

② WILLIAMSON O E. The new institutional economics: taking stock, looking ahead[J]. Global jurist, 2000, 38(3): 595-613.

少：非正式制度的演化至少需要上千年；正式制度的变迁以基本制度环境为基础，比文化和社会基础（第一层次）发生得更快，但其变化仍相对缓慢，周期大致在10～100年。第三层次制度的形成时间则较短，通常需要1～10年。第四层次的市场等资源配置制度形成时间最短，当前即可形成。

基于上述视角，本文将“互联互通”中的“政策沟通、设施联通、贸易畅通、资金融通、民心相通”等“五通”分别归结为不同层级的制度目标，其中“民心相通”属于第一层次的非正式制度，“政策沟通、设施联通、贸易畅通、资金融通”则属于第三、四层次的经济制度。而境外经贸合作区作为东道国替代性制度的安排，是“政策沟通”的成功范例，因此也属于第三、四层次制度。另一方面，东道国的政治参与度、政权稳定性、政府效率、监管质量、腐败控制和法治规则等基础性的政治和法律制度则属于第二层次的正式制度。

鉴于更底层制度是高层制度赖以存在的基础，低层级制度与高层级制度是互补的关系，而同一层级多种制度之间则可以相互替代。因此，基于制度演化理论以及各种制度之间关系的规律，本文提出假设H4和H5，以描述境外经贸合作区与“一带一路”“五通”之间的关系。

H4：境外经贸合作区的建立与东道国基础性的政治、法律等正式制度以及“民心相通”呈现互补关系。[①]

H5：境外经贸合作区的建立与中国与东道国之间的设施联通、贸易畅通、资金融通呈替代关系。

换言之，东道国基础性的政治、法律等正式制度的水平是境外经贸合作区顺利建立与发展的前提条件；而境外经贸合作区则可以通过为东道国提供设施联通、贸易畅通和资金融通等替代渠道来作为影响对外直接投资的具体作用机制：

第一，境外经贸合作区与设施联通。中国在东道国设立的境外经贸合作区建立了完善的基础设施，合作区开发企业入驻东道国时不仅进行了与产品自身生产密切相关的厂房建筑和公共设施建设，还推进了东道国通路、通电、

① 民心相通是“一带一路”建设的社会根基，包括旅游活动、科教交流和民间往来等活动，强调了人民友好往来，增进相互了解和传统友谊，反映了国家间社会和民意基础。境外经贸合作区可通过员工培训、员工参加公共活动等增进民心相通。但是由于民心相通深受当地文化影响，境外经贸合作区是促进民心相通的一种方式，其建立对民心相通可能起到一种补充作用，并不能完全替代民心相通。

通信、通排水、通给水、平整土地"五通一平"等方面的基础设施建设[①],合作区基础设施建设的空间溢出效应弥补了东道国基础设施的不足。而完善的基础设施有助于形成集聚经济,降低运输成本和协调成本[②],以及提高信息传输速度和加强资源整合能力,从而吸引更多外商直接投资[③],特别是高度依赖物流服务的行业。[④] 因此,境外经贸合作区内建立的基础设施起到了设施联通的作用,有助于促进中国对东道国的直接投资。

第二,境外经贸合作区与贸易畅通。与其他相关的投资贸易协定相比,境外经贸合作区针对性强,相对灵活,更加契合东道国的产业诉求和经济发展要求。境外经贸合作区的建立首先由中国商务部牵头与中国资源优势互补、政治经济关系良好的目标国商议,确定基本的扶持政策;之后,以公开招标的形式面向具有一定实力的中国大型企业招标;最后,中标的牵头企业与目标国签订更加具体的政策支持协议,在中国政府的监督和扶持下建设园区,吸引中小企业入驻;此外,建设完成后还需要接受中国政府的考核。因此,境外经贸合作区有助于入区企业抵御境外投资风险,增强与当地政府博弈的话语权[⑤],通过规范协调法律法规,消除投资过程中的机制性障碍,提高东道国贸易投资便利化水平,起到替代其他双边投资和自由贸易协定的作用,从而促进中国对外直接投资。

第三,境外经贸合作区与资金融通。境外经贸合作区吸引中小企业"抱团"入驻而形成产业链比较完整的产业集群。产业集群有利于形成规模经济,实现集群内的企业信息共享,降低企业之间的交易成本,促进企业合作,提高企业劳动生产率。[⑥] 产业集群还有助于改善集群内企业所面临的履约环境和

---

① 中国商务部国际贸易经济合作研究院和联合国开发计划署驻华代表处.中国"一带一路"境外经贸合作区助力可持续发展报告[R].2019.

② KUMAR N. Infrastructure availability, foreign direct investment inflows and their export orientation: across country exploration[J]. The Indian economic journal, 2006, 54(1):125-144.

③ DONALDSON D R. Railroads and American economic growth: a "market aces" approach[J]. The quarterly journal of economics, 2016, 131(2):799-858.

④ BLYDE J, MOLINA D. Logistic infrastructureandthe international location of fragmented production[J]. Journal of international economics, 2015, 95(2):319-332.

⑤ 严兵,谢心荻,张禹.境外经贸合作区贸易效应评估:基于东道国视角[J].中国工业经济,2021(7):119-136.

⑥ WEBER A. Alfred Weber's theory of the location of industries[M]. Chicago: The University of Chicago Press, 1929:160-256.

融资环境。[①] 而融资约束和企业生产率是影响中国企业“走出去”的重要因素。[②] 东道国和母国金融发展是缓解企业融资约束，降低经营风险，影响企业国际投资的重要因素。[③] 面对中国和东道国不完善的金融体系，境外经贸合作区在东道国所形成的产业集群，可以缓解中小企业融资困难，减少其所面临的融资制度约束。

三、模型设定、变量说明与数据来源

(一)模型构建

根据前文的理论假设和已有研究，基于贸易引力模型，模型设定如下：

$$\ln Y_{it}=C+\alpha\ln GDP_{i,t-1}+\beta TC_{i,t-1}+\gamma\ln dist_i+\theta X_{i,t-1}+\mu_t+\xi_{it}$$

其中，i 为东道国，t 为年度；Y_{it} 为中国第 t 年在 i 国的对外直接投资企业数量；$TC_{i,t-1}$ 为自变量境外经贸合作区。此外，为分析境外经贸合作区与“五通”之间的关系，本文还构造了境外经贸合作区与东道国制度、基础设施、金融发展和孔子学院等交互项；$GDP_{i,t-1}$ 为 i 国 $t-1$ 年 GDP；$dist_i$ 为中国与东道国之间的地理距离；$X_{i,t-1}$ 为其他控制变量；μ_t 为年度固定效应，用于控制随时间变化的宏观经济波动；C 代表常数项；ξ_{it} 为随机误差项。[④]

(二)变量说明

1.被解释变量。以中国在东道国对外直接投资的企业数量来衡量境外直

---

① LONG C，ZHANG X. Cluster based industrialization in China：financing and performance[J]. Journal of international economics，2011，84(1)：112-123；龙小宁，张晶，张晓波.产业集群对企业履约和融资环境的影响[J].经济学(季刊)，2015，14(4)：1563-1590.

② 王碧珺，谭语嫣，余淼杰，等.融资约束是否抑制了中国民营企业对外直接投资[J].世界经济，2015，38(12)：54-78.

③ BILIR L K，CHOR D，MANOVA K. Host-country financial development and multinational activity[J]. European economic review，2019，115：192-220；张相伟，龙小宁.中国境外金融机构促进了对外直接投资吗[J].国际贸易问题，2018(9)：108-120.

④ 由于对于各东道国而言，中国每年 GDP 相同，在年度上的差异亦被年度固定效应所控制。因此，该变量略去。

接投资,其原因如下:一是中国境外经贸合作区的主要目标之一即是由国内投资经验丰富且实力雄厚的大型国有企业牵头建立,进行园区建设和招商引资,帮助中小企业"抱团走出去",近年来也确实看到越来越多中小型民营企业"走出去"了。因此,以中国对外直接投资的企业数量作为因变量更能体现其对中小企业的影响。二是中国境外企业名录数据库信息丰富,利用此数据可以考察境外经贸合作区对不同投资动机企业的影响。

2.核心解释变量。境外经贸合作区为二元变量,即如果中国 $t-1$ 年在 i 国开始建设境外经贸合作区,其值在 t 及 t 年之后为 1,否则为 0。

3.控制变量。其主要包括中国是否与东道国签订双边投资协定和自由贸易协定等双边因素,以及东道国市场、资源、技术水平和制度质量等东道国因素。[①] 其中,分别采用东道国 GDP 规模、人均 GDP 和 GDP 增长率测度企业市场寻求型动机,以东道国矿石和金属出口占总出口比重衡量企业资源寻求型动机,以东道国高科技产品出口占总出口比重表示技术寻求和技术开发型动机,并采用东道国监管质量、法律质量、腐败控制、政府效率、政治稳定性以及话语权和问责制等六个指数的平均值衡量东道国制度质量。[②]

(三)数据来源

囿于数据限制,样本区间为 2003—2014 年。数据来源如下:OFDI 项目信息数据来源于商务部网站的境外投资企业(机构)名录数据库[③];境外经贸合作区数据手工收集于中国商务部和各省商务厅以及对外贸易经济合作厅官网;FTA 和 BIT 数据分别来源于中国自由贸易服务网和联合国贸发会议(UCTAD)数据库;东道国 GDP、人均 GDP、GDP 增长率、资源、技术水平以及制度质量数据分别来源于世界银行 WDI 和 WGI 数据库;地理距离数据来源

---

① BUCKLEY P J, et al. The determinants of Chinese outward foreign direct investment[J]. Journal of international business studies,2007,38(4):499-518;蒋冠宏,蒋殿春.中国对外投资的区位选择:基于投资引力模型的面板数据检验[J].世界经济,2012,35(9):21-40.

② 篇幅所限,主要变量统计性特征与分析未列出,作者备索。

③ 该数据库包含了中国自 1980 年以来在商务部备案的对外直接投资企业信息,包括核准证书编号、东道国、境内投资主体名称、境外投资企业名称、境内企业归属省市、境外企业经营范围、核准日期等 7 个指标。2014 年之后该数据库不再公布境内企业归属省市、境外企业经营范围、核准日期等信息,故本文样本区间为 2003—2014 年。

于CEPI数据库;文中东道国GDP和人均GDP等宏观经济变量的绝对量指标,均利用以2005年为基期的美元GDP平减指数进行了价格平减。

四、实证结果及解释

(一)基本估计结果

基本回归结果如表1所示,其中,第(1)和第(2)列样本区间分别为2003—2014年、2006—2014年①,第(3)、(4)和(5)列分别为境外经贸合作区对中国市场寻求型、资源开发型以及技术寻求和技术开发型等不同对外直接投资动机企业的异质性影响。②

表1研究结果表明,境外经贸合作区的建立显著促进了中国对东道国的直接投资,理论假说H1得到了验证,即境外经贸合作区作为东道国制度环境的一种替代性制度安排,灵活地运用中国政府与东道国之间稳定的政治关系,为中国企业提供了"走出去"的平台。

现阶段境外经贸合作区对中国对外直接投资的促进作用主要体现在市场寻求型和资源利用型的企业中,而对技术寻求型的对外直接投资并没有产生显著影响。这验证了理论假设H2。虽然中国境外经贸合作区具有鼓励高新技术和产品研发的意图,但由于其目前还处于初级建设阶段,并且主要分布于技术水平相对落后的国家,中国企业难以在该地区获取先进技术。同时,这也表明在"一带一路"背景下,境外经贸合作区正按照优势互补、互利共赢的原则,基于正在形成的经济网络空间,资源整合、人力资本、市场开拓等新的地

① 遵照审稿人建议,由于我国自2006年开始正式提出在海外建立境外经贸合作区,故本文进行分样本检验。

② 本文将企业经营范围含有开拓市场、产品销售等关键词的企业归为市场寻求型;将经营范围含有矿产资源开发、石油和天然气勘探、森林采伐等与东道国资源开发相关的企业归为资源开发型;将经营范围含有技术研发、产品研发等有关高科技类型的企业划分为技术寻求和技术开发型。对于依据企业经营范围的关键词不能归类的企业,本文根据企业名称和经营范围,利用互联网查询企业资料,进行综合判断,手动逐条归类。

缘,资源、人口和主体等比较优势①,与"一带一路"国家开展产业合作。

其他变量估计结果也与现有文献基本一致。其中,双边之间距离成本阻碍了中国对东道国的投资;东道国 GDP 规模和增长率显著为正,表明中国企业对外直接投资具有市场寻求的动机;东道国人均 GDP 的系数显著为负,表明劳动力成本阻碍了中国对外直接投资;双边投资协定的签订对中国对外直接投资具有一定的促进作用。由于自由贸易协定包含了投资条款,而且其投资条款相对于双边投资协定更具有灵活性和可操作性,这显著促进了中国对外直接投资。东道国良好的制度水平是中国对外直接投资的保障。东道国高科技产品占总出口的比重符号为负,表明中国企业在东道国具有一定程度的技术开发型动机。②

表 1　境外经贸合作区对中国对外直接投资影响的基本结果

变量	(1)	(2)	(3)	(4)	(5)
	样本区间(2003—2014)	样本区间(2006—2014)	市场寻求型	资源利用型	技术寻求和技术开发型
	ln*ofdi*	ln*ofdi*	ln*ofdi*	ln*ofdi*	ln*ofdi*
TC	0.5106*** (0.1200)	0.3575** (0.1410)	0.3894*** (0.0900)	0.3917* (0.2093)	0.0939 (0.1094)
ln*gdp*	0.3476*** (0.0383)	0.3886" (0.0418)	0.3344*** (0.0347)	0.1108*** … (0.0231)	0.1037*** (0..0239)
ln*dist*	−0.5898*** (0.1460)	−0.5980*** (0.1584)	−0.5601*** (0.1298)	−0.1822* (0.0990)	−0.2521*** (0.0808)
BIT	0.0134 (0.1136)	0.0306 (0.1193)	0.0224 (0.1052)	−0.0080 (0.0789)	−0.1118 (0.0943)

① 高丽娜,蒋伏心."新比较优势"下的"一带一路"战略研究[J].世界经济与政治论坛,2017(2):56-69.

② 东道国技术对中国 OFDI 具有双重影响(Drifield & Love,2003).一方面技术寻求(Technology Seeking)表明国际资本是以获取东道国技术为目的的,这种技术寻求动机和"技术溢出"假说密切相关;另一方面,技术开发型(Technology Exploiting)意味着企业 OFDI 行为是为了利用其技术优势,这种动机可以利用传统的外商直接投资理论解释(Dunning, 1981). DRIFIELD N, LOVE J H. Foreign direct investment, technology sourcing and reverse spilovers[J]. The manchester scholar, 2003,71(6):659-672;DUNNING J H. Explaining the international direct investment position of countries: towards a dynamicor developmental approach[J]. Weltwirtschaftliches archiv, 1981,117(1):30-64.

续表

变量	(1) 样本区间(2003—2014)	(2) 样本区间(2006—2014)	(3) 市场寻求型	(4) 资源利用型	(5) 技术寻求和技术开发型
	lno*fdi*	lno*fdi*	lno*fdi*	lno*fdi*	lno*fdi*
FTA	0.6927*** (0.1654)	0.7324*** (0.1602)	0.5713*** (0.1600)	0.5601*** (0.1704)	0.1235 (0.2106)
ln*pgdp*	−0.2356*** (0.0654)	−0.2925*** (0.0668)	−0.2313*** (0.0562)	−0.0641 (0.0404)	−0.0240 (0.0237)
gdpgrowth	0.0137*** (0.0042)	0.0113** (0.0048)	0.0138*** (0.0034)	0.0031 (0.0030)	0.0040* (0.0024)
resource	−0.00004 (0.0039)	−0.0004 (0.0036)	−0.0022 (0.0034)	0.0060* (0.0035)	−0.0003 (0.0016)
high_exports	−0.0026 (0.0026)	−0.0002 (0.0027)	−0.0029 (0.0021)	−0.0011 (0.0020)	−0.0027 (0.0017)
institution	0.1995* (0.1094)	0.2421** (0.1191)	0.2024** (0.0923)	−0.0075 (0.0733)	0.1010** (0.0486)
N	1540	1095	1540	1540	1540

注:括号内为稳健性标准误,***、**、*分别表示在1%、5%、10%的水平显著。所有回归结果的时间固定效应和常数项均未报告,作者备索,下表同。

控制变量包括双边投资协定(BIT)、双边自由贸易协定(FTA)以及东道国人均GDP(lnpgdp)、GDP增长率(gdpgrowth)、资源(resource)、技术(high-exports)、制度质量(institution),下表同。

(二)境外经贸合作区、“一带一路”与“五通”

1.境外经贸合作区、“一带一路”与中国对外直接投资的异质性影响。表2报告了境外经贸合作区对中国在“一带一路”国家和其他国家对外直接投资的异质性影响。其中,第(1)~(4)列为分样本回归,第(5)列为交互项总样本回归。从表2的估计结果可知,境外经贸合作区对非“一带一路”国家的对外直接投资的促进作用相对大一些,但交互项结果表明,境外经贸合作区对“一带一路”国家与其他国家之间促进作用的差异并不显著。因此,就目前而言,境外经贸合作区对“一带一路”国家和其他国家之间的促进作用尚不存在显著差异。

表 2　境外经贸合作区、"一带一路"国家与中国对外直接投资的异质性影响

变量	(1)	(2)	(3)	(4)	(5)
	"一带一路"国家		其他		全样本
	ln*ofdi*	ln*ofdi*	ln*ofdi*	ln*ofdi*	ln*ofdi*
TC	0.4764*** (0.1504)	0.4516*** (0.1635)	0.7071*** (0.1330)	0.6292*** (0.1358)	0.6604*** (0.1314)
TC_belt_road					−0.2741 (0.2016)
ln*gdp*	0.4783*** (0.0676)	0.4954*** (0.0894)	0.2890*** (0.0299)	0.3362*** (0.0408)	0.3475*** (0.0383)
ln*dist*	−2.2237*** (0.2551)	−1.7996*** (0.2385)	−0.7844*** (0.2266)	−0.8270*** (0.1993)	−0.5964*** (0.1462)
控制变量	未控制	控制	未控制	控制	控制
N	630	511	1377	1029	1540

2.境外经贸合作区、"五通"与对外直接投资。为考察境外经贸合作区与"政策沟通、设施联通、贸易畅通、资金融通、民心相通"之间的交互影响，本文实证检验了境外经贸合作区对中国企业"走出去"的影响是否与东道国基础设施、双边经贸关系、金融发展水平以及东道国孔子学院数量相关。其中，采用主成分分析法，将东道国基础设施和金融发展的多维变量分别降为一维评价指数[①]；贸易畅通的水平则通过中国与东道国是否签订自由贸易协定(FTA)与双边投资协定(BIT)来衡量；民心相通则用中国在东道国建立的孔子学院数量来衡量。估计结果如表 3 所示，其中，第(1)、(2)和(3)列分别为全部国家样本、"一带一路"国家样本和其他国家样本。[②]

表 3 结果表明，东道国制度水平与境外经贸合作区之间的交互项显著为正，表明境外经贸合作区与东道国的基本制度水平之间呈互补关系，即良好的

---

① 基础设施评价指数包括固定宽带互联网用户(每百人)、移动蜂窝式无线通信系统的电话租用(每百人)、航空运输货运量(百万吨-公里)、城市改善的水源(获得改善水源的城市人口所占百分比)。金融发展评价指数分别包括：金融发展深度，采用流动性负债占 GDP 的比重表示；金融系统的效率，利用银行信贷占其总存款的比重表示；银行系统规模，用储蓄货币银行资产占中央银行和其他商业银行总资产的比重表示；银行系统效率，用 Z 值(ZGscore)表示。

② 由于样本期间非"一带一路"国家间没有国家同时存在 FTA 和境外经贸合作区，因此，表 3 第(3)列没有报告境外经贸合作区与 FTA 之间交互项的估计结果。

东道国基本制度是境外经贸合作区促进中国对东道国投资的必要条件，验证了理论假设H4。其原因在于相对于东道国的政治民主度、政权稳定性、政府效率、监管质量、腐败控制和法治规则等基本的制度水平，境外经贸合作区作为东道国替代性的制度安排，属于更高层次的制度等级，根据新制度经济学中的制度演化理论，更高层次的制度需要以较低层的制度为基础，二者之间呈互补关系。

表3　境外经贸合作区、"五通"与中国对外直接投资

变量	(1)	(2)	(3)
	全样本	"一带一路"国家	其他
	ln*ofdi*	ln*ofdi*	ln*ofdi*
TC	0.7742*** (0.1730)	1.9461*** (0.3027)	0.6812*** (0.0763)
TC_instution	0.3631* (0.1945)	2.0331*** (0.3619)	0.2260*** (0.0820)
TC_infrastructure	0.0190 (0.0516)	−0.0638 (0.0948)	0.1424*** (0.0543)
TC_BIT	−0.2040* (0.1226)	−0.0611 (0.1452)	−0.1369* (0.0783)
TC_FTA	−0.3967** (0.1703)	−0.8358*** (0.1476)	—
TC_confucius	0.0525*** (0.0117)	−0.0059 (0.0285)	0.1757** (0.0801)
TC_finance	−0.2702** (0.1178)	−0.3202*** (0.0949)	−0.5863*** (0.0778)
ln*gdp*	0.3744*** (0.0410)	0.4780*** (0.0801)	0.3435*** (0.0465)
ln*dist*	−0.5093*** (0.1375)	−1.7707*** (0.3098)	−0.6427*** (0.1588)
控制变量	控制	控制	控制
N	1058	378	680

境外经贸合作区与东道国金融发展之间交互项的系数为负，其原因可能在于境外经贸合作区形成了中小企业产业集群，而产业集群能够改善企业融资环境，缓解园区内企业的融资约束，从而助力中国企业"走出去"[①]；境外经

① 本文作者到天津泰达境外经贸合作区调研时，曾听到境外经贸合作区帮助企业融资的案例。

贸合作区与双边投资协定、自由贸易协定交互项的系数显著为负，表明境外经贸合作区与双边间的经贸协定呈现显著的替代关系。境外经贸合作区与"一带一路"国家基础设施的交互项系数为负，表明境外经贸合作区对东道国基础设施具有一定的替代作用。本文认为原因在于境外经贸合作区与"设施联通、贸易畅通和资金融通"是处于同一层级的制度，而同一层级的制度可以相互替代，而"民心相通"对于境外经贸合作区属于更底层的制度，两者具有互补的关系。

在全样本和其他国家样本中，境外经贸合作区与东道国基础设施之间的关系，与前文假设并不一致。其原因可能为相对于"一带一路"国家，其他国家的经济发展水平较高，东道国本身的基础设施已经比较完善。境外经贸合作区对东道国基础设施的替代作用不明显，更多的是起到一种补充作用。

综上所述，以上估计结果验证了理论假设 H4 和 H5，即东道国良好的制度质量和"民心相通"是境外经贸合作区促进中国对外直接投资的基础，而境外经贸合作区能通过弥补"一带一路"国家基础设施、金融发展和贸易畅通的不足，促进中国企业对外直接投资。

(三)工具变量检验

前文将解释变量滞后一期缓解了模型中境外经贸合作区与对外直接投资之间由于存在反向因果关系而造成的内生性问题，但模型中还可能存在同时影响企业到东道国建立境外经贸合作区和对外直接投资的遗漏变量，从而造成模型内生性问题。因此，为更好地解决内生性问题，本文采用中国与东道国是否建立外交关系作为工具变量，重新估计上述模型。[①]工具变量需满足以下两个条件：一是工具变量与境外经贸合作区相关；二是与方程的扰动项不相

---

① 参照闫雪凌和林建浩的做法，本文也采用了东道国曾经或现在是否社会主义国家为工具变量。该工具变量满足外生性和相关性，一是由于境外经贸合作区主要是由中国政府与外交关系比较好的国家签订投资合作协议而建立的产业园区。而中国作为目前世界上最大的社会主义国家，与现在或曾经的社会主义国家维持良好的传统友谊是中国高层外交重要的政治考虑之一。因此，境外经贸合作区的建立与东道国是否社会主义国家密切相关。二是东道国现在或曾经是否社会主义国家与多种因素相关，与中国是否对东道国进行直接投资并没有直接的关系，具有一定的外生性。采用该工具变量的估计结果仍与前文一致，因此，本文估计结果具有稳健性，具体结果备索。参见闫雪凌，林建浩.领导人访问与中国对外直接投资[J].世界经济，2019，42(2)：147-169.

关。由于境外经贸合作区主要是由中国政府与外交关系比较好的国家签订投资合作协议而建立的产业园区，因而，境外经贸合作区的建立与中国与东道国是否建立外交关系密切相关。而中国是否与东道国建立外交关系与多种因素相关，与中国是否对东道国进行直接投资并无直接关系，故具有一定的外生性。估计结果如表 4 所示，即使克服了模型中可能存在的内生性问题，估计结果仍与前文一致。

表 4　境外经贸合作区对中国对外直接投资的影响(工具变量检验)

变量	(1)	(2)	(3)	(4)	(5)	(6)	(7)
	全样本	“一带一路”沿线	其他	全样本	市场寻求型	资源利用型	技术寻求和开发型
	ln*ofdi*	ln*ofdi*	ln*ofdi*	ln*ofdi*	ln*ofdi*	ln*ofdi*	ln*ofdi*
TC	8.8769*** (2.6392)	5.3236 (4.4607)	11.8499*** (3.4301)	17.1043** (6.6879)	6.7338*** (2.0675)	4.8255*** (1.5582)	2.6794** (1.0575)
TC_belt_road	—	—	—	−16.0561** (6.4020)	—	—	—
ln*gdp*	−0.1615 (0.8688)	1.6202** (0.7566)	−2.4830 (1.7529)	−1.9886 (1.5938)	−0.2811 (0.6806)	−0.1288 (0.5129)	−0.5204 (0.3481)
ln*dist*	1.2469*** (0.1985)	0.5579 (0.3617)	1.7359*** (0.3161)	1.4611*** (0.2947)	1.1835*** (0.1555)	0.5763*** (0.1172)	0.5935*** (0.0795)
控制变量	控制	控制	控制	控制	控制	控制	控制
N	1530	511	1019	1530	1530	1530	1530

(四)稳健性检验

本文将被解释变量换为中国对东道国直接投资存量①，重新估计境外经贸合作区对中国对外直接投资的影响。估计结果如表 5 所示，从估计结果本文发现，中国境外经贸合作区的建立对中国对东道国的直接投资具有显著的促进作用，并在“一带一路”国家和其他国家存在异质性，与前文结果一致，故本文估计结果具有稳健性。

① 此处本文将样本区间拓展到了 2003—2019 年，但是由于数据限制，该数据未考察境外经贸合作区对中国不同对外直接投资动机的影响。

表5 境外经贸合作区对中国对外直接投资存量的影响(2003—2019)

变量	(1)	(2)	(3)	(4)
	全样本	"一带一路"沿线	其他	全样本
	ln$ofdi_stock$	ln$ofdi_stock$	ln$ofdi_stock$	ln$ofdi_stock$
TC	1.1065*** (0.1613)	1.0472*** (0.1839)	1.4781*** (0.2483)	1.3571*** (0.1988)
TC_belt_road	—	—	—	−0.6026** (0.2654)
lngdp	0.8718*** (0.1074)	1.0566*** (0.1592)	0.6878*** (0.2001)	0.8842*** (0.1093)
ln$dist$	−0.1219 (0.3550)	−0.1894 (0.4613)	−0.2941 (0.7348)	−0.0618 (0.3658)
控制变量	控制	控制	控制	控制
N	1304	924	380	1304

五、结论与启示

境外经贸合作区作为"一带一路"建设的重要承接点,契合所在国的经济和产业发展诉求,不仅成为推进中国"一带一路"和国际产能与装备制造合作的有效平台,也是中国实现产业结构调整和全球产业布局的重要载体。

本文基于新制度经济学的视角,构架了分析境外经贸合作区与"一带一路"及"五通"之间关系的理论框架,并利用中国境外投资数据,实证检验了境外经贸合作区、"五通"对中国对外直接投资的作用。研究发现:中国在东道国建立的境外经贸合作区显著促进了中国对东道国的直接投资;而且,境外经贸合作区对中国对外直接投资的影响具有异质性,主要促进了市场寻求型和资源利用型对外直接投资,对技术寻求型的对外直接投资并没有显著影响。而更重要的是,境外经贸合作区对中国对外直接投资的作用与东道国的制度质量及双边之间的"民心相通"呈现互补的关系,而对"一带一路"国家的"设施联通、贸易畅通和资金融通"则具有替代作用。因此,尽管中国境外经贸合作区可以弥补"一带一路"国家基础设施、金融发展和贸易畅通等方面的不足,但东道国良好的制度质量和双边之间的"民心相通"是境外经贸合作区促进中国对外直接投资的基础。因此,本文具有以下的政策启示:

首先,新一代经贸规则构建中的重要特点之一是构建途径和模式从多边转向双边、区域或诸边。[①]而境外经贸合作区作为中国经贸合作的新方式,正是一种基于政府间自愿合作、以市场运作为主导原则的全球双边经贸治理规则,也正体现了"一带一路"倡议"共商、共建、共享"的原则。与其他经贸治理规则相比,境外经贸合作区能够更加灵活地运用双边政治外交关系,是中国企业合理规避风险、依照市场规律开拓海外市场的重要途径,尤其适用于"一带一路"国家。可见,正因为体现了"一带一路"倡议中"共商、共建、共享"的根本原则,境外经贸合作区的建立,不仅与当今世界国际合作与经贸规则构建中的新趋势相契合,也可以较好地应对"一带一路"倡议所面对的挑战。因此,境外经贸合作区建设中遵循的原则和取得的成绩,应该可以为中国推动未来国际经贸新规则提供借鉴。

其次,"一带一路"倡议中"政策沟通、设施联通、贸易畅通、资金融通、民心相通"等"五通"分别属于不同层级的制度安排,各层级制度之间存在相互影响和相互作用的关系。本文的研究结果表明,境外经贸合作区作为政策沟通成功的典范,与"设施联通、贸易畅通和资金融通"处于同一制度层次,对设施联通、贸易畅通、资金融通具有替代作用。但另一方面,境外经贸合作区作为东道国的一种替代性制度安排,属于更高层次的制度等级,需要以其他低层次的制度为基础。只有东道国具有比较稳定的政治、文化、法律等正式的制度环境,境外经贸合作区才能对中国的对外直接投资以及东道国经济发展起到较大的促进作用。类似地,民心相通是处于东道国政治、法律等正式制度之下最基础的制度等级,故而境外经贸合作区的建立更需要以民心相通为条件。民心相通作为最基础的制度安排,需要较长的演化时间,因此,本文的研究结果指出了推动"一带一路""五通"目标实现的具体步骤:首先,应推动"民心相通"的进程,并在此基础上通过"政策沟通"的途径优先建立境外经贸合作区,以帮助东道国在区域内实现"设施联通、贸易畅通和资金融通",并最终实现"五通"目标。

最后,迄今为止中国企业以境外经贸合作区为载体,按照"一带一路"建设中优势互补、互利共赢的原则,已经颇有成效地实现了资源利用和市场寻求的投资目标。然而,尽管建立的境外经贸合作区也采用了科技产业园区的形式,但是对中国企业技术寻求和技术开发等动机的促进作用还不明显。因此,需要继续探索更加有利于推动技术寻求与创新开发动机的对外直接投资机制,并深入研究将境外经贸合作区建设成为中国企业创新重要支点的可能性与具体举措。

---

① 石静霞.国际贸易投资规则的再构建及中国的因应[J].中国社会科学,2015(9):128-145,206.

中国与“一带一路”主要国家产业链供应链竞合：基础、发展与对策[*]

陈爱贞　陈凤兰

一、引言

当前世界经济正面临百年未有之大变局，受新一轮科技革命和产业变革的驱动，叠加疫情等多重不确定性因素的影响，欧美发达国家主导的全球价值(global value chain，GVC)分工正面临重构。与此同时，全球经济增长重心正往新兴经济体和发展中国家转移，“一带一路”有望成为当今世界跨度最大、覆盖面最广、活力最强的新兴经济带。从中国OFDI流向看，2015年就有10%的投资流量投向东盟，超过流向欧盟和美国的比重；就全球OFDI流向而言，近些年印度、印尼、越南逐渐进入前20大外资流入国名单。可见，“一带一路”国家不仅是中国也是全球重要的投资目的地，是实现世界经济再平衡和重塑全球经济增长新机制的重要平台。

在全球价值链重构和全球产业链重新布局的背景下，中国产业链供应链的安全稳定也面临隐患：一是中国技术“卡脖子”问题严峻。《2019中国进口发展报告》显示，2001—2017年，中国高技术产品进口规模年增长率达13.38%，2017年高技术产品进口金额占中国进口总额的33.73%，占世界高技术产品进口份额的16.15%，且中国高技术产品进口中，中间品和资本品占比超过95%。[①] 二是受到发达国家的科技围堵，中国产业发展容易陷入中低端锁定

* 本文作者之一陈爱贞系厦门大学一带一路研究院兼职研究员、经济学院教授，于2021年4月22日在厦门大学一带一路研究院以本文内容为主题做“一带一路”系列学术讲座第22场，成果发表于《厦门大学学报(哲学社会科学版)》2022年第6期。

① 魏浩. 2019中国进口发展报告[M]. 北京：中国经济出版社，2020.

的困境。在此背景下，联合产业互补性强的国家或地区构建区域产业链(regional industrial chain，RIC)，沿 RIC 进行产业升级，并借由主导 RIC 逐步提高在全球分工中的位势，成为中国突破中低端锁定和实现产业升级的重要途径。此外，在新的国际形势下，构建以国内大循环为主体、国内国际双循环相互促进的新发展格局是大势所趋，"一带一路"共建中基于共建国家的比较优势与市场需求发展潜力进行产业链供应链竞合，不但能为实现中国产业转型升级以及双循环互促的新发展格局提供动力与思路，还能为共建国家的发展提供新的机遇与基础。正因此，党的十九届五中全会报告特别在推动共建"一带一路"高质量发展中强调，要构筑互利共赢的产业链供应链合作体系，深化国际产能合作，扩大双向贸易和投资。

然而，"一带一路"共建国家差异性很大，中国应先致力于与沿线重点国家构筑良好的产业链供应链竞合体系，以点带面循序推进。2016 年，"一带一路"共建国家中，东南亚和南亚人口占比 73.18%，GDP 占比 45.60%。同时，二者在经济发展潜力、消费潜力①、制度②等方面较沿线多数国家具有优势，且近年来其产业链供应链配套能力逐渐提升，跨国公司也开始把东南亚、南亚国家列为最具投资前景的东道国。联合国贸发会议组织相关报告指出，64%的受访者认为东亚和东南亚"非常"或"极其"重要③，43%的受访者认为南亚同样重要。可见，东南亚和南亚是"一带一路"沿线的重点区域。

基于此，本文利用测度生产阶段数的方法，在测度中国以及"一带一路"沿线东南亚、南亚区域的产业链供应链发展和相互供给情况的基础上，重点分析它们之间产业链供应链的竞合基础和现状。相较已有文献，本文可能的贡献在于：第一，现有研究大多采用贸易流量数据或对外投资数据研究中国与"一

① 麦肯锡全球研究院报告显示，按购买力平价计算，2000—2017 年亚洲占全球消费的比重从 23%上升至 28%；并预计未来 10 年，亚洲将推动一半的全球消费增长，到 2030 年将贡献全球消费增长的一半以上。

② 比如，东南亚很多国家间设有自贸区，加上东盟十国之间的税率优惠，其国与国之间的出口大多是免税的，受惠于原产地原则，东南亚国家出口欧美市场的很多产品也是低税率或零税率。在区域贸易协定方面，RCEP、TPP、ASEAN、ESCAP 成员国主要为东南亚国家。

③ World Investment Prospects Survey[R].(2021-06-21)[2021-08-31]. https://unctad.org/system/files/offical-document/webdiaeia2012d21_en.pdf.

带一路"共建国家的合作[①]，鲜有研究利用全球投入产出模型针对中国与"一带一路"共建国家的产业链供应链发展情况展开研究，本研究是对该领域研究的有益补充。第二，研究层次上，本文不仅将东南亚、南亚各自视为一个整体，考察其产业链供应链的发展现状，探究中国与其竞合的基础，还细分国家和行业层面展开研究，有助于为中国结合各国资源禀赋、比较优势以及在价值链分工中的地位，打造高质量的"一带一路"区域产业链提供政策依据。第三，本文测算了东南亚、南亚与中国制造业产业链供应链的相互供给情况，能够考察其当前生产分工衔接的紧密程度，还能为未来合作方向的适当调整提供事实依据。

二、文献综述和理论基础

(一)产业链分工对国家经济发展的影响

20 世纪 80 年代以来，生产技术和通信技术的革命性进步，促使产品生产环节实现了功能上和空间上的分割，形成以"产业链分工"和"产品内分工"为特征的新的国际分工格局。垂直专业化分工的出现使得国家间的比较优势由传统的最终产品转移到产业链的各个环节，各国在其比较优势环节进行最优规模的生产，不但推动了全球产业体系的重构[②]，还促进了国际贸易形式的改变以及国际贸易的增长。[③]同时，产业链分工的生产模式还会引起国际市场竞

---

① 李兵，颜晓晨.中国与"一带一路"共建国家双边贸易的新比较优势：公共安全的视角[J].经济研究，2018，53(1)：183-197；张述存."一带一路"战略下优化中国对外直接投资布局的思路与对策[J].管理世界，2017(4)：1-9；李敬，陈旎，万广华，等."一带一路"沿线国家货物贸易的竞争互补关系及动态变化：基于网络分析方法[J].管理世界，2017(4)：10-19.

② GEREFFI G，HUMPHREY J，STURGEON T. The governance of global value chains[J]. Review of international political economy，2005，12(1)：78-104.

③ HUMMELS D，ISHII J，YI K M. The nature and growth of vertical specialization in world trade[J]. Journal of international economics，2001，54(1)：75-96；YI K M. Can vertical specialization explain the growth of world trade[J]. Journal of political economy，2003，111(1)：52-102；杨蕙馨，高新焱.中国制造业融入垂直专业化分工全球价值链研究述评[J].经济与管理评论，2019，35(1)：34-44.

争、生产组织方式、资源利用等方面的深刻变化，最终影响国家经济发展方式的转变方向与速度。

凭借对产品核心技术的掌握，发达经济体往往占据价值链的高端环节，并把价值链低端生产工序和环节转移到生产成本低、资源丰富的发展中国家，利用其市场势力摄取丰厚的利润。针对发展中国家的研究结论则存在较大分歧。有的研究认为参与产业链分工对发展中国家有利：一是发展中国家在融入全球生产分工的过程中，能够吸收链上的技术溢出并通过“干中学”渠道，促进技术进步和产业升级[①]；二是参与产业链分工使得技术水平较低的发展中国家能够凭借劳动力优势嵌入高技术产业，并在此过程中积累资金和技术优势、发展关联产业，这能为发展中国家攀升价值链高端提供便捷的路径[②]；三是参与产业链分工，有助于降低生产成本，形成规模经济，进而提高生产率和技术水平。[③]但也有研究认为目前全球价值链分工是由发达国家主导的，发展中国家容易陷入低端锁定的境地。一方面，嵌入产业链分工使发展中国家企业能够以较低成本进口高技术含量的中间品，致使其丧失自主研发的动力[④]；另一方面，当发展中国家企业嵌入GVC的中低端环节时，发达国家跨国公司会主动对其进行技术外溢和知识输出，以使其生产出符合自己标准要求的产品，但当发展中国家企业寻求攀升价值链高端环节的途径时，跨国公司通常会通过实施专利保护、提高进口产品质量标准等对其进行拦截，迫使其长期被“俘获”在中低端环节。[⑤]如Schmiz和Knorringa研究认为参与全球产业链分工的发展中国家难以进入到研发、设计、营销、品牌等高附加值环节。[⑥] Lall等学者指出，尽管参与全球产业链分工使得多数发展中国家高技术产品的出口量和份

---

① GROSSMAN G. HELPMAN E. Trade, knowledge spillover, and growth[J]. European economic review, 1991,35(4):517-526.

② 潘悦，杨镭.产业的全球化趋势与发展中国家的产业升级：兼论中国高新技术产业的外商投资与加工贸易发展[J].财贸经济，2002(10):44-49.

③ GOLDBERG P, KHANDELWAL A, PAVCNIK N, et al. Imported intermediate inputs and domestic product growth: evidence from India[J]. The quarterly journal of economics, 2010,125(4):1727-1767.

④ 吕越，陈帅，盛斌.嵌入全球价值链会导致中国制造的“低端锁定”吗？[J].管理世界，2018,34(8):11-29.

⑤ 刘志彪，张杰.全球代工体系下发展中国家俘获型网络的形成、突破与对策：基于GVC与NVC的比较视角[J].中国工业经济，2007(5):39-47.

⑥ SCHMIZ H, KNORRINGA P. Learning from global buyers[J]. Journal of development studies, 2000,37(2):177-205.

额迅速提高，但其出口的技术含量并未增加，国际分工地位没有发生本质性改变。①

中国改革开放以来，贸易的增长也和参与全球产业链分工密不可分。凭借着劳动力和资源优势，积极承接全球制造业转移，中国发展成为跨国公司的生产基地和世界级加工制造平台。垂直专业化的生产加工模式提高了中国制造业参与国际贸易的程度，极大地促进了中国出口的增长，且来自国外增加值贡献的中国制造业出口增长高于其他发展中国家。②从总体上看，参与全球产业链生产分工有利于发挥比较优势、降低生产成本并形成规模经济，进而提高生产率和技术水平，提升中国产业国际竞争力。然而，该结论也未得到一致的认识。比如，盛斌和马涛研究发现中国垂直专业化程度越高的工业行业，其国内技术含量反而越低。③沈国兵和于欢研究发现中国企业参与垂直分工对其技术创新产生了显著的抑制效应。④

近年来，新兴经济体和发展中国家迅速崛起，区域合作日益深化。同时，中美经贸争端和新冠疫情的暴发加剧了全球经济的不确定性，全球产业链的重构导向更加明显。在此背景下，构建崭新的利益共享的 GVC，是新兴经济体和发展中国家的诉求，“一带一路”倡议的提出为相关经济体实现可持续、可平衡和包容性增长提供了强劲动力，是对 GVC 规则体系的完善，有利于 GVC 的整体提升。随着“一带一路”倡议的持续推进，共建国家产业链供应链合作得到进一步加强，这能通过降低合作企业的成本、培育企业的核心能力并提升内部资源使用效率⑤、增加企业对环境变化的反应速度和应

① LALL S. The technological structure and performance of developing country manufactured exports[J]. Oxford development study，2000(3)：337-370；SRCHOLEC M. High tech exports from developing countries: a symptom of technology spurts or statistical illusion[J]. Review of world economics, 2007，143(2)：227-255.

② 文东伟，冼国明.中国制造业的垂直专业化与出口增长[J].经济学(季刊)，2010，9(2)：467-494.

③ 盛斌，马涛.中国工业部门垂直专业化与国内技术含量的关系研究[J].世界经济研究，2008(8)：61-67，89.

④ 沈国兵，于欢.中国企业参与垂直分工会促进其技术创新吗？[J].数量经济技术经济研究，2017，34(12)：76-92.

⑤ 徐婧，吴彬.垂直专业化分工与出口技术结构升级：机制与策略[J].理论学刊，2015(4)：54-60.

对能力[①]、优化订货和库存管理、改善交易和生产过程[②]等创造合作价值，实现合作企业的“多赢”，进而推进中国与“一带一路”共建国家产业链供应链的竞合。

(二)国家间产业链供应链竞合模式

国际投资和国际贸易作为产业链供应链竞合的重要模式，也是生产过程的资本、技术、资源流动和产出商品交换的重要渠道。对国际投资的资本输出国而言，资本输出既是企业获取东道国资源和市场的重要途径，也是生产方式的移植；对资本接收国来说，外资进入不但带来资本技术和管理，还是当地产业链供应链发展的主要驱动力。国际贸易不仅是产出后的商品国际输出交换的环节以及在此基础上的世界市场发展，更是投入过程中的要素国际流动，同时还是一国产业链供应链与他国衔接、融合的过程。

中国对“一带一路”共建国家的对外直接投资，已经从国有企业为主体，在基建、能源领域投资为主，转向民营企业为主体、在制造业和批发零售业投资为主。根据《2021年度中国对外直接投资统计公报》，2021年中国对“一带一路”共建国家的投资流量中，流向制造业和批发零售业的占比分别为39%和13.8%。中国企业在海外设立的境外经贸合作区中，位于“一带一路”共建国家的比重近半，国家级的20个海外产业园区都布局于“一带一路”共建国家，这不但带动了一大批中国企业“走出去”，还把中国成功模式推广到了“一带一路”共建国家。2021年，中国与“一带一路”共建国家的进出口贸易占比29.7%，在“一带一路”共建国家设立企业超1.1万家，约占中国境外企业总量的1/4；同时，来自“一带一路”共建国家的资源密集型产品进口是中国重要的上游供应来源。

---

① CHEN I J，PAULRAJ A. Understanding supply chain management：critical research and a theoretical framework[J]. International journal production research，2004，42(1)：131-163.

② CHATFIELD A，BJORN-ANDERSEN N. The impact of IOS-enabled business process change on business outcomes：transformation of the value chain of Japan airlines[J]. Journal of management information systems，1997，14(1)：13-40.

三、产业链供应链竞合指标测算思路

(一)测度方法

近年来随着国际贸易和全球价值链的深入发展，大量文献测度了垂直专业化分工程度，如 Feenstra 和 Hanson、Hummels 等分别以中间投入中来自进口的比重以及内嵌于出口品中的进口投入品的价值来衡量垂直专业化分工程度[①]；Johnson 和 Noguera 则利用投入产出表和双边贸易数据对出口中的国内增加值进行测度。[②]不难发现，这些测度方法着重于对产品国内外价值构成或贸易增加值进行分析，不能真正反映产业链长度和生产结构的复杂程度，也无法反映产业链的生产配套能力；同时，这些文献集中于探讨国际生产分工的融入程度，缺乏对一个产业部门国内生产配套和国际生产配套水平的探讨。

在产品工序化生产的背景下，Fally 首次提出了生产阶段数的概念，它是参与某产品生产序列的工厂的加权和[③]，其缺陷在于假设国外与国内生产阶段数相同。基于此，倪红福等利用全球投入产出表测算一个产业部门的生产阶段数，并将其划分为国内生产阶段数和国际生产阶段数两部分，一定程度上，分别与“国内外包”和“国际外包”对应。[④]生产阶段数越多，表明生产 1 单位该产品的最终需求需要更多其他产业部门的支撑。可见，生产阶段数既体现了一国产品生产结构复杂度和产业链关联程度，还体现了一国产品生产对

① FEENSTRA R C, HANSON G. Globalization, outsourcing, and wage inequality [J]. American economic review, 1996, 86(2): 240-245; HUMMELS D, ISHII J, YI K. M. The nature and growth of vertical specialization in world trade[J]. Journal of international economics, 2001, 54(1): 75-96.

② JOHNSON R C, NOGUERA G. Accounting for intermediates: production sharing and trade in value added[J]. Journal of international economics, 2012, 86(2): 224-236.

③ FALLY T. Production staging: measurement and facts [M]. University of Colorado Boulder, 2012.

④ 倪红福，龚六堂，夏杰长.生产分割的演进路径及其影响因素：基于生产阶段数的考察[J].管理世界，2016(4): 10-23, 187.

国内和国际产业部门的投入依赖，即其能够在一定程度上反映国内和国际的生产配套。据此，本文在一个框架内同时测算特定国家—产业部门的国内、国际生产阶段数来体现其国内、国际生产配套水平。计算过程如下：

$$PL_k^i = 1 + \sum_{j,t} a_{lk}^{ji} PL_l^j \tag{1}$$

其中，PL_k^i 表示 i 国 k 部门产品被生产出来之前的生产阶段数。a_{lk}^{ji} 表示生产 1 单位价值的 i 国 k 产品需要投入 j 国 l 部门 a_{lk}^{ji} 单位价值的产品。可将其表示为矩阵形式：

$$PL^{iT} = u^T L^{ii} + u^T(\sum_{j \neq i} L^{ii} A^{ij} B^{ji}) + u^T \sum_{j \neq i} B^{ji} \tag{2}$$

其中，$L^{ii} = (I - A^{ii})^{-1}$ 为局部 Leontief 逆矩阵，B 为 Leontief 逆矩形阵，A^{ii} 是国内投入系数的对角阵。第一项 $u^T L^{ii}$ 表示 i 国产品的生产不需进口国外的中间投入品，因而表示“国内生产阶段数”，本文记为 DPL；第二项 $u^T(\sum_{j \neq i} L^{ii} A^{ij} B^{ji})$ 和第三项 $u^T \sum_{j \neq i} B^{ji}$ 分别表示所有国外产品生产中对 i 国的中间投入需求而引起的生产阶段数以及 i 国生产的产品对国外产品的中间投入需求而引起的生产阶段数，均反映了中间产品国际贸易的影响机制，合称为“国际生产阶段数”，记为 FPL。

国际生产分割指数（$fplrat$）和国内生产分割指数（$dplrat$）分别表示为：

$$fplrat = FPL / PL \tag{3}$$

$$dplrat = DPL / PL \tag{4}$$

（二）数据来源

结合研究目标，本文以亚洲开发银行发布的多区域投入产出表 ADB-MRIO 测算中国、东南亚和南亚各个部门的国内和国际生产阶段数，其中东南亚包含越南、老挝、柬埔寨、泰国、马来西亚、新加坡、印度尼西亚、文莱和菲律宾，缅甸和东帝汶在 ADB-MRIO 没有单列统计，故而本文研究的东南亚地区不包含这两个国家；南亚包含尼泊尔、不丹、印度、巴基斯坦、孟加拉国、斯里兰卡和马尔代夫。本研究的时间跨度为 2010—2017 年，由于农业和服务业部门产业链较短，国家间差异性不明显，同时，制造业更精细的全球生产分工方式能够将各国经济更紧密地连接在一起，因此本文侧重研究制造业竞合。

四、中国与“一带一路”主要国家产业链供应链竞合基础

本文先将东南亚、南亚各自视为独立的整体，考察其产业链供应链发展状况；再细分国家和行业层面，与中国的产业链供应链发展作比较，探寻它们之间的竞合基础和空间。

(一)竞合的基础

表1列示了2010—2017年中国、东南亚、南亚以及世界平均水平的全球(*PL*)、国内(*DPL*)、国际生产阶段数(*FPL*)、国内生产分割指数(*dplrat*)的情况。对比中国、东南亚和南亚的产业链长度，可以发现四点突出特征：(1) *PL* 由高到低排名为中国、东南亚和南亚，其中南亚稍低于世界平均水平，东南亚稍高于世界平均水平，而中国远高于世界平均水平。这表明中国、东南亚和南亚的生产结构复杂度递减，中国的产业结构相对高度化。(2)*DPL* 排名与 *PL* 排名一致，其中东南亚和南亚与世界平均水平相当，而中国远高于世界平均水平。这说明中国生产1单位价值产品需要更多国内产业部门支撑，产业链国内关联度高，其次是东南亚、南亚。(3)*FPL* 由高到低排名为东南亚、南亚和中国，其中中国制造业 *FPL* 远低于世界平均水平。这主要是因为东南亚、南亚自主生产配套能力较差，依赖国际分工；且其有相对廉价的土地和劳动力、靠近原材料产地等优势，吸引不少外资企业进驻，带动了其进出口贸易的发展，延长了国际产业链条。其中，东南亚的 *FPL* 高于世界平均水平，而南亚的 *FPL* 低于世界平均水平，这可能是因为东南亚区域一体化比南亚地区成功，其国与国之间的出口大多是免税的，受惠于原产地原则，东南亚国家出口欧美市场的很多产品也是低税率或者零税率，凭借这些优势吸引外资进而国际产业链得以发展。(4)从相对值来看，三者的 *dplrat* 由高到低排名为中国、南亚和东南亚，中国保持在85%以上，远高于世界平均水平。这说明相比东南亚和南亚，中国产品的更多生产环节集中在国内，国内自主生产配套能力强，产业链发展较完备。

从变化趋势看，东南亚、南亚的波动较小，而中国的 *PL*、*DPL* 趋升，*FPL*

趋降,使得其 *dplrat* 也趋升。随着中国经济的快速发展,中国企业单位数大幅增加[①],使得国内产业分工日益深化,国内生产链延长,生产结构复杂度提高。而中国国际生产链变短,主要有三个原因:一是国内产业配套能力逐步增强,国内外包替代国际外包的能力增强,使得对国际生产分工的依赖性稍有减弱,生产链逐步向国内转移。二是近年来一般贸易在中国国际贸易中的比重不断上升,2008 年一般贸易比重开始超过加工贸易,且二者差距持续拉大,2017 年一般贸易占比 60.41%,加工贸易仅占 31.05%。相比加工贸易“两头在外”的特点,一般贸易则是将研发、设计、生产制造以及知识产权、品牌整条产业链集中于国内企业,易引发产业链国际关联度下降。三是发达国家“制造业回归”和中国制造业劳动力成本上升,周边东南亚、南亚国家加大吸引外资力度等压力的影响。

表 1　2010—2017 年中国、东南亚和南亚制造业产业链长度

地区	指标	2010	2011	2012	2013	2014	2015	2016	2017
世界	*PL*	2.53	2.56	2.54	2.55	2.54	2.57	2.55	2.54
	DPL	1.70	1.69	1.69	1.68	1.67	1.69	1.68	1.67
	FPL	0.83	0.87	0.85	0.87	0.87	0.88	0.87	0.87
	dplrat	67.19	66.02	66.54	65.88	65.75	65.76	65.88	65.75
中国	*PL*	3.27	3.31	3.35	3.43	3.41	3.40	3.43	3.46
	DPL	2.82	2.86	2.92	3.01	3.03	3.06	3.11	3.15
	FPL	0.45	0.46	0.43	0.42	0.38	0.33	0.32	0.32
	dplrat	86.24	86.40	87.16	87.76	88.86	90.00	90.67	91.04
东南亚	*PL*	2.69	2.62	2.61	2.64	2.64	2.63	2.62	2.61
	DPL	1.75	1.71	1.71	1.71	1.71	1.73	1.71	1.70
	FPL	0.93	0.91	0.90	0.93	0.93	0.91	0.91	0.91
	dplrat	65.06	65.27	65.52	64.77	64.77	65.78	65.27	65.13
南亚	*PL*	2.24	2.30	2.32	2.26	2.28	2.26	2.23	2.24
	DPL	1.66	1.67	1.71	1.68	1.64	1.64	1.65	1.66
	FPL	0.58	0.63	0.61	0.58	0.64	0.62	0.58	0.58
	dplrat	74.11	72.61	73.71	74.34	71.93	72.57	73.99	74.11

注:东南亚和南亚国内和国际生产阶段数指的是东南亚、南亚各国国内和国际生产阶段数的均值。

---

① “新中国成立 70 周年经济社会发展成就系列报告”显示,2012—2017 年,中国法人单位数量从 1061.7 万个增加到 2200.9 万个,年均增长 15.7%。其中,企业的占比从 59.7%增至 82.2%。

(二)竞合基础的国家异质性

1.东南亚国家产业链发展异质性

表2展示了2010—2017年东南亚各国制造业产业链发展情况：(1)依据*PL*，菲律宾、马来西亚、泰国、新加坡和越南多数年份在世界平均水平之上，其中越南与中国最为接近。(2)马来西亚、泰国、越南、菲律宾和印度尼西亚的*DPL*高于世界平均水平，其他国家低于世界平均水平。(3)从*FPL*看，各国均高于中国，新加坡、越南和柬埔寨在世界平均水平之上，新加坡和越南甚至超过1。(4)从*dplrat*来看，菲律宾、马来西亚、泰国和印度尼西亚在世界平均水平之上，相应地，柬埔寨、老挝、文莱、新加坡和越南的*fplrat*在世界平均水平之上。

马来西亚、菲律宾、泰国、越南和印度尼西亚五国的经济规模较大，除越南外的四国都曾是接棒“亚洲四小龙”制造业发展的“亚洲四小虎”，具备一定的产业基础沉淀，制度建设相对完备，国内产业配套相对完善，因而这些国家国内产业链条较长，国内生产分工率较高。需要特别说明的是，虽然越南制造业的产业链长度与中国接近，但与中国主要得益于国内产业链发展不同，越南国际产业链长度远高于世界平均水平。越南虽开放较晚，但其效仿中国推进改革开放，经济增长迈入快车道，且其地理位置优越、海洋运输十分便利、人口红利优势明显，因而承接了大量中国等地加工和低端制造业企业的转移，促进了其国际贸易的蓬勃发展，延长了国际产业链。除越南外，新加坡国际产业链也较长，这是因为新加坡是东南亚开放程度最大、投资较便捷的国家，其先进的制造业吸引了大批跨国公司投资，带动了国际贸易和国际产业链的发展。

表2　2010—2017年东南亚国家制造业产业链长度

国家	指标	2010	2013	2017
菲律宾	*PL*	2.61	2.63	2.67
	DPL	1.87	1.93	1.82
	FPL	0.74	0.70	0.85
	dplrat	71.65	73.38	68.16
柬埔寨	*PL*	2.39	2.39	2.40
	DPL	1.40	1.40	1.43
	FPL	0.99	0.99	0.96
	dplrat	58.58	58.58	59.58

续表

国家	指标	2010	2013	2017
文莱	*PL*	2.30	2.30	2.20
	DPL	1.51	1.50	1.47
	FPL	0.79	0.80	0.72
	dplrat	65.65	65.22	66.82
新加坡	*PL*	2.91	2.82	2.83
	DPL	1.48	1.41	1.50
	FPL	1.43	1.41	1.32
	dplrat	50.86	50.00	53.00
老挝	*PL*	2.33	2.19	2.02
	DPL	1.42	1.40	1.37
	FPL	0.91	0.80	0.65
	dplrat	60.94	63.93	67.82
马来西亚	*PL*	3.03	2.97	2.99
	DPL	2.12	2.09	2.09
	FPL	0.90	0.87	0.90
	dplrat	69.97	70.37	69.90
泰国	*PL*	3.01	2.82	2.77
	DPL	2.18	1.92	1.97
	FPL	0.83	0.90	0.80
	dplrat	72.43	68.09	71.12
印度尼西亚	*PL*	2.35	2.36	2.32
	DPL	1.77	1.71	1.75
	FPL	0.58	0.65	0.57
	dplrat	75.32	72.46	75.43
越南	*PL*	3.24	3.28	3.30
	DPL	2.03	1.99	1.92
	FPL	1.21	1.28	1.38
	dplrat	62.65	60.67	58.18

2.南亚国家产业链发展异质性

表3展示了2010—2017年南亚各国制造业产业链发展情况:(1)多数国

家 PL 位于世界平均水平之下，只有印度稍高于世界平均水平，但仍与中国差距甚远，比如，2017 年印度 PL 比中国低 0.87。(2)从 DPL 来看，巴基斯坦、孟加拉国和印度在世界平均水平之上，其中印度最高，其余国家均低于世界平均水平。(3)从 FPL 来看，除尼泊尔和斯里兰卡与世界平均水平接近外，其余均位于世界平均水平之下。(4)从 $dplrat$ 来看，巴基斯坦、孟加拉国、不丹和印度在世界平均水平之上，其中孟加拉国多数年份的 $dplrat$ 在 80%以上，巴基斯坦和印度在 2015—2017 年也开始超过 80%。

作为南亚的“超级大国”，印度的 GNP 占整个南亚约 75%，经济发展处于转型阶段，人口庞大，市场广阔，因而 PL 高于南亚其他国家。此外，包含印度、巴基斯坦和孟加拉国在内的三国在南亚诸国中 GDP 总量和人口总量较大，政治局势相对稳定，为其国内制造业的发展创造了良好的条件，促使其国内产业分工协作程度较高，这为中国企业投资建厂创造了良好的条件。相较东南亚而言，南亚开放程度较低，对国际贸易的依存度较低①，导致其 FPL 较低，但斯里兰卡和尼泊尔是例外。这主要是因为斯里兰卡教育制度较完善，工人质素较高，国民平均受教育年限为 10.6，这在所有亚洲发展中国家中属最高；同时，该国位于亚欧之间主要商贸路线的中央，便于与欧洲和中东各个市场联系；且其与印度、新加坡、巴基斯坦等国有免税协议。基于这些优势，斯里兰卡吸引一些发达经济体前来投资并与其免税国开展大量的进出口贸易，延长了其国际产业链。而尼泊尔作为南亚内陆国家，长期以来对外部经济，尤其对印度和中国经济的依赖度较高。

表 3　2010—2017 年南亚国家制造业产业链长度

国家	指标	2010	2013	2017
巴基斯坦	PL	2.29	2.32	2.22
	DPL	1.83	1.84	1.80
	FPL	0.46	0.48	0.42
	$dplrat$	79.91	79.31	81.08
不丹	PL	2.27	2.16	2.18
	DPL	1.58	1.60	1.55
	FPL	0.69	0.56	0.63
	$dplrat$	69.60	74.07	71.10

① 蓝建学.南亚地区局势及前景[J].亚非纵横，2010(2):7-11,21,59.

续表

国家	指标	2010	2013	2017
马尔代夫	*PL*	1.72	1.70	1.67
	DPL	1.24	1.30	1.23
	FPL	0.48	0.40	0.44
	dplrat	72.09	76.47	73.65
孟加拉国	*PL*	2.09	2.17	2.11
	DPL	1.75	1.68	1.79
	FPL	0.34	0.49	0.32
	dplrat	83.73	77.42	84.83
尼泊尔	*PL*	2.50	2.46	2.65
	DPL	1.66	1.66	1.76
	FPL	0.84	0.80	0.89
	dplrat	66.40	67.48	66.42
斯里兰卡	*PL*	2.14	2.40	2.28
	DPL	1.48	1.67	1.42
	FPL	0.66	0.73	0.86
	dplrat	69.16	69.58	62.28
印度	*PL*	2.68	2.63	2.59
	DPL	2.09	2.01	2.09
	FPL	0.59	0.62	0.51
	dplrat	77.99	76.43	80.69

(三)竞合基础的行业异质性

我们将制造业部门按照研发投入程度划分为低技术(LTI)、中技术(MTI)和高技术(HTI)制造业[①],并将中国、东南亚和南亚对应技术水平行业

① 低技术制造业包括7个部门:C3食品、饮料和烟草,C4纺织和纺织品,C5皮革和制鞋业,C6木材和软木制品,C7造纸和印刷业,C8焦炭、精炼石油和核燃料,以及C16其他制造业和回收。中技术制造业包括2个部门:C10橡胶和塑料,以及C11其他非金属矿物。高技术制造业则包括5个部门:C9化学品和化工产品、C12基本金属和金属制品、C13其他机械制造业、C14电气和光学设备,以及C15运输设备制造业。

2010—2017 年的生产阶段数均值统计如表 4 所示。表 4 体现了三个鲜明的特征：(1)无论中国、东南亚还是南亚地区，随着行业技术水平的上升，其 *FPL* 上升，*dplrat* 下降，换句话说，技术越高的行业对国际生产分工投入的依赖度越高。(2)从时间趋势看，无论在 LTI、MTI 还是 HTI 中，中国 *dplrat* 均趋增，而东南亚和南亚的 *dplrat* 总体变化较稳定。这说明随着中国自主创新和生产能力的提升以及国内产业链的不断发展完善，高技术产品生产对国际生产分工的依赖逐步减弱。可见，高技术制造业方面，中国的生产优势以及东南亚、南亚地区潜在的市场潜力，给中国相关出口企业创造了机遇。(3)差异化的产业优势是产业链相互促进的关键，从 *DPL* 看，中国的 *DPL* 从高到低排名是 HTI、MTI 和 LTI，而东南亚排名是 MTI、LTI 和 HTI，南亚排名是 LTI、MTI 和 HTI，可见，中国、东南亚和南亚各自在高技术、中技术和低技术制造业具有优势，即三者存在行业错位优势，具有良好的合作基础。高技术制造业往往是价值链的主导产业，中国可凭借其相对优势打造以中国为核心的“一带一路”大区域价值链。

表 4　2010—2017 年不同技术密集型制造业产业链长度

行业	指标	中国			东南亚			南亚		
		2010	2013	2017	2010	2013	2017	2010	2013	2017
LTI	*PL*	3.10	3.24	3.28	2.59	2.53	2.50	2.20	2.22	2.21
	DPL	2.74	2.91	3.02	1.77	1.73	1.72	1.69	1.74	1.73
	FPL	0.36	0.33	0.26	0.82	0.80	0.78	0.51	0.47	0.48
	dplrat	88.39	89.81	92.07	68.34	68.38	68.80	76.82	78.38	78.28
MTI	*PL*	3.30	3.45	3.48	2.75	2.75	2.74	2.20	2.20	2.20
	DPL	2.84	3.03	3.16	1.85	1.78	1.79	1.67	1.66	1.66
	FPL	0.47	0.42	0.32	0.90	0.97	0.95	0.53	0.54	0.54
	dplrat	86.06	87.83	90.80	67.27	64.73	65.33	75.91	75.45	75.45
HTI	*PL*	3.50	3.68	3.71	2.80	2.75	2.72	2.31	2.35	2.31
	DPL	2.94	3.13	3.31	1.69	1.64	1.64	1.61	1.60	1.58
	FPL	0.57	0.55	0.40	1.11	1.12	1.07	0.70	0.75	0.73
	dplrat	84.00	85.05	89.22	60.36	59.64	60.29	69.70	68.09	68.40

作为亚洲三大经济区(东亚、东南亚和南亚)的代表，中国、越南、印度这些经济增长明星形成一个梯队，不断推动着全球经济的增长。因此，本文选取这

三个国家在2010—2017年细分行业产业链长度均值作对比分析。根据表5，我们发现：(1)中国制造业部门的*DPL*大致符合在高技术行业中较高，而低技术行业较低的情况，而越南和印度许多中低技术制造业的*DPL*高于高技术制造业，形成了前文所述的行业错位优势。(2)越南各制造业的*FPL*和*fplrat*均高于印度，尤其越南的高技术制造业*FPL*普遍在1.5以上，这说明其发展严重依赖进口，这为中国相关出口企业提供了巨大机遇。(3)印度高技术制造业(C9～C15)的*DPL*均高于越南，表明在印度境内的厂商自主研发能力较强。这主要是因为印度政府一向推崇高科技型和资本密集型制造业的发展，制定一系列政策吸引高科技跨国公司到印度投资，如全球巨头通用电气、西门子、宏达电、东芝和波音公司等已在印度设立制造工厂，大力拉动其国内产业链供应链的发展。由此可见，中国高技术制造业也应重视开发与印度制造业的合作空间。

表5　2010—2017年中国、越南和印度细分制造业产业链长度

项目		低技术							中技术		高技术				
		C3	C4	C5	C6	C7	C8	C16	C10	C11	C9	C12	C13	C14	C15
中国	*PL*	2.87	3.39	3.53	3.25	3.29	3.23	2.84	3.60	3.21	3.48	3.56	3.55	3.79	3.76
	DPL	2.69	3.14	3.23	2.97	2.94	2.69	2.57	3.16	2.86	3.05	3.08	3.09	3.11	3.33
	FPL	0.18	0.25	0.31	0.28	0.35	0.54	0.27	0.43	0.35	0.43	0.48	0.46	0.68	0.43
	dplrat	93.62	92.57	91.34	91.40	89.27	83.29	90.59	88.01	88.95	87.78	86.42	87.07	82.04	88.65
越南	*PL*	3.40	3.04	2.86	3.49	3.29	3.43	3.31	3.39	2.75	3.21	3.41	3.26	3.49	3.52
	DPL	2.45	1.89	1.94	2.50	2.17	1.95	2.19	1.84	1.83	1.80	1.68	1.65	1.81	2.03
	FPL	0.94	1.15	0.92	0.99	1.12	1.48	1.12	1.56	0.92	1.41	1.73	1.61	1.68	1.50
	dplrat	72.27	62.15	67.97	71.74	65.99	56.89	66.14	54.13	66.52	56.02	49.33	50.68	51.79	57.52
印度	*PL*	2.51	2.57	2.61	2.02	2.68	2.63	2.75	2.93	2.41	2.81	2.68	2.71	2.77	2.90
	DPL	2.30	2.25	2.25	1.81	2.20	1.50	2.15	2.32	1.91	2.15	1.89	2.05	2.12	2.19
	FPL	0.21	0.32	0.36	0.20	0.48	1.13	0.60	0.61	0.51	0.66	0.79	0.66	0.66	0.71
	dplrat	91.70	87.48	86.27	89.95	82.05	57.06	78.05	79.09	79.02	76.51	70.57	75.54	76.37	75.44

五、中国与"一带一路"主要国家产业链供应链竞合发展

前文考察了竞合基础，本部分测度中国对东南亚和南亚各国产业链供应链的供给以及东南亚、南亚对中国产业链供应链的供给，以考察其竞合发展现状，挖掘尚存的竞合空间。

（一）中国对东南亚和南亚各国产业链供应链的供给

表6展示了2017年中国给东南亚各国的产业链供应链供给占各国境外获取的比重，类似地，本文也测度了中国给南亚各国的产业链供应链供给占各国境外获取的比重①，主要发现三点突出特征：(1)中国对东南亚的供给比重高于对南亚的，东南亚地区与中国的产业合作已经突破了一般贸易层次②，中国与东南亚区域广泛地开展分工合作形成了产业链，而中国与南亚的合作有待进一步加强。(2)东南亚国家中，老挝、柬埔寨和越南制造业的发展对中国的投入高度依赖，三个国家制造业境外获取的阶段数中，中国承担的比例分别在45%左右、30%以及25%～30%。南亚国家中，中国对巴基斯坦、斯里兰卡和尼泊尔生产环节承担比例较高，除一些低技术行业外，多数行业在20%以上。相比之下，印度作为南亚大国以及全球跨国投资的热土，对中国生产投入的依赖度较低，中国与其生产合作有待加强。(3)从具体行业看，东南亚和南亚对中国平均投入依赖度居于前五的行业均是低技术制造业C4以及高技术制造业C12～C15。其中，东南亚C4纺织业对中国中间投入的依赖度达31.6%，在所有制造业中居于首位，这主要由柬埔寨和老挝拉动；而南亚纺织业对中国中间投入的依赖度达17.6%，在所有制造业中居于第二位，这主要由斯里兰卡和印度拉动。实际上，中国是全球最大的纺织服装生产国，在产业链

① 囿于篇幅，未展示中国给南亚各国制造业的产业链供应链供给比重的测算结果，留存备索。

② 根据2016年的统计数据，在"一带一路"沿线，东南亚是中国最大的出口目的地，占中国全部出口总额的44.1%，占中国与"一带一路"沿线国家出口总额的47.8%。

配套、劳动力素质、产品质量等方面较东南亚、南亚等新兴国家依然有明显的优势。随着“一带一路”倡议的推进，东南亚和南亚成为纺织产业对外投资的重点区域。高技术制造业C12～C15主要涉及机电类行业。一方面，东南亚和南亚国家对高科技产业的重视度提高，设立了一些高科技工业园区，吸引外商投资；另一方面，其自主生产高科技产品的能力较差，对中国关键设备的进口依赖度较高。2017年，中国对“一带一路”国家出口的机电类商品占中国对“一带一路”国家出口额的比重达38.2%。

此外，本文测算2017年东亚的日韩以及欧美发达国家给东南亚、南亚各国的产业链供应链供给占各国境外获取的比重。[①]结果显示：(1)中国给东南亚、南亚其余国家产业链供应链供给要大于日韩及欧美，中国具备主导“一带一路”区域产业链的能力。(2)一些国家的高技术制造业对日韩欧美发达国家的投入依赖度高于对中国的投入依赖度。比如，东南亚国家文莱和新加坡的高技术制造业以及菲律宾、马来西亚、泰国的C9化工产品制造业来自欧美的投入最多；泰国的C12基本金属和金属制品业和C15运输设备制造业、印度尼西亚的C15运输设备制造业、越南的C13机械设备制造业和C14电气和光学设备制造业来自日韩的投入最多。南亚国家中，不丹、马尔代夫和印度的多数高技术制造业来自欧美的投入最多。

作为占全世界人口63%和占全球经济总量30%的消费和投资的重要区域，“一带一路”共建国家很早就吸引了大量的日韩欧美发达国家的企业进驻，这些国家在关键技术和品牌方面具有比较强的竞争力，如机械、汽车、摩托车、家电等行业。为了与日韩企业抢占这些行业的市场，中国一些企业采取打价格战策略，影响了产品质量与品牌影响力的提升。然而，尽管在“一带一路”共建国家一些高技术含量和品牌效应较大的产品上，中国企业的竞争实力与日韩欧美国家企业还有差距，但总体来看，中国企业产业链竞合的优势比较明显：其一，中国企业在产品生产和项目建设上的集成能力较强，拥有成本低、工期短的优势，可以快速整合资源、扩大订单规模；其二，中国是全球工业门类最齐全的国家，企业改造生产流水线和优化组合链条不同环节的能力较强，经营较灵活、高效；其三，即使是纺织、印染等这样的传统行业，中国企业输出的基本都是国内最先进的技术和设备，近年来，多数中国企业的产品质量趋于上升；其四，通过设立境外经贸合作区中国企业本土化程度不断深化，在“一带一

① 囿于篇幅，未展示日韩、欧美给南亚各国制造业的产业链供应链供给比重的测算结果，留存备索。

路”共建国家当地加工的比重增大，为当地创造就业岗位约30万个，在当地较大幅度地延伸产业链，促进了当地供应链的发展。

表6　2017年中国、日韩、欧美给东南亚各国制造业的产业链供应链供给比重

单位：%

地区（国家）		低技术							中技术		高技术				
		C3	C4	C5	C6	C7	C8	C16	C10	C11	C9	C12	C13	C14	C15
东南亚	中国	19.44	31.62	19.54	21.16	19.95	19.00	23.31	22.70	22.76	21.76	23.99	27.10	27.05	24.45
	日韩	7.11	12.31	8.95	9.23	11.43	6.06	11.88	9.44	8.92	8.43	15.06	14.27	14.47	17.87
	欧美	17.42	13.96	16.75	15.49	17.62	11.12	14.98	15.89	14.20	16.90	13.59	16.43	15.01	16.09
菲律宾	中国	14.92	30.74	33.54	15.35	15.32	9.34	22.48	16.06	12.35	15.02	10.04	17.27	21.30	21.44
	日韩	6.31	7.88	8.72	8.09	9.48	2.61	8.98	6.58	4.84	6.50	9.13	14.53	19.55	16.91
	欧美	25.40	15.69	15.30	17.72	19.70	11.19	15.77	22.17	15.63	21.57	11.98	14.81	15.26	15.43
柬埔寨	中国	25.12	47.47	0.00	26.84	31.32	29.17	38.92	38.32	36.05	32.18	38.30	51.69	31.52	39.94
	日韩	4.45	8.00	0.00	4.69	6.72	3.71	6.59	5.95	4.93	5.16	6.77	8.72	5.54	10.01
	欧美	8.39	4.67	0.00	8.11	8.77	5.65	7.52	7.93	7.49	8.36	6.91	8.31	6.98	7.44
老挝	中国	40.11	48.30	49.10	41.98	42.30	46.65	34.71	49.73	53.00	49.94	45.93	41.34	48.18	45.67
	日韩	5.80	6.71	6.66	5.41	5.32	4.01	6.88	3.90	4.89	3.92	6.57	5.93	6.62	6.86
	欧美	6.90	5.31	5.41	6.91	6.93	5.41	7.25	5.75	5.77	5.74	5.71	5.52	5.56	5.99
马来西亚	中国	17.98	25.58	27.19	12.47	11.69	14.66	16.90	16.15	19.13	16.00	21.93	23.54	26.08	19.88
	日韩	7.61	9.95	8.56	8.59	10.09	6.09	13.07	9.47	12.25	8.93	22.43	16.68	14.27	22.13
	欧美	19.97	16.97	15.49	18.95	20.69	12.86	17.59	19.05	19.37	18.92	17.31	17.38	17.41	17.99
泰国	中国	14.63	18.00	15.82	14.69	13.49	6.76	19.21	13.49	7.79	9.99	18.01	20.41	24.74	16.11
	日韩	9.95	10.06	12.09	12.30	12.43	3.87	12.73	10.91	5.32	7.35	25.77	15.49	16.09	24.09
	欧美	20.89	19.30	19.95	20.27	19.99	10.51	17.43	20.08	12.68	16.42	14.65	16.10	16.69	16.41
文莱	中国	8.70	14.62	11.45	13.92	14.43	14.88	13.14	12.91	12.83	15.12	13.23	12.71	12.68	13.00
	日韩	6.63	11.00	3.46	10.41	10.82	7.60	11.81	8.50	8.41	7.62	12.18	12.96	12.94	12.86
	欧美	18.25	21.30	5.09	25.67	26.71	24.13	24.55	24.04	23.76	24.28	25.42	25.38	25.37	25.31
新加坡	中国	10.37	36.41	0.00	19.75	13.62	9.01	16.04	11.22	16.66	10.94	19.84	17.88	25.10	16.61
	日韩	5.89	6.44	0.00	6.12	8.75	7.96	9.67	8.96	11.29	8.14	14.24	12.43	13.74	16.69
	欧美	27.37	26.26	70.12	18.82	25.61	11.26	23.02	20.26	22.19	33.02	22.20	32.20	24.38	36.26

续表

地区（国家）		低技术							中技术		高技术				
		C3	C4	C5	C6	C7	C8	C16	C10	C11	C9	C12	C13	C14	C15
印度尼西亚	中国	10.17	36.08	11.70	19.96	16.03	10.56	22.72	16.97	16.14	16.93	17.94	33.88	28.87	19.18
	日韩	5.86	21.12	14.37	13.15	11.78	6.54	15.56	11.39	11.26	10.18	14.88	15.53	16.00	23.65
	欧美	16.58	7.62	10.27	12.78	18.89	9.73	11.60	12.38	10.62	12.19	10.16	18.00	12.69	11.36
越南	中国	32.91	27.35	27.04	25.46	21.39	29.94	25.70	29.44	30.86	29.69	30.67	25.20	24.98	28.21
	日韩	11.54	29.63	26.67	14.29	27.49	12.18	21.67	19.26	17.04	18.11	23.54	26.18	25.50	27.66
	欧美	13.06	8.50	9.15	10.14	11.30	9.32	10.14	11.32	10.28	11.60	8.00	10.17	10.76	8.64

注：比重指的是中国、日韩、欧美给东南亚各国制造业产业链供应链供给占东南亚各国境外获取的比重。

（二）东南亚、南亚对中国产业链供应链的供给：与日韩、欧美供给的对比分析

通过观察 2017 年各区域给中国的产业链供应链比重，本文发现：(1)东南亚和南亚对中国产业链供应链的供给占比较低，且东南亚地区的供给大于南亚地区。在"一带一路"沿线，东南亚既是中国最大的出口目的地，也是最大的进口来源地。相较之下，南亚与中国产业链供应链合作还有较大开发空间。(2)东南亚、南亚对中国中低技术制造业生产环节的承担比例普遍高于高技术制造业，这与前文所述的错位优势有关。(3)中国各行业来自发达国家的境外获取比重普遍在 30％以上，远远高于东南亚、南亚地区，尤其在高技术行业，差距尤为明显。这主要是因为中国的贸易模式主要是大量进口发达国家核心技术、关键零部件，组装、加工后出口的"国际市场获取型"的单向贸易。在这种"重国际市场而轻国内市场"的发展模式下，2013 年中国 47.03％的本土出口企业出现国外市场销售大于国内销售的"市场倒挂"现象，且这些市场倒挂企业的国内销售均值和生产率均值仅为其他出口企业的 4.7％和 69.5％[①]，这与企业出口的"自我选择机制"形成鲜明反差。与此同时，这种模式的国际贸易不但会冲击发达国家最终消费需求，增加贸易单边保护和各类贸易政策的不确定性，也无法通过上下游关联效应促进发展中国家的国内供应链发展，从

① 易先忠，高凌云.融入全球产品内分工为何不应脱离本土需求[J].世界经济，2018，41(6)：53-76.

而无法进一步带动当地收入和市场需求的增长。可见,中国需着力发展市场共享型的双向贸易,为双循环的畅通奠定稳固的产业链基础。

六、推动中国与"一带一路"主要国家产业链供应链竞合的对策

东南亚和南亚是"一带一路"沿线的重点区域,本文测算发现:东南亚和南亚更依赖国际生产分工,而中国国内自主生产配套能力较强。同时,中国、东南亚和南亚分别在高技术、中技术和低技术制造业上存在错位优势,表明其具有良好的产业合作基础。从具体国别看,东南亚、南亚国内产业链发展较为完备的国家往往是一些经济规模较大的国家;东南亚的新加坡和越南,南亚的尼泊尔和斯里兰卡国际产业链较长,意味着其产业链供应链的发展对外部世界依赖程度较高,市场潜力较大。本研究还发现,中国在"一带一路"沿线重点国家产业链供应链中居于重要地位,具备主导"一带一路"区域产业链的能力。然而,相比东南亚,中国与南亚产业链供应链合作尚存较大开发空间,尤其是与南亚大国印度的生产分工有待加强。从具体行业看,东南亚、南亚低技术的纺织业和高技术制造业产业链供应链的发展对中国的依赖度较高,要继续推进比较优势产业"走出去"。但也要看到沿线包括印度和新加坡在内的国家高技术制造业更加依赖日韩欧美等发达国家的投入,且中国制造业包括高端制造业产业链供应链的发展对发达国家依赖度也较高。

"一带一路"产业链供应链合作发展模式为中国产业升级和价值链地位攀升提供了契机,也是实现国内国际双循环相互促进的关键,而对外直接投资和国际贸易是国际合作和产业链供应链竞合的重要模式,因此,中国需着力从这两方面入手,结合自身与"一带一路"主要国家产业链供应链竞合的基础和现状,继续推动"一带一路"区域产业链供应链高质量发展。这既能够带动共建国家工业化水平的提升和产业链的发展,也有助于建立中国国内和国际循环的内生关联,推动构建以产业链为纽带的国内国际双循环互促的新发展格局。

国际投资方面,中国、东南亚和南亚各自在高技术、中技术和低技术制造业国内生产配套能力上具有错位优势,中国应发挥在"一带一路"高端制造业中的生产优势,建立以其为核心的国际生产网络体系,形成"中国技术"与共建国家"资源＋劳动"新的禀赋优势互补。其一,转移部分生产环节和工序到共

建重点国家，以优化产业结构和重塑产业优势。其二，鼓励机械、运输、电力、通信等本土优势行业的相关技术和标准“走出去”，与共建国家形成技术互补的开放格局。同时，要加强中国与新加坡、印度等国的科技交流和技术合作，探索和建立“一带一路”技术合作联盟，构建密切和高度融合的“一带一路”内部技术合作网络。其三，加强共建国家产业链配套体系建设，进一步推进本土化经营战略。此外，研究表明日韩欧美等发达国家在中国乃至“一带一路”沿线重点国家的产业链供应链中占据重要地位，因此要加强重点龙头企业与日韩欧美等发达国家企业的合作，这有利于中国产业链供应链的安全稳定发展，形成以中国企业为主导的区域价值链。

国际贸易方面，其发展模式亟须从以市场获取为主导的单向贸易转向市场共享型的双向贸易，这既需要共建国家提升贸易条件和能力，也需要作为大国的中国开放市场以及调整进出口产品结构。对共建国家而言，除了开放承接更多的国际产业转移进而发展出口贸易，还需要着力提升自身的软硬件条件。对中国而言：首先，要立足于国内大市场优势，继续提升国内生产配套能力和技术水平，打造完善的产业链以做强内循环；其次，要鼓励建立“一带一路”双边或者多边区域性自由贸易区，消除贸易壁垒，以点带面，从线到片，逐步扩展到区域大合作，形成以中国为辐射点的“一带一路”国家自贸区，积极拓展中国与共建国家的市场潜力；最后，要结合共建国家和国内市场需求，有针对性地培育出口市场以及调整进口产品来源国与结构，着力挖掘新的进出口贸易增长。

"一带一路"中我国企业海外投资政治风险的邻国效应[*]

唐礼智　刘　玉

一、引言

在"一带一路"建设推动下,中国企业的海外直接投资(outward foreign direct investment,OFDI)正受到全世界广泛关注。统计数据显示,2014—2016年,中国对"一带一路"共建国家投资累计超过500亿美元,并在20多个共建国家建设56个经贸合作区,为有关国家创造近11亿美元税收和18万个就业岗位。然而,中国企业的海外投资并非一帆风顺,投资风险问题越发突出。通常来说,企业海外投资面临的风险大致可分为政治风险和非政治风险两类,其中,非政治风险又可细分为商业风险和法律风险,属于企业在一定程度上可预测、可控制的风险;相对而言,政治风险则属于企业比较难以预测、不可控制的风险,具有突发性、破坏性和全局性的特点,往往会给相关投资项目带来非常惨重甚至致命的后果。目前,许多"一带一路"共建国家,既受到外部大国博弈、邻国政治风险传导等影响,又深陷内部民族宗教冲突、权力交替频繁、社会治安恶化等多重问题叠加困扰,政治风险实质上已成为中国"一带一路"建设深入推进与中国企业"走出去"的最大风险。因此,加强海外投资政治风险防范与控制研究显得尤为迫切。

---

* 本文作者之一唐礼智系厦门大学国内合作办公室副主任、经济学院教授,于2022年5月6日在厦门大学一带一路研究院以本文内容为主题做"一带一路"系列学术讲座第52场,成果发表于《经济管理》2017年第11期。

二、文献综述

国际上关于国际投资中政治风险因素的研究最早可追溯到 20 世纪 80 年代。虽然理论分析普遍认为东道国政治风险对海外投资具有负面影响，但来自实证层面的研究却有着两种截然不同的结论。如 Al-Khouri & Khalik 通过对 16 个中东北非国家(MENA)的实证研究发现，政府结构的稳定性和军事冲突对吸引国外直接投资的影响最为显著①；Bekaert 等通过定义政治风险利差来研究政治风险利差对国外直接投资的影响，发现政治风险利差有 1%的减少时，将引起国外直接投资净流入 12%的提高。②不过，也有实证研究发现，政治风险指标并非总对外资流入具有负面作用，有些甚至能成为吸引其流入的“引力”。如 Egger & Winner 通过对 1995—1999 年 73 个样本国家的研究，发现腐败所带来的政治风险与跨国公司对外直接投资成正比，寻租行为使得腐败成为跨国公司可利用的“有利因素”，因此，东道国吸引了更多的外商直接投资。③ Méon&Sekkat 的研究则认为，当全球外商直接投资流量越大时，外商直接投资对于政治风险的敏感度越低，在世界范围内外商直接投资流量很大的年份，东道国的政治风险可以不予考虑，甚至会带来更大的外商直接投资流入。④总之，从实证层面来看，东道国政治风险对海外投资的影响仍然没有形成统一的结论，政治风险对跨国公司投资决策的影响具有不确定性。

相比之下，国内的学者对政治风险与对外直接投资之间关系的研究则起步较晚，前期多为一些简单的定性分析和描述，2010 年以后相关实证研究开始增多，其所得结论同样存在分歧。一些学者认为，中国企业的海外投资对政治风

---

① AL-KHOURI R，KHALIK M U A. Does political risk affect the flow of foreign direct investment into the Middle East North African region? [J]. Journal of global business and technology，2013，(2)：47-59.

② BEKAERT G，HARVEY C R，LUNDBLAD C T，et al. Political risk spreads [J]. Journal of international business studies，2014，(4)：471-493.

③ EGGER P，WINNER H. Evidence on corruption as an incentive for foreign direct investment[J]. European journal of political economy，2005，(4)：932-952.

④ MEON P G，SEKKAT K. FDI waves，waves of neglect of political risk[J]. World development，2012，40，(11)：2194-2205.

险的敏感性表现不强。钞鹏认为,中国企业对高政治风险并不敏感,主要原因在于作为海外投资主体的国有企业为了获取必需的资源而牺牲了一定的经济效益。① 张雨、戴翔的研究也认为,东道国的政治风险对中国企业"走出去"并未产生显著负面影响,并指出这一结果可能与中国企业"走出去"过程中对东道国政治风险意识不强、关注不够、认识不足有关。②而另外一些学者认为,政治因素对中国企业海外投资影响较为明显。如孟醒、董有德、崔鸽的研究均表明,两国之间的双边关系对中国的海外直接投资有着重要的影响③;方英、池建宇研究发现,中国的海外投资倾向于进入政治不稳定和建交时间较长的发展中国家市场④;刘泽照等通过对丝绸之路经济带的城市研究,发现"新丝绸之路"区域发展受历史、民族、宗教、文化等因素影响⑤;王晓芳、胡冰研究表明,中国与丝绸之路经济带沿线国家的金融合作有助于推进我国海外投资深化。⑥

之所以出现上述实证研究结论分歧的现象,主要归因于实证研究本身存在缺陷。具体表现在:一是缺乏理论依据,因而结论说服力差;二是研究对象只集中在东道国层面,缺乏对其他因素特别是第三国因素影响的分析;三是数据来源上,多数研究采用了中高收入国家数据,而忽略了政治风险突出的低收入国家。实证研究的分歧使得其未能对理论预期提供足够的支撑与说服力。针对以上的研究缺陷,本文力求能有所突破。

本文的创新之处在于:一是改变当前以经验研究、实证分析居多的局面,尝试建立揭示政治风险与对外直接投资内在联系的理论模型;二是改变当前研究仅局限于东道国政治风险单一视角,着重关注邻国政治风险对海外投资的作用机理;三是以中国对"一带一路"共建国家的投资作为实证分析对象,提升研究的实用性和针对性。

---

① 钞鹏.政治风险对中国企业对外投资影响的实证分析[J].云南民族大学学报(哲学社会科学版),2012,29(4):90-95.

② 张雨,戴翔.政治风险影响了我国企业"走出去"吗[J].国际经贸探索,2013,29(5):84-93.

③ 孟醒,董有德.社会政治风险与我国企业对外直接投资的区位选择[J].国际贸易问题,2015(4):106-115; 崔鸽.比较优势下深化中国与东盟各国贸易发展的路径分析[J].河南师范大学学报(哲学社会科学版),2016,43(6): 117-122.

④ 方英,池建宇.政治风险对中国对外直接投资意愿和规模的影响:基于实物期权和交易成本的视角[J].经济问题探索,2015(7):99-106.

⑤ 刘泽照,黄杰,陈名.丝绸之路经济带(中国段)节点城市空间差异及发展布局[J].重庆理工大学学报(社会科学版),2015,29(5):47-54,100.

⑥ 王晓芳,胡冰.丝绸之路经济带人民币国际化问题研究:基于金融合作下的货币选择与竞争博弈[J].河南师范大学学报(哲学社会科学版),2016,43(6):108-116.

三、理论模型

(一)消费者偏好

本文假设经济体中一个典型消费者具有式(1)的偏好：

$$V = U + PR \tag{1}$$

式中，U 是效用函数，PR 是该经济体的政治环境质量。同时，政治环境质量对该消费者的效用函数没有影响。本文采用 Dixit-Stiglitz 模型(1977)定义典型消费者的效用函数：

$$U = \left(\int_{\Omega} (x_i^c)^{(\sigma-1)/\sigma} d_i\right)^{\sigma/(\sigma-1)} \tag{2}$$

式中，x_i^c 表示一个典型消费者消费商品 i 的数量，Ω 表示经济体中所有消费品构成的商品集合；$\sigma > 1$ 表示两种不同商品之间的相互替代弹性。在这个经济体中，一个典型的消费者购买商品的约束为：

$$\int_{\Omega} (p_i x_i^c) d_i = I \tag{3}$$

式中，I 表示该消费者提供劳动之后赚取的可支配收入，p_i 表示购买的商品 i 的价格。那么，一个典型的消费者的效用最大化问题如式(4)所示：

$$\max U = \left(\int_{\Omega} (x_i^c)^{(\sigma-1)/\sigma} d_i\right)^{\sigma/(\sigma-1)} \quad s.t. \quad \int_{\Omega} (p_i x_i^c) d_i = I \tag{4}$$

由式(4)，本文可以求得该消费者对商品的需求量：

$$x_i^c = P^{\sigma-1} p_i^{-\sigma} I \tag{5}$$

式中，$P = \left(\int_{\Omega} p_i^{1-\sigma} d_i\right)^{1/(1-\sigma)}$ 为商品集合 Ω 的价格指数。假设该经济体中有 L 个具有相同偏好的消费者，则 L 个消费者对商品 i 的需求 x_i 为：

$$x_i = P^{\sigma-1} p_i^{-\sigma} (LI) \tag{6}$$

(二)政治风险生产函数

假设劳动力是唯一的生产要素，每个消费者提供一单位的劳动力。经济体中有许多不同生产规模的厂商，每个厂商仅生产一种产品，当一个厂商进入该经济体时,它必须支付一个相关的准入固定费用 $f_e(f_e \geqslant 0)$ 并选择一个生产力水平 $\varphi(\varphi > 0)$, φ 服从一个外生的函数分布且不随时间发生变化。

对于一个生产力水平为 φ 且规模报酬不变的厂商来说,可以通过投入一定的劳动力,如雇佣相应的公关人员或者增加安保人员来规避政治风险,也可以通过向保险公司投保来规避政治风险,所以,本文定义一个政治风险生产函数:

$$z_\varphi = f_\varphi^{\frac{1}{\alpha}}(b)(1-\theta_\varphi)^{\frac{1}{\alpha}} l_\varphi \tag{7}$$

式中,$f_\varphi^{\frac{1}{\alpha}}(b)$ 是厂商采取的政治风险防备策略的效果,满足凸性:$f_\varphi(\cdot) > 0$, $f'_\varphi(\cdot) < 0$, $f''_\varphi(\cdot) > 0$,即厂商采取政治风险防备策略的边际效用是递减的;$\alpha \in (0,1)$ 是厂商采取的政治风险防备策略的有效性;$\theta_\varphi \in (0,1)$ 是厂商投入到政治风险防备上的劳动力占雇佣的总劳动力 I_φ 的比例。可知,提高 α 和 θ_φ,厂商面对的政治风险 z_φ 将减小。

为简化起见,本文令 $f_\varphi(b) = \dfrac{1+m}{b_\varphi}$, $-1 \leqslant m \leqslant 1$, $b_\varphi > 0$。其中,b_φ 表示采取的政治风险防备策略的水平,b_φ 越高,厂商面临的政治风险 z_φ 越小。m 表示东道国周边国家政治风险的溢出效应,当 $-1 \leqslant m < 0$ 时,邻国政治风险对东道国具有负向的溢出效应,即邻国政治风险的增加使得东道国厂商面临的政治风险减弱;而当 $0 \leqslant m < 1$,邻国政治风险具有正向溢出效应,即邻国政治风险的增高会传染并激增东道国的政治风险,因此东道国厂商面临的政治风险增加。

同时,本文定义一个成本函数 $c_\varphi(b)$ 来描述采取政治风险防备策略的成本:

$$c_\varphi(b) = \beta \frac{b_\varphi}{1+m} \frac{x_\varphi}{\varphi} \tag{8}$$

式中,β 是不变的政治风险防备策略的边际成本。由式(8)可知,当厂商选定生产力水平 φ 和产出水平 x_φ 时,采取政治防备策略的成本 $c_\varphi(b)$ 和所采取的政治风险防备策略的水平 b_φ 线性相关,并且和周边国家的政治溢出效应 m 负相关。

(三)政治风险税

本文认为,面对经济体中不确定的政治环境,厂商的成本包括对其所面临的政治风险缴税部分,即政治风险税。首先,假设一个生产力水平为 φ 的厂商支付政治风险从量税 $\tau_\varphi z_\varphi$(税率 τ_φ 外生给定,包括了一系列衡量政治风险的因素,不同的厂商面临着不同的 τ_φ)。为了排除经济体采取例如双边贸易协定或者政治风险理赔制度导致厂商不采取政治风险防备策略或不投入政治风险防备劳动力的情形,本文假设政治风险税率 τ_φ 足够高,保证厂商采取额外的政治风险防备策略和投入一定的风险防备劳动力。其次，由于劳动力是唯一的生产要素，其中有 $\theta_\varphi l_\varphi$ 的劳动力投入到政治风险的防备中，仅有 $(1-\theta_\varphi)l_\varphi$ 的劳动力投入到产品的生产中。本文进一步假设厂商的生产函数为：

$$x_\varphi = \varphi(1-\theta_\varphi)l_\varphi \tag{9}$$

结合式(7)和式(9)，本文可以得到包含政治风险和劳动力的 Cobb-Douglas 联合生产函数：

$$x_\varphi = \frac{b_\varphi}{1+m}\varphi z_\varphi^\alpha l_\varphi^{1-\alpha} \tag{10}$$

由式(10)可知，除了劳动 l_φ 以外，政治风险 z_φ 也作为一种额外的要素投入到了生产过程中，并且产出受厂商的生产水平 φ 、采取的政治风险防备策略水平 b_φ 以及邻国对东道国的政治风险溢出效应 m 共同影响。在一个充分竞争的劳动市场上，生产水平为 φ 的厂商以工资率 w 雇佣劳动并以税率 τ_φ 支付政治风险税来生产产品。所以，厂商成本最小化问题为：

$$\min_{\{l,z\}}\{wl_\varphi + \tau_\varphi z_\varphi\} \quad s.t. \quad x_\varphi = \frac{b_\varphi}{1+m}\varphi z_\varphi^\alpha l_\varphi^{1-\alpha} \tag{11}$$

求解上述最优化问题，本文得到生产厂商生产商品所需雇佣的最优的劳动力数量 l_φ 和此时面临的政治风险 z_φ 为：

$$l_\varphi = \frac{(1+m)x_\varphi}{\varphi b_\varphi}\left(\frac{\alpha}{1-\alpha}\right)^{-\alpha}\left(\frac{w}{\tau_\varphi}\right)^{-\alpha} \tag{12}$$

$$z_\varphi = \frac{(1+m)x_\varphi}{\varphi b_\varphi}\left(\frac{\alpha}{1-\alpha}\right)^{1-\alpha}\left(\frac{w}{\tau_\varphi}\right)^{1-\alpha} \tag{13}$$

(四)厂商利润最大化

一个生产力水平为 φ 的厂商面对市场需求 x_φ 、政治风险税率 τ_φ 和工资率 w 时，有如下利润最大化问题：

$$\pi = \max_{\{p_\varphi, b_\varphi\}}\{p_\varphi x_\varphi - wl_\varphi - \tau_\varphi z_\varphi - c_\varphi - f_e\}$$

$$c_\varphi = \beta\frac{b_\varphi}{1+m}\frac{x_\varphi}{\varphi}$$

$$x_\varphi = P^{\sigma-1}p^{-\sigma}(LI)$$

$$s.t. \quad l_\varphi = \frac{(1+m)x_\varphi}{\varphi b_\varphi}\left(\frac{\alpha}{1-\alpha}\right)^{-\alpha}\left(\frac{w}{\tau_\varphi}\right)^{-\alpha}$$

$$z_\varphi = \frac{(1+m)x_\varphi}{\varphi b_\varphi}\left(\frac{\alpha}{1-\alpha}\right)^{1-\alpha}\left(\frac{w}{\tau_\varphi}\right)^{1-\alpha}$$

求解可得，生产力水平为 φ 的厂商采取的最优的政治风险防备策略水平 b_{φ}^{*} 和产品价格 p_{φ}^{*} 为：

$$b_{\varphi}^{*}=(1+m)\beta^{-\frac{1}{2}}\alpha^{-\frac{\alpha}{2}}(1-\alpha)^{-\frac{1-\alpha}{2}}\dot{w}^{\frac{1-\alpha}{2}}\tau_{\varphi}^{\frac{\alpha}{2}} \tag{14}$$

$$p_{\varphi}^{*}=\frac{\sigma}{\sigma-1}\frac{1+\beta}{\varphi}\frac{b_{\varphi}^{*}}{1+m} \tag{15}$$

当产品市场出清时，产品需求等于产品的供给，由式(6)可知，生产力水平为 φ 的厂商的产出为：

$$x_{\varphi}^{*}=P^{\sigma-1}\left(\frac{\sigma}{\sigma-1}\frac{1+\beta}{\varphi}\frac{b_{\varphi}^{*}}{1+m}\right)(LI) \tag{16}$$

结合式(8)、式(12)、式(13)、式(15)和式(16)，本文可以得到厂商的利润为：

$$\pi_{\varphi}^{*}=P^{\sigma-1}\sigma^{-\sigma}(\sigma-1)^{\sigma-1}\left(\frac{1+\beta}{\varphi}\frac{b_{\varphi}^{*}}{1+m}\right)^{1-\sigma}(LI)-f_{e} \tag{17}$$

当 $\pi_{\varphi}^{*}\geqslant 0$ 时，厂商才会进入经济体中从事生产活动；否则，厂商将退出该经济体。因此，本文可以得到的最大政治风险防备策略水平 $b_{\varphi}^{\max}$ 为：

$$b_{\varphi}^{\max}=(1+m)\frac{\varphi}{1+\beta}P\sigma^{-\frac{\sigma}{\sigma-1}}(\sigma-1)(LI)^{\frac{1}{\sigma-1}}f_{e}^{-\frac{\sigma}{\sigma-1}} \tag{18}$$

此时，厂商得到的利润为 0，面对的政治风险税率记为 $\tau_{\varphi}^{\max}$，当 $\tau_{\varphi}\leqslant\tau_{\varphi}^{\max}$ 时，生产厂商才会进入经济体中从事生产活动；否则，生产厂商将不进入或者退出该经济体。进一步分析式(18)可知，厂商最大的政治风险防备策略水平 $b_{\varphi}^{\max}$ 与邻国政治风险溢出效应 m 呈现正相关：邻国政治风险溢出效应 m 值越大时，厂商所采取政治风险防备策略水平越高，厂商的利润越低，因此，评估我国企业对外直接投资的政治风险必须考虑邻国政治风险的溢出效应。

四、实证分析

(一)变量选取与数据来源

为了全面量化评估中国对“一带一路”共建国家海外投资的政治风险，本文进行如下变量设置：

(1)被解释变量方面，考虑到存量数据可以体现投资规模，而对外投资流量因部分国家对中国进行反向投资导致数据为负，不便于建模分析，故选取对外直接投资存量进行分析。[①]

(2)核心解释变量方面，现有文献大多数是从某一个或几个方面为切入点来分析东道国的政治风险对我国对外直接投资的影响，如王海军，凌丹、张玉芳以政府稳定性作为东道国政治风险的度量[②]；张艳辉等以东道国内部冲突作为政治风险的测度[③]；王永钦等考察东道国外部冲突影响[④]；胡兵等研究东道国腐败对引资的影响[⑤]；刘亦乐、刘双芹，潘素昆、代丽分别引入宗教因素和种族因素[⑥]；陈培如等认为，东道国与母国建交情况是影响母国投资的重要制度因素。[⑦] 为了全面考察政治风险的影响，本文选取反映一国政治风险的八个指标作为解释变量，这八个指标分别是：政府稳定性、内部冲突、外部冲突、腐败水平、宗教紧张度、种族紧张度、法治水平和与中国建交时间。其中，政府稳定性、内部冲突、腐败水平、宗教紧张度、种族紧张度和法治水平反映了一国内部政治稳定情况，而外部冲突和建交时间则体现了一国在国际大环境中的政治影响和地位。进一步地，相关性检验表明，上述八个指标不存在相关性。

(3)控制变量方面，东道国经济发展水平越高[⑧]、科学技术水平越先进[⑨]、

---

① 韦军亮，陈漓高.政治风险对中国对外直接投资的影响：基于动态面板模型的实证研究[J].经济评论，2009(4)：106-113.

② 王海军.政治风险与中国企业对外直接投资：基于东道国与母国两个维度的实证分析[J].财贸研究，2012，23(1)：110-116；凌丹，张玉芳.政治风险和政治关系对“一带一路”沿线国家直接投资的影响研究[J].武汉理工大学学报(社会科学版)，2017，30(1)：6-14.

③ 张艳辉，杜念茹，李宗伟，等.国家政治风险对我国对外直接投资的影响研究：来自112个国家的经验证据[J].投资研究，2016，35(2)：19-30.

④ 王永钦，杜巨澜，王凯.中国对外直接投资区位选择的决定因素：制度、税负和资源禀赋[J].经济研究，2014，49(12)：126-142.

⑤ 胡兵，乔晶.中国对外直接投资的贸易效应：基于动态面板模型系统GMM方法[J].经济管理，2013，35(4)：11-19.

⑥ 刘亦乐，刘双芹.东道国政治风险对我国在亚洲国家对外直接投资的影响：基于区位选择分析视角[J].商业研究，2015(8)：102-107；潘素昆，代丽.政治风险对我国企业对外直接投资的影响研究[J].北方工业大学学报，2014，26(4)：9-15，8.

⑦ 陈培如，冼国明，马骆茹.制度环境与中国对外直接投资：基于扩展边际的分析视角[J].世界经济研究，2017(2)：50-61，136.

⑧ 张雨，戴翔.政治风险影响了我国企业“走出去”吗[J].国际经贸探索，2013，29(5)：84-93；项本武.东道国特征与中国对外直接投资的实证研究[J].数量经济技术经济研究，2009，26(7)：33-46.

⑨ 张吉鹏，衣长军.东道国技术禀赋与中国企业OFDI区位选择：文化距离的调节作用[J].工业技术经济，2014，33(4)：90-97.

贸易越开放[①],越能够吸引外资流入,并将外资中所包含的先进技术和管理经验有效地内化为自身所用,最终提高经济效益,因此,选取经济发展水平、技术水平和贸易开放度作为控制变量。此外,为了考察"一带一路"倡议提出的政策影响,本文设置虚拟变量 PV 加以分析。变量汇总如表 1 所示:

表 1　模型变量汇总表

变量类型	变量符号	变量含义	变量解释与计算方式	数据来源
被解释变量	*OFDI*	对外直接投资存量	中国对外直接投资年末数额(万元)	中国对外直接投资统计公报
解释变量	*Govs*	政府稳定性	在 0～12 之间取值,反映政府执行其政策的能力以及执政能力,取值越大,表明政府越稳定	ICRG
	Inter	内部冲突	在 0～12 之间取值,反映一国政治暴力的水平及其对统治的潜在影响,取值越大,表明内部冲突越小	ICRG
	Exter	外部冲突	在 0～12 之间取值,反映现任政府遭受到的来自国外的暴力或非暴力行为的压力,取值越大,表明外部冲突越小	ICRG
	Corr	腐败水平	在 0～6 之间取值,反映一个政治系统的腐败程度,取值越小,表明腐败越严重	ICRG
	Rel	宗教紧张度	在 0～6 之间取值,反映政府或社会被某一个宗教团体统治或者控制的程度,取值越大,表明宗教氛围越自由	ICRG
	Eth	种族紧张度	在 0～6 之间取值,反映一国由于种族、国别或者语言分割引致的紧张程度,取值越小,表明种族问题越严重	ICRG
	Law	法治	在 0～6 之间取值,反映一国法律系统的执行力和公众对法律的遵守情况,取值越大,表明法治情况越好	ICRG
	Edr	建交时间	一国与中国建交时间,反映了两国间政治联系紧密程度	中国外交部

① 张艳辉,杜念茹,李宗伟,等.国家政治风险对我国对外直接投资的影响研究:来自 112 个国家的经验证据[J].投资研究,2016,35(2):19-30;游士兵,徐涛.腐败、投资与经济增长:基于 1997—2013 年省级面板数据的分析[J].产经评论,2016,7(1):136-146.

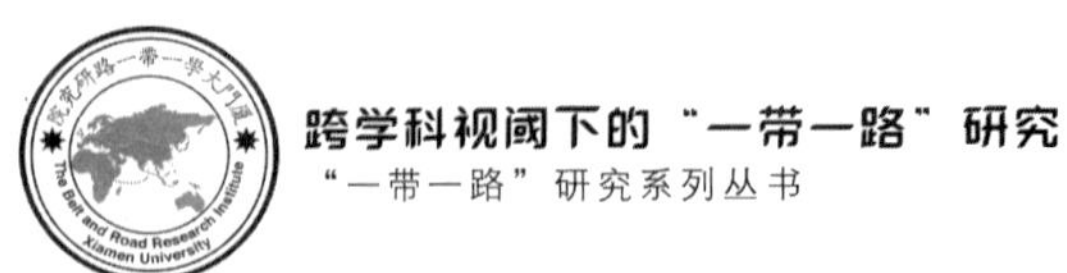

续表

变量类型	变量符号	变量含义	变量解释与计算方式	数据来源
控制变量	*GDP*	经济发展水平	国内生产总值,反映一国的经济规模	世界银行数据库
	Tech	科技水平	科技论文数目,反映一国的科学技术水平	世界银行数据库
	Open	开放度	进出口总额/GDP,反映一国的贸易发展水平	世界银行数据库
	PV	政策性变量	“一带一路”倡议于2013年被首次提出,故本文设置虚拟变量检验该倡议的提出对中国对外直接投资的影响效应,变量设置如下:PV在2013年以前取值0,2013年以后取值1	本文整理

注:文中所有名义变量均按照价格指数进行平减转换成实际变量,并且以2005年为基期;ICRG(international country risk guide)是美国PRS(Political Risk Services)集团发布的国际风险指南。

由于“一带一路”沿线许多国家存在政局动荡、内乱等问题,数据缺失较为严重,考虑到数据的可获得性、完整性以及中国海外投资的真实状况,本文选择也门、伊朗、卡塔尔、印度、印度尼西亚、哈萨克斯坦、土耳其、孟加拉国、巴基斯坦、新加坡、斯里兰卡、泰国、蒙古国、越南、马来西亚、菲律宾、沙特阿拉伯17个“一带一路”共建国家开展实证分析,同时,这17个国家也是中国目前在“一带一路”建设中投资额相对较大的热点地区。

(二)模型选择与估计

(1)模型的选择。Anselin提出,由空间溢出产生的空间效应促使空间计量经济学逐渐发展成为一个独立学科,但他未深入地研究空间的溢出效应机制[①];LeSage & Pace则认为,空间溢出效应应当作为空间计量经济学模型估计的核心内容之一,同时认为“空间溢出效应是指单个空间单元某个变量变化所导致的空间影响”,这是“区别空间计量经济学与许多空间统计模型的关

① ANSELIN L. Spatial econometrics: methods and models[M]. Kluwer academic publishers,1988.

键”[①];LeSage 提出,面对纷繁的空间计量模型,只有空间杜宾模型(spatial Durbin model,SDM)以及空间杜宾误差模型(spatial Durbin error model,SDEM)在实际应用中最具价值,并且 SDM 是唯一适合研究全局空间溢出效应的模型,因为 SDM 不仅包含因变量的空间滞后效应 ρWy ,能够反映源于空间相邻个体被解释变量 y 的全局溢出效应和空间相关性,而且包含自变量的空间滞后效应 $WX\theta$,能够刻画源于空间相邻个体解释变量 X 的空间影响。[②] 此外,随着空间面板模型的深入研究和发展,部分学者开始研究动态空间面板模型,通过引入被解释变量的滞后项 y_{t-1} 来刻画由于惯性或者部分调整所导致的个体行为取决于过去行为的特征,即时间滞后性。下面内容容易理解,中国对“一带一路”沿线各国对外直接投资存量的时间序列存在滞后效应,即本年的对外直接投资水平依赖于上一年的投资水平。一方面,由于对外直接投资存量的调整需要时间,本年的投资存量受到上年影响;另一方面,由于上一年的投资存量可以反映中国在东道国投资的经营经验和能力[③],进而可作为一种积极效应促进本年度的投资。

综上分析,为了研究“一带一路”沿线东道国政治风险及其邻国政治风险对中国投资的影响,同时兼顾对外直接投资的动态滞后性和空间相关性,建立一个动态空间杜宾面板模型(dynamic spatial Durbin panel model,DSDM)具有理论必要性和实际合理性。模型具体形式如式(19)所示:

$$y = \tau y_{-1} + \rho Wy + X_1\beta + X_2\gamma + WX_1\theta + \varepsilon \tag{19}$$

其中,面板数据先按时间排列 $(t = 1,\cdots,T)$,再按个体排列 $(i = 1,\cdots,N)$ 。式(19)中, $y = [y_1,\cdots,y_T]$,$(y_t = [y_{1t},\cdots,y_{Nt}])$ 表示被解释变量向量,本文指中国对“一带一路”共建国家 OFDI 存量; $\tau y_{-1}$$(y_{-1} = [y_0,\cdots,y_{T-1}])$表示滞后一期 OFDI 对本期 OFDI 的影响,用以刻画中国企业在海外的经营经验对本期 OFDI 的积极作用以及对外直接投资存量调整的时滞性。如果 $\tau > 0$,则表明上一期的投资存量对本期产生促进作用,中国在一国的投资经营经验有利于后续投资的进行; ρ 表示空间自相关系数,用来衡量邻国被解释变量 Wy 对东道国被解释变量 y 的影响,本文具体体现为我国对“一带一

① LESAGE J P,PACE R K. Introduction to spatial econometrics[M]. CRC Press,2009.

② LESAGE J P. What regional scientists need to know about spatial econometrics[J]. The review of regional studies,2014:18.

③ 韦军亮,陈漓高.政治风险对中国对外直接投资的影响:基于动态面板模型的实证研究[J].经济评论,2009(4):106-113.

路”共建国家 OFDI 的空间相关性。如果 $\rho>0$,则表明中国对“一带一路”沿线各国的投资在空间上呈现出正相关,即当中国对一国的相邻国家投资额较高时,相应地会促进中国对该国的投资,否则,$\rho<0$,表明空间负相关;$X_1=[X'_{11},\cdots,X'_{1T}]'$(其中,$X_{1t}=[X_{11t},\cdots,X_{1Nt}]'$,并且 X_{1it} 是 p 维向量)是所有解释变量集合,本文考察东道国政治风险对我国 OFDI 的影响,因此选取东道国政府稳定性、内部冲突、外部冲突、腐败水平、宗教紧张度、种族紧张度、法制和建交时间作为政治风险指标;X_2 是控制变量集合(定义类似于解释变量矩阵 X_1),代表那些除了政治风险因素以外影响一个区域吸引外资水平的因素,本文具体体现为东道国的经济发展水平、科技水平和贸易开放水平;除此以外,为了考察“一带一路”倡议对我国对“一带一路”沿线各国投资的影响,加入政策性虚拟变量进行分析;WX_1 表示邻国解释变量对东道国被解释变量 y 的影响,本文主要关心空间相邻国家的政治风险(政府稳定性、内部冲突、外部冲突、腐败水平、宗教紧张度、种族紧张度、法制和建交时间)对东道国吸引 OFDI 水平的影响,即政治风险的邻国效应。

(2)模型的估计。空间计量模型的估计涉及空间权重矩阵的选取、空间相关性检验和参数估计三个方面,具体步骤如下所示:

①空间权重矩阵选取。在空间计量经济模型中,空间权重矩阵的选取备受争议却又非常关键。一方面,空间权重矩阵是研究者根据所研究的问题主观、外生设定的,不同研究者对同一研究课题往往采用不同的空间权重矩阵;另一方面,空间相关性的存在性和空间模型的参数估计都依赖空间权重矩阵的选取,保持其他条件不变,选取不同的空间权重矩阵很可能导致变量的空间相关性检验结果不一致、模型参数估计结果大相径庭。因此,在估计空间计量模型之前,需要慎重地选取空间权重矩阵。

空间权重矩阵 $W=(w_{ij})_{N\times N}$ 是一个 N 阶方阵,元素 w_{ij} 用来测度空间个体之间相互影响的大小,通常考虑将研究对象之间的空间距离和邻接矩阵纳入到空间权重矩阵的设定中[①],即地理距离空间权重矩阵和邻接空间权重矩阵(Rook 邻接矩阵和 Queen 邻接矩阵)。不过,也有少数学者认为,根据区域空间相邻关系定义的空间权重矩阵仅能够部分反映空间溢出的衰减特征,空间溢出并不是仅由地理距离产生,如林光平等分别采用地理空间权重矩阵和

① ANSELIN L. Spatial econometrics: methods and models[M]. Kluwer academic publishers,1988.

经济空间权重矩阵对区域经济收敛性进行建模。① 当前,关于空间权重矩阵的选择并没有一致认可的客观方法,比较稳妥的做法就是根据所研究的实际问题全面考察空间个体之间可能存在的空间相关性形式,构建若干个空间权重矩阵进行比较分析,通过建立一定的评价标准从中选取较为合适的空间权重矩阵。

因此,为了保证研究的严谨性,反映"一带一路"沿线各个国家之间的地理空间和社会经济联系,减少由于空间权重矩阵选取主观性导致的参数估计偏差,本文分别构建贸易距离空间权重矩阵、地理距离空间权重矩阵和 Rook 邻接空间权重矩阵,进行空间相关性检验和空间模型参数估计,以变量空间相关性最强和模型估计的极大似然值最大为准则,选取最优的空间权重矩阵。在空间相关性检验和模型参数估计之前,本文首先给出三种空间权重矩阵的定义形式。其中,贸易距离反映两国之间贸易往来的密切程度,可以用两国之间贸易出口额与所考察样本各国相互之间贸易出口额总和之比表示,数值越大,表明两国贸易往来越频繁;地理距离用两国首都之间的距离的倒数表示,数值越大,表明两国地理距离越密切;Rook 邻接空间权重矩阵由 0 和 1 组成,反映空间单元的邻接关系。三种空间权重矩阵的具体计算公式如下:

贸易距离空间权重矩阵:

$$w_{ij}=\frac{trade_{ij}}{\sum_{j=1}^{N}trade_{ij}}$$

式中,N 是样本国家个数;$trade_{ij}$ 表示第 i 国向第 j 国出口的贸易额大小;$\sum_{j=1}^{N}trade_{ij}$ 表示第 i 国向所有"一带一路"共建国家出口的贸易额之和。

地理距离空间权重矩阵:

$$w_{ij}=\frac{1}{d_{ij}}$$

式中,d_{ij} 表示 i 国与 j 国首都之间的地理距离。

Rook 空间权重矩阵:

$$w_{ij}=\begin{cases}1 & \text{当 i 国与 j 国相邻}\\0 & \text{当 i 国和 j 国不相邻}\end{cases}$$

并且设定上述三种空间权重矩阵在 $i=j$ 时均满足 $w_{ij}=0$,即自身与自身不存在空间相关性。

① 林光平,龙志和,吴梅.我国地区经济收敛的空间计量实证分析:1978—2002 年[J].经济学(季刊),2005(S1):67-82.

②空间相关性检验。空间相关性的存在是建立空间计量模型的前提，在给定空间权重矩阵的条件下，本文需要检验空间相关性是否显著。一般情况下，当不同的观察对象同一个属性在空间中有某种规律可循时，可以借助全局空间自相关描述这种整体的关联情况和显著性，最常用的空间计量方法是 Moran 检验。

$$\text{Moran } I=\frac{N\sum_{i=1}^{N}\sum_{j=1}^{N}w_{ij}(y_i-\bar{y})(y_j-\bar{y})}{\sum_{i=1}^{N}\sum_{j=1}^{N}w_{ij}\sum_{i=1}^{N}(y_i-\bar{y})^2} \tag{20}$$

如式(20)所示，$\bar{y}=\sum_{i=1}^{N}y_i/N$，Moran I 指数取值范围是$[-1,1]$，当 Moran I 指数大于零并且越接近 1 时，空间单元的某个变量特征 y 存在正相关性，即在空间中相似特征的观测值 y 趋于集聚（高值与高值、低值与低值相聚集）；当 Moran I 指数小于零并且越接近-1时，空间单元的某个变量特征 y 存在负相关性，即在空间中相似特征的观测值 y 趋于分散（高值与低值、低值与高值相聚集）；当 Moran I 指数接近于 0 时，表明空间单元之间不存在任何形式的相关性，分布具有随机性。Moran I 指数的绝对值越大，空间单元的相关程度（正相关或者负相关）越高。为了检验空间相关性的强弱和存在性，构建 Z 检验统计量：$Z=\frac{I-E(I)}{\sqrt{Var(I)}}$。在大样本情形下，检验统计量 Z 渐近服从标准正态分布，当 $|Z|>1.96$ 时，表明 Moran I 指数在显著性水平 5%下拒绝原假设，即认为存在显著的空间相关性。$E(I)$ 是 Moran I 指数的期望，$Var(I)$ 是 Moran I 指数的方差，计算公式如下：

$$E(I)=-\frac{1}{N-1}$$

$$Var(I)=\frac{N^2w_1-Nw_2+3w_0^2}{w_0^2(N^2-1)}-(E(I))^2$$

式中，$w_0=\sum_{i=1}^{N}\sum_{j=1}^{N}w_{ij}$ 是空间权重矩阵 W 的所有元素之和，$w_1=\frac{1}{2}\sum_{i=1}^{N}\sum_{j=1}^{N}(w_{ij}+w_{ji})^2$，$w_2=\sum_{i=1}^{N}(w_{.i}+w_{i.})^2$，$w_{i.}$ 和 $w_{.i}$ 分别表示空间权重矩阵的第 i 行和第 i 列的元素之和。

但是，上述空间相关性检验只适用于截面数据，对同时包含时间维度和截面维度的面板数据而言，目前可借鉴何江、张馨之的做法进行假设性检验。① 具体思路如下：首先采用分块矩阵法将原始的 N 阶空间权重矩阵 W 扩展为 NT 阶矩阵 C ，其中，$C = I_T \otimes W$（$\otimes$ 表示 Kronecker 乘积，I_T 表示 T 阶单位矩阵），然后按照截面 Moran 检验 Z 统计量的构造原理计算面板情形下的 Z 检验统计量，进行面板空间相关性检验，最终实现截面数据 Moran 检验向面板数据 Moran 检验的推广。针对(1)中所构建的三种空间权重矩阵，本文依次得出相对应的面板空间权重矩阵 C ，如下所示：

$$C = \begin{pmatrix} W_{2003} & 0 & \cdots & 0 \\ 0 & W_{2004} & \cdots & 0 \\ \vdots & \vdots & \ddots & \vdots \\ 0 & 0 & \cdots & W_{2015} \end{pmatrix}$$

其中，W_{2003}、$W_{2004} \sim W_{2015}$ 分别对应每一年中 N 个所考察样本国家的空间权重矩阵，依据各种空间权重的定义易知：对于贸易距离空间权重矩阵而言，由于不同时期各国之间出口贸易活动的频繁程度不同，导致每一年的贸易距离矩阵可能不相同，即 $W_{2003} \neq \cdots, \neq W_{2015}$ 。而对于地理距离空间权重矩阵和 Rook 邻接空间权重矩阵而言，因各国首都之间的地理位置和各国之间的邻接关系相对稳定，一般不会随着时间的推移发生改变，因而地理空间权重矩阵和 Rook 空间权重矩阵满足 $W_{2003} = W_{2004} = \cdots = W_{2015}$ ，即各年的空间权重矩阵相同。

综合上述分析，分别在贸易距离空间权重矩阵、地理距离空间权重矩阵和 Rook 邻接空间权重矩阵设定下，对"一带一路"沿线各个国家吸引中国对外直接投资存量数据进行截面空间 Moran 检验和面板空间 Moran 检验。检验结果显示，Rook 邻接空间权重矩阵是三种空间权重矩阵中最优的：不论是 OFDI 的截面 Moran 检验还是面板 Moran 检验均表现出较强的空间正相关性，因此，本文给出 Rook 邻接空间权重下的 Moran 检验结果，如表 2 和表 3 所示。

由表 2 可知，2003 年、2004 年和 2011 年 Z 统计量显著大于 0（分别在 5%、5%和 10%的显著性水平下显著），表明所考察"一带一路"共建国家 OFDI 存在显著的空间正相关性，其余年份均存在弱空间正相关性。

① 何江，张馨之.中国区域经济增长及其收敛性：空间面板数据分析[J].南方经济，2006(5):44-52.

表 2　截面数据空间 Moran 检验

年份	Moran 指数	Z 值	年份	Moran 指数	Z 值
2003	0.5159	2.2333**	2010	0.3659	1.3344
2004	0.5005	2.1739**	2011	0.3104	1.6504*
2005	0.2520	1.2145	2012	0.3099	1.4399
2006	0.1064	0.6524	2013	0.2534	1.4381
2007	0.2742	1.1270	2014	0.2302	1.2199
2008	0.3410	1.3001	2015	0.1164	0.6910
2009	0.2831	1.5580	—	—	—

注：*、**、*** 分别表示在显著性 10%、5%、1%下显著。

总体而言，2003—2015 年 17 个沿线国家 OFDI 的 Moran 指数处于波动之中，但均大于 0，即存在一定程度的空间正相关性，如图 1 所示。

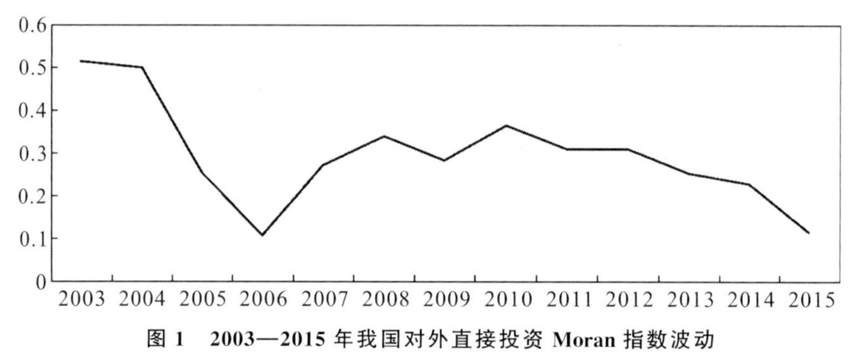

图 1　2003—2015 年我国对外直接投资 Moran 指数波动

由表 3 可知，面板 OFDI 数据通过了 1%的显著性检验，即总体而言，中国对“一带一路”沿线各个国家投资规模在空间中表现出明显的高值与高值或者低值与低值集聚的特征，对外直接投资存量存在显著的空间正相关性。

表 3　面板数据空间 Moran 检验

变量	Moran 指数	Z 值
OFDI	0.6660	8.8331***

注：*、**、*** 分别表示在显著性 10%、5%、1%下显著。

③实证模型建立与参数估计。当对外直接投资存量数据满足①和②时,即表明中国对"一带一路"沿线各国的对外直接投资通过了空间相关性检验,总体呈现出较强的空间相关性,因而实证模型中引入对外直接投资存量的空间相关性和政治风险的邻国效应具有合理性和必要性。进一步地,考虑对外直接投资存量的时间滞后性,本文建立 2003—2015 年中国对"一带一路"沿线 17 个国家海外投资政治风险研究的动态空间杜宾面板模型(DSDM),如下所示:

$$\begin{aligned}\ln OFDI = {} & \rho C\ln OFDI + \tau\ln OFDI_{-1} + (\ln Govs, \ln Inter, \ln Exter, \\ & \ln Corr, \ln Rel, \ln Eth, \ln Law, \ln Edr)\beta + (\ln GDP, \ln Open, \\ & \ln Tech, PV)\gamma + C(\ln Govs, \ln Inter, \ln Exter, \ln Corr, \ln Rel, \\ & \ln Eth, \ln Law, \ln Edr)\theta + \alpha + \varepsilon \qquad (21)\end{aligned}$$

式(21)中,C 代表 NT 阶面板空间权重矩阵,与(2)中定义一致。首先,中国对"一带一路"共建国家的对外直接投资存量 OFDI 具有空间相关性,如果参数 $\rho > 0$ 显著成立,则表明当与一国相邻的国家吸收中国对外投资越多时,该国受其邻国正向促进作用的影响也会吸引中国更大规模的投资。其次,中国对东道国的投资规模不仅受制于该东道国自身的政治风险水平,而且还受到其邻国政治风险水平的影响,如果参数 θ 显著不为零,则表明邻国的政治风险确实对该国的政治风险产生了溢出效应(正向或者负向),进而促进或者抑制中国对该东道国的投资规模。再次,东道国的经济发展水平、技术水平、贸易开放程度以及滞后期 OFDI 存量也是决定该国吸引外资规模的重要因素,应该加以控制。最后,本文加入个体效应 α 来控制不同国家的个体差异性,ε 表示不可观测的扰动项因素。

下面对式(21)进行参数估计。动态空间面板模型(21)存在一定的内生性问题,主要原因在于因变量的时间滞后项 $\ln OFDI_{-1}$ 和因变量的空间滞后项 $W\ln OFDI$ 作为解释变量同时出现在方程右边。其中,因变量的时间滞后项 $\ln OFDI_{-1}$ 体现了模型的动态性,因变量的空间滞后项 $W\ln OFDI$ 体现了模型的空间相关性,两者共同组成了时空动态面板模型的关键要素。并且个体效应 α 既可能是固定效应,亦可能是随机效应,当 α 与扰动项相关时,本文称之为固定效应模型;当 α 与扰动项相互独立时,本文称之为随机效应模型。

在一定条件下,式(21)可以转化为两类常见模型。第一类是动态非空间面板模型:$\tau \neq 0, \rho = 0, \theta = 0$;第二类是空间非动态面板模型:$\tau = 0, \rho \neq 0, \theta \neq 0$。不论动态非空间面板模型还是空间非动态面板模型,都包含固定效应和随机效应两种设定。对于空间非动态固定效应模型而言,可采用组内离差变换消除固定效应,然后进行极大似然 ML 估计;对于空间非动态随机效应模型,可采用广义离差变换然后进行 ML 估计。总之,极大似然估计是估计静态空间计量模型最常用的方法。对于动态非空间面板模型,常用的估计方法是广义矩估计 GMM。相比之下,式(21)是形式更为一般的时空动态模型。由于动态滞后项的存在使得常用的极大似然估计方法产生偏误,目前文献采用较多的是偏误修正的极大似然估计 ML 或者拟极大似然估计 QML,如 Elhorst、Yu 等对固定效应动态空间面板模型进行研究,首先消除固定效应,然后构建了极大似然或者拟极大似然估计量①;Su&Yang 对随机效应动态面板模型构建了拟极大似然估计量。② 因此,本文根据已有研究,借助 Stata 面板空间计量模型程序包,估计包含被解释变量动态滞后项的空间杜宾面板模型,并通过 Hausman 检验在固定效应和随机效应之间进行选择。为了进一步确定合适的空间权重矩阵,本文依次选取贸易距离空间权重矩阵、地理距离空间权重矩阵和 Rook 邻接空间权重矩阵对式(21)进行估计,按照似然值最大准则选取最优的空间权重矩阵并估计相应空间权重矩阵下的模型参数。

通过计算,Hausman 检验表明个体固定效应是合适的模型,并且 Rook 邻接矩阵参数估计效果最佳、模型的极大似然值最大,再次证实了前文中选取 Rook 邻接空间权重矩阵的结论。之所以 Rook 邻接空间权重矩阵是最合适的选择,本文认为,是因为政治风险的邻国效应是研究关注的重点,也即从各国的空间地理位置分析,是否地理相邻的国家能够产生政治风险的溢出效应,故 Rook 邻接矩阵应该是空间位置关系最直接的反映。至于贸易距离空间权重矩阵,因其在一定程度上反映的是两国之间的贸易往来情况,很大程度上易受两国贸易开放政策的影响,可能出现某两个国家之间地理位置并不相邻但是贸易活动却相当频繁的情形,一定程度上造成了政治风险邻国效应分析的扭曲。而以首都之间距离构建的地理距离空间权重矩阵则具有片面性,很可能存在一个国家有两个邻接国家,但是该国与这两个邻国首都之间的距离受到国土面积的影响而差异很大,进而导致空间权重矩阵不能客观反映两个国

---

① ELHORST J P. Unconditional maximum likelihood estimation of linear and Log-Linear dynamic models for spatial panels[J]. Geographical analysis,2005,(1):85-106; YU J H,JONG R D, LEE L F. Quasi-maximum likelihood estimators for spatial dynamic panel data with fixed effects when both n and Tare large[J]. Journal of econometrics, 2008(1): 118-134.

② SU L J,YANG Z L. QML estimation of dynamic panel data models with spatial errors[J]. Journal of econometrics, 2015(1):230-258.

家之间的邻接关系。综上分析,本文仅给出 Rook 邻接空间权重矩阵的参数估计结果,如表 4 所示:

表 4　模型参数估计表

变量	估计值	变量	估计值
ln$OFDI_{-1}$	0.5957***	Wln$OFDI$	0.0854***
ln$Corr$	−0.3398*	Wln$Corr$	0.7610***
ln$Inter$	−0.3654	Wln$Inter$	0.3885
ln$Exter$	−0.0136	Wln$Exter$	0.2241
ln$Govs$	−0.0138	Wln$Govs$	−0.4113*
lnRel	0.0937	WlnRel	1.4467***
lnEdr	0.2704	WlnEdr	−2.4036***
lnLaw	0.3339	WlnLaw	−1.5620***
lnEth	−0.0789	WlnEth	−0.4733*
lnGDP	1.1659***	WlnGDP	−0.8040
ln$Open$	−0.1695	Wln$Open$	0.0313
ln$Tech$	0.1192	Wln$Tech$	0.6607***
PV	0.0941	*Logliklihood*	−78.0040

注:*、**、*** 分别表示在显著性 10%、5%、1%下显著。

(三)结果与分析

由表 4 可知,就东道国而言,东道国的经济规模(lnGDP)是影响中国海外投资的最显著因素,即经济发展实力越强的国家越能吸引中国对其投资,这一点与项本武,张雨、戴翔的研究结论相似①,因为东道国的国内生产总值 GDP 不仅反映了其经济规模大小,而且体现人口的总体规模,是东道国购买力的重要体现。值得一提的是,在政治风险指标体系中,除腐败程度外,其他

① 项本武.东道国特征与中国对外直接投资的实证研究[J].数量经济技术经济研究,2009,26(7):33-46;张雨,戴翔.政治风险影响了我国企业“走出去”吗[J].国际经贸探索,2013,29(5):84-93.

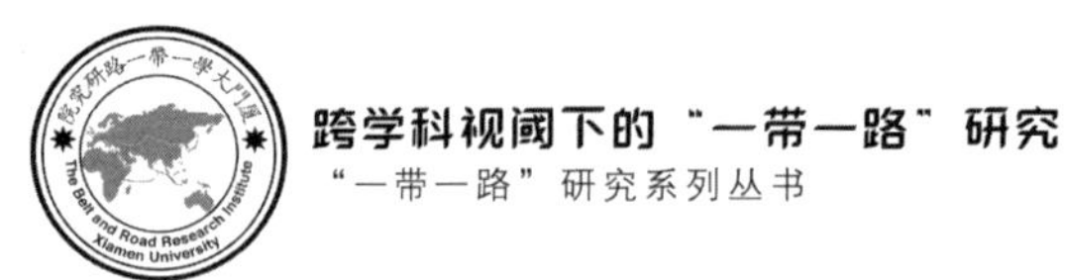

各项均没有通过显著性检验。其中，东道国的腐败程度（ln*Corr*）前的系数为负，并且是在10%的显著性水平下显著，表示东道国腐败程度增加（*Corr* 数值越高代表政府越清廉）反而会促进中国的对外投资，这在一定程度上支持了所谓“腐败有效论”的观点，再联系到中国海外投资的实践，本文认为，鉴于“一带一路”倡议地区不少是经济发展水平较低、腐败程度高的国家，腐败在某种程度上可以提高所在国政府行政效率，减少投资阻力。而本文课题组在2014—2016年对东南亚、南亚34家中资机构实地调研时也发现，我国海外企业普遍存在一种矛盾心态，即一方面希望东道国腐败能得到强有力控制，使企业在规范的环境中得到发展；另一方面，一旦东道国存在寻租可能性时又往往会积极争取。

毋庸置疑，国家内部政治风险对外资的投资决策和经济发展的影响具有非常重要的作用，各国政治势力和人民也都希望并致力于推动内部政治稳定。然而，在地区一体化组织当道的今天，如在“一带一路”沿线就存在东盟、欧盟、阿拉伯国家联盟、独联体联盟、南亚国家联盟等各类区域性组织，区域内部一国政治风险往往通过各种制度性或非制度性的一体化安排迅速传导蔓延到邻国，严重影响邻国的政治稳定性。相比于国家内部政治风险，这类外部性政治风险具有不可预测性、快速传染性和重大危害性等显著特点，应更加受到关注。例如，2016年英国退欧的“黑天鹅”事件，使得意大利、法国和德国的政治稳定接连遭遇民粹主义势力的强劲挑战，对欧洲政治经济稳定形成难以估量的创伤；2010年发生在突尼斯的“阿拉伯之春运动”，迅速激发了阿尔及利亚、埃及、利比亚、叙利亚等邻近各国内部的抗议活动，相继出现埃及革命、利比亚战争、也门起义、巴林示威、叙利亚内战等标志性政治事件，席卷整个阿拉伯世界。本文的实证结果也证明了这种政治风险邻国溢出效应的显著性。由表4可知，考虑到邻国空间溢出效应的作用，不少政治风险指标通过显著性水平检验。其中，邻国的腐败程度（WlnCorr）控制、内部冲突（WlnInter）减弱、外部冲突（WlnExter）缓和以及宗教氛围（WlnRel）自由，都会对东道国产生正向的溢出效应，致使东道国政治风险相应降低，进而能促进中国企业增加对东道国的投资。但是，需要说明的是，内部冲突和外部冲突是不显著的；而邻国的政局稳定性（WlnGovs）较高、法制水平（WlnLaw）健全、与东道国建交时间（WlnEdr）长期稳定以及种族冲突（WlnEth）缓和，则对东道国产生了显著的负向溢出效应，此时，邻国相对于东道国具有更低的政治风险，吸引更多中国企业到邻国投资，相应地减少对东道国的投资规模。需要指出的是，邻国腐败控制（WlnCorr）与东道国吸引中国投资存在正相关关系，这和 Egger&Winner

的研究结果相似，即当其他国家行政管制较为严格、政府对市场的干预活动力度较大时，寻租行为的存在，使得东道国“腐败”可能成为跨国公司可利用的“有利因素”，从而成为吸引资本流入的一种“优势因素”。[①] 这实质上也同时验证了前面的研究结果，即东道国的腐败水平控制反而会抑制中国对其进行投资的结论。

另外，模型验证了中国对“一带一路”沿线各国对外直接投资存量存在显著的空间正相关性（$\rho>0$ 在 1%显著性水平下成立），即当中国对一国的相邻国家投资规模提高时，中国同样会增加对该国的投资规模，反之亦然。并且，对外直接投资存量的时间滞后性也通过了显著性水平为 1%的统计检验，$\tau>0$ 表明，本年度对外直接投资规模与上一年度对外直接投资规模正相关。究其原因：一方面可能在于对外直接投资存量的调整具有时滞性；另一方面，在于上一年度的对外直接投资规模某种程度上反映了中国在东道国投资的管理经验和经营水平，因此，决定了本年度是否继续投资或者增加投资规模。最后，模型中考察政策有效性的虚拟变量 PV 并不显著，原因在于“一带一路”倡议从提出到现在仅有四年时间，其政策影响力和国际认可度的扩大，相关项目的启动、实施和成效显现都需要一定的时间。

五、结论

本文构建了反映对外直接投资与政治风险内在联系的理论模型。首先，创新性地构造了包含“邻国”因素的政治风险生产函数，并将政治风险作为一种要素投入推导出包含政治风险和劳动两种要素的联合 Cobb-Douglas 生产函数。然后，引入政治风险税作为厂商的成本，通过求解消费者需求和生产者供给平衡时的利润最大化问题，得出厂商最大的政治风险防备策略水平与邻国政治风险溢出相关，从理论层面上揭示了邻国政治风险对东道国吸引海外投资的影响。进一步地，对 2003—2015 年中国对“一带一路”沿线 17 个国家海外投资的相关统计数据进行实证分析，选取“一带一路”建设中中国海外投资存量 OFDI 为被解释变量，选取东道国的政府稳定性 $Govs$、内部冲突

① EGGER P, WINNER H. Evidence on corruption as an incentive for foreign direct investment[J]. European journal of political economy, 2005(4):932-952.

Inter、外部冲突 *Exter*、腐败水平 *Corr*、宗教紧张度 *Rel*、种族紧张度 *Eth*、法治建设 *Law* 和与中国建交时间 *Edr* 为核心解释变量，选取东道国经济规模 *GDP*、科学技术水平 *Tech* 和贸易开放程度 *Open* 为控制变量，建立同时包含东道国政治风险因素、邻国政治风险因素、对外直接投资的空间滞后性以及时间动态性的空间杜宾动态面板模型。依次对贸易距离空间权重矩阵、地理距离空间权重矩阵和 Rook 邻接空间权重矩阵进行空间相关性检验和空间模型参数估计，得出 Rook 邻接空间权重矩阵下模型估计效果最优。实证结果证实了理论模型的结论，主要结论总结如下：

一是理论模型结果显示，厂商最大的政治风险防备策略水平与邻国政治风险溢出效应呈现正相关，即邻国政治风险溢出效应越大时，厂商所采取的政治风险防备策略水平越高，厂商的利润越低，因此，评估我国企业对外直接投资的政治风险必须同时考虑邻国政治风险的溢出效应。

二是实证研究结果表明，东道国腐败控制对吸引中国海外投资具有显著的抑制作用，这一实证结果支持了"腐败有效论"。依据这一结论，本文认为，腐败的积极作用依赖于一国的制度环境和经济水平，特别是在"一带一路"沿线地区经济发展水平普遍不高、政府行政效率相对较低的情形下，腐败在一定程度上会减少投资阻力。此外，东道国的经济规模 GDP 显著地提高了吸引外资的规模，这一结论证实了东道国特征对外资引入的重要性。如果考虑到邻国空间溢出效应的作用，邻国的腐败程度控制、内部冲突减弱、外部冲突减缓以及宗教氛围自由，都会对东道国产生正向的溢出效应，即能促进中国企业增加对东道国的投资；而邻国的政局稳定性较高、法制水平健全、与东道国建交长期稳定以及种族冲突缓和，则对东道国产生了显著的负向溢出效应，即促进更多中国企业到邻国投资，相应地减少对东道国的投资规模。可以看出，政治风险的邻国效应相较于东道国政治风险效应更加显著，是中国对外直接投资活动中不容忽视的关键因素。

RCEP 的贸易和福利效应：基于全球价值链的考察*

彭水军　吴腊梅

一、引言

2020 年 11 月 15 日，中国与东盟十国、日本、韩国、澳大利亚和新西兰正式签署《区域全面经济伙伴关系协定》(以下简称 RCEP)，这标志着全球规模最大自由贸易协定正式达成。RCEP 生效后区域内 90%以上的货物贸易将最终实现零关税，其达成和实施将显著提升亚太区域经济一体化水平，有助于有效对冲中美贸易摩擦和新冠疫情带来的负面冲击，尤其是对于在全球贸易体系新一轮重构中我国构建全球高质量自贸网络具有重要意义，不仅会极大促进区域内贸易合作，稳定和强化区域产业链供应链，也是新时期中国加快建设更高水平开放型经济新体制和构建双循环新发展格局的重要基石。

改革开放以来，得益于人口和资源红利的双重优势，中国取得了令世人瞩目的“出口奇迹”，同时实现了与全球价值链体系的快速对接。[①]在全球贸易、生产和消费网络中，逐渐形成了分别以美国、德国和中国为中心节点的“北美—欧洲—亚洲”三足鼎立的区块格局[②]，RCEP 的生效加速了全球价值链体

* 本文作者之一彭水军系厦门大学经济学院副院长、教授，于 2022 年 5 月 19 日在厦门大学一带一路研究院以本文内容为主题做“一带一路”系列学术讲座第 54 场，成果发表于《经济研究》2022 年第 8 期。

① 彭水军，袁凯华，韦韬.贸易增加值视角下中国制造业服务化转型的事实与解释[J].数量经济技术经济研究，2017，34(9)：3-20.

② 鞠建东，彭婉，余心玎.“三足鼎立”的新全球化双层治理体系[J].世界经济与政治，2020(9)：123-154，159-160.

系三足鼎立态势的发展。考虑到在全球生产分工背景下，基于传统贸易统计方法按照最终出口某产品的国家或地区进行的贸易总值核算存在严重不足，一方面涉及中间品价值在跨越国界中的重复核算问题，另一方面贸易总额统计与国民账户体系的会计标准并不一致。[①] 充分考虑出口贸易中的价值折返和价值转移行为及剔除“重复核算”成分，以增加值作为测算双边贸易强度的基准具有重要意义。据此，本文以 RCEP 附件中货物贸易自由化为研究对象，在全球价值链视角下量化评估 RCEP 的经济影响，尤其是对全球增加值贸易格局和成员国参与全球价值链路径和模式的影响，以及分析成员国和非成员国的福利效应、解构福利变动的来源及内在传导机制。本文研究有助于准确评估 RCEP 实施带来区域内资源优化配置促进各成员国共享开放成果的实际效果，同时为政府制定相关政策提供借鉴和理论支撑。

与本文相关的一部文献是自由贸易协定中关税成本下降对贸易及福利影响的定量评估。自 20 世纪 80 年代以来，可计算一般均衡模型(CGE)逐渐成为贸易政策评估的重要工具，其中大多数 CGE 模型都是基于多国多部门情形建立的。[②] Li 等人通过采用同时具有关税壁垒和非关税壁垒的 CGE 模型分别对中印自由贸易协定(FTA)、中日韩 FTA，中国加入跨太平洋伙伴协定(TPP)和 RCEP 等多种情形进行模拟，研究发现几乎在所有协定中成员国都能够受益，而所有未参与该协定的国家都将受损。[③] Kawasaki 使用 CGE 模型发现 TPP 和 RCEP 是相互补充而非竞争关系，并且亚太经济合作组织(APEC)成员国的 GDP 在 TPP、RCEP 和亚太自由贸易区(FTAAP)三种情形下分别上升 1.2%、2.1%和 4.3%。[④] 进一步地，李春顶等通过假设成员国之间关税壁垒下降 100%和非关税壁垒下降 50%的情形，采用 CGE 模型模拟了 RCEP 签署的福利、产出、就业和贸易效应，发现 RCEP 有利于所有成员国的

① KOOPMAN R, WANG Z, WEI S. Tracing value-added and double counting in gross exports[J]. American economic review, 2014, 104(2): 459-494.

② KEHOE T J, PUJOLAS P S, ROSSBACH J. Quantitative trade models: developments and challenges[J]. Annual review of economics, 2017, 9: 295-325.

③ LI C, WANG J, WHALLEY J. Impact of mega trade deals on China: a computational general equilibrium analysis[J]. Economic modelling, 2016, 57(11): 13-25.

④ KAWASAKI K. The relative significance of EPAs in Asia-Pacific[J]. Journal of Asian economics, 2015, 39(8): 19-30.

福利提升[①]；张洁等则基于异质性消费者视角，通过构建一般均衡模型评估了区域贸易协定对各国异质性消费者所产生的差异化影响。[②] 上述文献对自由贸易协定的贸易和福利效应展开了较为丰富的研究，但不足之处在于：一方面，基于CGE模型的研究虽然能够对政策冲击如何影响全球经济进行量化分析，但是在与现实数据匹配上存在诸多不足，从而无法通过构建反事实的投入产出表准确刻画各国参与全球价值链的演变特征；另一方面，以上对于RCEP贸易和福利效应的研究，很多是在假定成员国关税对称减让的情形下展开的，这与RCEP成员国实际承诺关税减让数据并不相符，也没有考虑到不同产品双边贸易量差异，因此无法准确反映RCEP签署所带来的实际经济影响。

为了避免对CGE模型存在“黑匣子”的批评，另一部相关文献基于比较优势理论对外部冲击的经济影响进行了量化评估，其中Caliendo&Parro构建的迂回生产模型（round about production model）[③]较好地刻画了全球价值链特征，将Eaton&Kortum的李嘉图模型[④]拓展到具有投入产出联系的多国多部门情形，更好地拟合了现实的双边贸易和投入产出数据，成为全球价值链框架下量化评估外部冲击经济影响的基准模型。以Caliendo&Parro为基础，学者们分析了贸易政策以及其他外部冲击对经济的影响，如在生产率冲击、偏好冲击以及劳动力供给冲击对各国贸易以及福利的影响等方面展开了大量研究。现有研究对贸易摩擦尤其是中美贸易战的经济影响进行了定量评估[⑤]；另一个重

① 李春顶，郭志芳，何传添.中国大型区域贸易协定谈判的潜在经济影响[J].经济研究，2018，53(5)：132-145.

② 张洁，秦川义，毛海涛.RCEP、全球价值链与异质性消费者贸易利益[J].经济研究，2022，57(3)：49-64.

③ CALIENDO L，PARRO F. Estimates of the trade and welfare effects of NAFTA [J]. Review of economic studies，2015，82(1)：1-44.

④ EATON J，KORTUM S. Technology，geography，and trade[J]. Econometrica，2002，70(5)：1741-1779.

⑤ WICHT L. The impact of trade tensions on Switzerland：a quantitative assessment [J]. Aussenwirtschaft，2019，70(1)：1-34；CACERES C，RUI M，CERDEIRO D A. Trade wars and trade deals：estimated effects using a multi-sector model[Z]. IMF Working Papers，2019；LASHKARIPOUR A，BESHKAR M. The cost of dissolving the WTO：the role of global value chains[Z]. CAEPR Working Papers，2020；JU J，HONG M，ZI W，et al. Trade wars along the global value chains[Z]. Working Paper，2020.

要应用则是评估英国脱欧的贸易和福利效应。① 其他相关研究还包括定量分析区域贸易协定的经济影响,如评估跨大西洋贸易与投资伙伴协议(TTIP)、"一带一路"倡议以及美国-日本 2019 年自由贸易协定的经济影响。② 此外,针对始于 2019 年末的新冠疫情的影响,一些学者通过引入劳动力供给冲击对模型进行拓展,研究了新型冠状病毒(COVID -19)在世界范围内传播的经济后果。③ 需要指出的是,应用 Caliendo&Parro 模型进行全球价值链相关研究的局限性在于,由于模型暗含了一国最终品部门和中间品部门对同一来源国部门进口产品支出份额相一致的假设,但这两个支出份额实际上可能存在较大差异④,且与包括世界投入产出表(WIOD)和经济合作与发展组织-国家间投入产出表(OECD-ICIO)在内的全球区域间投入产出表呈现的实际数据并不相符,因此无法准确地在全球价值链框架下对外部冲击的经济影响进行量化评估。

本文研究创新主要体现在以下几个方面:第一,整理了 RCEP 各成员国公布的未来 20 年承诺关税减让数据,通过结合产品关税和双边贸易量数据,识别了 RCEP 各成员国间行业层面的双边贸易成本变化。第二,在理论模型方面,本文相对 Caliendo&Parro 的创新在于区分中间品与最终品贸易成本异质性⑤;而

---

① DHINGRA S, HUANG H, OTTAVIANO G, et al. The costs and benefits of leaving the EU: trade effects[J]. Economic policy, 2017, 32(92): 651-705; CAPPARIELLO R, FRANCO-BEDOYA S, GUNNELLA V, et al. Rising protectionism and global value chains: quantifying the general equilibrium effects[Z]. CEPR Discussion Paper, 2020.

② AICHELE R, FELBERMAYR G, HEILAND I. Going deep: the trade and welfare effects of TTIP revised[Z]. Ifo-Working Paper, 2016, No.219; SOYRES F. D, MULABDIC A, RUTA M. Common transport infrastructure: a quantitative model and estimates from the Belt and Road Initiative[J]. Journal of development economics, 2020, 143, No.102415; WALTER T. Trade and welfare effects of a potential free trade agreement between Japan and the United States[J]. Review of world economics, 2022, 1-32.

③ BONADIO B, HUO Z, LEVCHENKO A A, et al. Global supply chains in the pandemic[J]. Journal of international economics, 2021, 133, No. 103534; SFORZA A, STEININGER M. Globalization in the time of Covid-19[Z]. Working Paper, 2020; EPPINGER P, FELBERMAYR G, KREBS O, et al. Covid-19 shocking global value chains[Z]. CESifo Working Paper, 2020, No. 8572.

④ GORTARI D A. Disentangling global value chains[Z]. NBER Working Paper, 2019, No. 25868.

⑤ 正是由于放宽了这一假设,本文理论模型才能够完全与全球区域间投入产出数据相匹配,从而能够从增加值贸易、GVC 贸易、GVC 参与度和垂直专业化程度等角度对各国全球价值链参与进行分析。

Antràs&Chor 虽然区分了最终品和中间品关税成本，但是是通过假设贸易成本按照某一固定比例变化进行反事实模拟分析。① 本文量化分析结果表明，不区分中间品和最终品关税将使成员国平均福利效应被明显低估。第三，为了进一步考察 RCEP 带来的全球价值链分工变化和亚太地区区域经济一体化对中国产业转型升级的影响，本文将 Fally 及倪红福等对生产阶段数的分解②扩展到 RCEP 区域层面，得到了区分国内、RCEP 区域内及区域外生产阶段的全球生产分割体系，研究发现中国纺织业、电气以及汽车业等典型制造业将部分生产环节由国内向区域内转移，实现在整个区域内以更低的成本进行采购和生产布局为特征的产业转型升级。第四，通过区分产品进口来源国拓展了现有对贸易福利的分解，更加准确地刻画了最终品效应和全球价值链效应对各国福利变动的影响。研究发现 RCEP 各成员国福利的提升主要缘于全球价值链效应，其中区域内价值链效应发挥了重要作用。对于经典福利变动分解框架的改进也是本文的创新点之一。此外，本文还进一步讨论了 RCEP 扩容即印度加入对其自身及成员国的贸易和福利效应。

二、数据和特征事实

（一）数据来源

本文的数据来源主要有三个：（1）全球区域间投入产出数据（OECD-ICIO，2018 版）。该数据库包含 2005—2015 年 65 个国家（地区）36 个部门的投入产出数据。③其中包含中国、日本、韩国、澳大利亚和新西兰等 13 个 RCEP

① ANTRÀS P，CHOR D. On the measurement of upstreamness and downstreamness in global value chains[Z]. NBER Working Paper，2018，No. 24185.

② FALLY T. On the fragmentation of production in the US[M]. University of Colorado，mimeo，2012；倪红福，龚六堂，夏杰长.生产分割的演进路径及其影响因素：基于生产阶段数的考察[J].管理世界，2016(4)：10-23，187.

③ 为了表述方便，文中所提到的“国家”、“国”或“经济体”均指“国家（或地区）”。

成员国,但是老挝和缅甸两个国家被划分到ROW(世界其他国家/地区)中。① (2)RCEP成员国公布的关税减让承诺表 RCEP各成员国公布了对其他成员国HS8位码(2012版)产品层面关税减让承诺表,本文通过使用BEC(broad economic classification)经济分类对国家之间双边的中间品和最终品关税减让承诺表进行识别,可以得到未来20年各成员国之间区分中间品和最终品的进口关税水平。(3)UN-Comtrade数据。该数据库提供了RCEP成员国之间HS6位码产品层面的双边贸易量数据。为了得到OECD-ICIO所对应的ISIC Rev.4行业层面贸易成本变动情况,本文区分了RCEP关税承诺表中双边产品层面中间品和最终品进口关税数据并分别按照进口份额加权到行业层面。②

(二)特征事实:RCEP协定下的关税减让承诺

RCEP能够推动我国高水平开放,从而为构建新发展格局提供有力支撑。海关统计数据显示,2021年,中国对RCEP其他成员国的进出口规模已经达到12.07万亿元,占中国贸易总量的30.9%。按照RCEP所承诺的关税进行减让将会极大地推动中国贸易自由化进程并进一步促进成员国之间的区域内贸易,这也有利于中国通过区域内循环更好地融合国际大循环。RCEP各成员国承诺在未来20~30年区域内90%以上货物贸易将最终实现零关税,这对于中、日、韩之间自由贸易进程的推进具有重要意义。

已有文献分别从理论和现实层面揭示了最终品关税通常高于中间品关税的特征事实。③根据RCEP成员国所承诺的关税减让情况,本文整理了各国区分中间品和最终品的关税减让变动。图1以中国为例展示了其中间品和最终

---

① 因此本文的定量分析没有包含老挝和缅甸两个国家,但是这并不会影响本文的基本结论。第一,在RCEP生效之前,中国与东盟十国已经实现了高水平的货物贸易关税减让。第二,老挝和缅甸是两个较小的经济体,与其他成员国的贸易往来份额相对较小。

② 本文主要采用2020年的产品贸易数据进行加权,由于UN-Comtrade中部分国家双边的产品进口数据在2020年暂时无法查询到,因此使用的是2019年的贸易数据进行替代。

③ BALASSA B. Tariff protection in industrial countries: an evaluation[J]. Journal of political economy, 1965,73(6):573-594; CADOT O,MELO J,OLARREAGA M. Lobbying, counterlobbying, and the structure of tariff protection in poor and rich countries [J]. World bank economic review, 2004,18(3):345-366; GAWANDE K,KRISHNA P, OLARREAGA M. Lobbying competition over trade policy[J]. International economic review, 2012,53(1):115-132; SHAPIRO J S. The environmental bias of trade policy [J]. Quarterly journal of economics,2021,136(2):831-886.

品关税在未来1～20年的变动情况。[①]由图1可知：首先，中国承诺的中间品进口关税低于最终品关税水平，符合关税升级经济直觉；其次，中国对其他成员国的产品进口关税水平将在RCEP生效后的20年里显著下降，但相较于中间品，最终品关税将经历更大幅度降低。因此，从理论和实证上区分中间品和最终品具有不同的关税成本从而具有不同的贸易份额是非常必要的。

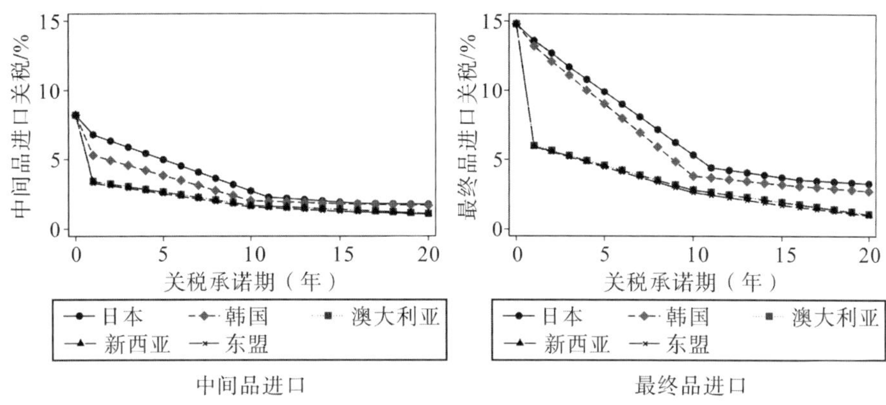

图1　中国承诺关税减让情况：区分中间品和最终品

三、理论模型

本文通过构建一个多国多部门且具有投入产出联系的结构模型，在全球价值链视角下量化评估了RCEP的贸易和福利效应。由于Caliendo&Parro认为中间品和最终品具有完全相同的生产技术和贸易成本[②]，因此暗含着j国最终品和中间品部门对于进口i国r部门产品的支出份额一致的假设，这与实际观测到的全球区域间投入产出数据并不相符，因此并不适用于本文基于全球价值链视角的分析。为了克服这一缺点，本文借鉴Antràs&Chor[③]，通过引入具有异

① 这里指的是产品层面的平均关税水平，限于篇幅此处仅汇报了中国的关税减让情况，其他成员国也呈现相似的特征。

② CALIENDO L，PARRO F. Estimates of the trade and welfare effects of NAFTA [D]. Review of economic studies，2015，82(1)：1-44.

③ ANTRÀS P，CHOR D. On the measurement of upstreamness and downstreamness in global value chains[Z]. NBER Working Paper，2018，No. 24185.

质性的中间品和最终消费品贸易成本,放宽了中间品与最终品支出份额相同的假设,构建能够完全匹配全球区域间投入产出数据的一般均衡分析框架。

(一)模型设定

假设世界上有 J 个国家(或地区) S 个行业,本文用下标 i 和 j 表示国家,上标 r 和 s 表示部门,劳动力是唯一的生产要素,劳动力可以在部门间流动但是不能在国家间流动,产品市场和要素市场都是完全竞争的。本文理论模型具体设定如下:

1.消费者行为

各个国家具有不同的偏好,具体地,假设 j 国消费者效用函数可以表示为:

$$U(C_j)=\prod_{s=1}^{S}(C_j^s)^{\alpha_j^s} \tag{1}$$

其中,C_j^s 表示 j 国消费者对 s 部门产品的消费量,C_j 是元素为 C_j^s 的消费向量,α_j^s 为 j 国消费者对 s 部门的支出份额,并且 $\sum_{s=1}^{S}\alpha_j^s=1$。

2.生产行为

①中间品生产。各国的每个行业部门生产连续品种 $\omega^s\in[0,1]$,可贸易品种 ω^s 的生产需要使用劳动力和中间投入品,假设 j 国 s 部门品种 ω^s 的生产函数为 Cobb-Douglas 形式:

$$y_j^s(\omega^s)=z_j^s(\omega^s)\,(l_j^s(\omega^s))^{1-\sum_{r=1}^{s}\gamma_j^{rs}}\prod_{r=1}^{S}(M_j^{rs}(\omega^s))^{\gamma_j^{rs}} \tag{2}$$

其中,生产率 $z_j^s(\omega^s)$ 服从 Fréchet 的独立同分布,累积概率密度为 $F_j^s(z)=\exp\{-T_j^s z^{-\theta^s}\}$,规模参数 T_j^s 表示 j 国 s 部门技术状况,形状参数 θ^s 控制了世界范围内部门生产率的分散程度。$l_j^s(\omega^s)$ 为 j 国 s 部门生产品种 ω^s 所使用的劳动力,$M_j^{rs}(\omega^s)$ 则表示所使用的来自 r 部门的复合中间品数量。指数 γ_j^{rs} 表示 j 国 s 部门生产品种 ω^s 所需要投入的来自 r 部门中间品的成本占总生产成本的份额,$0<\gamma_j^{rs}<1$,从而投入的劳动力成本份额 $\gamma_j^s=(1-\sum_{r=1}^{s}\gamma_j^{rs})>0$。在中间品种 ω^s 的生产函数为规模报酬不变以及完全竞争市场的假定下,j 国 s 部门的生产成本可以表示为:

$$c_j^s=\psi_j^s w_j^{\gamma_j^s}\prod_{r=1}^{S}(P_j^{rs})^{\gamma_j^{rs}} \tag{3}$$

其中，$\psi_j^s = \prod_{r=1}^{S} (\gamma_j^{rs})^{-\gamma_j^{rs}} (\gamma_j^s)^{-\gamma_j^s}$ 是常数，w_j 为 j 国名义工资，$P_j^{rs} = (\int p_j^{rs}(\omega^s)^{1-\sigma^s} d\omega^s)^{1/(1-\sigma^s)}$ 是 j 国 s 部门使用来自 r 部门复合中间品的价格指数，$\sigma^s > 0$ 为 s 部门不同品种之间的替代弹性。

②部门复合品生产。j 国 s 部门复合中间品 Q_j^s 的生产是对部门品种 ω^s 的 Dixit-Stiglitz 加总形式：

$$Q_j^s = (\int q_j^s(\omega^s)^{1-1/\sigma^s} d\omega^s)^{\sigma^s/(\sigma^s-1)} \tag{4}$$

其中，$q_j^s(\omega^s) = \left(\frac{p_j^s(\omega^s)}{P_j^s}\right)^{-\sigma^s} \times Q_j^s$ 表示从最低成本来源国所购买的品种 ω^s 的数量，对应的价格为 $p_j^{rs}(\omega^s) = \min_i \left\{\frac{c_i^r \kappa_{ij}^{rs}}{z_i^r(\omega^s)}\right\}$。部门复合品 Q_j^s 可用于最终消费 C_j^s 或作为中间品投入到其他部门 r，即 $M_j^{sr}(\omega^s)$。在生产率服从 Fréchet 分布的假设下，部门中间品和最终品价格指数可以分别表示为：

$$P_j^{rs} = A^r [\sum_{i=1}^{J} T_i^r (c_i^r \kappa_{ij}^{rs})^{-\theta^r}]^{-\frac{1}{\theta^r}}, P_j^{rF} = A^r [\sum_{i=1}^{J} T_i^r (c_i^r \kappa_{ij}^{rF})^{-\theta^r}]^{-\frac{1}{\theta^r}} \tag{5}$$

其中，A^r 为仅依赖于参数 θ^r 和 σ^r 的常数，κ_{ij}^{rs} 和 κ_{ij}^{rF} 分别为 i 国 r 部门产出品作为 j 国 s 部门中间投入品和用于最终消费时的贸易成本。贸易成本 $\kappa_{ij}^{rs} = d_{ij}^{rs} \tau_{ij}^{rs}$ 由冰山贸易成本 d_{ij}^{rs} 和从价税 $\tau_{ij}^{rs} = 1 + t_{ij}^{rs}$ 两部分组成，冰山贸易成本 $d_{ij}^{rs} \geqslant 1, d_{jj}^{rs} = 1, t_{ij}^{rs}$ 为 j 国 s 部门对 i 国 r 部门所制定的进口关税，此处假设三角不等式成立，$\kappa_{ih}^{rm} \kappa_{hj}^{ms} \geqslant \kappa_{ij}^{rs}$。在 Cobb-Douglas 型消费偏好假设下，j 国总体消费价格指数为：$P_j \equiv P_j^F = \prod_{s=1}^{S} (P_j^{sF}/\alpha_j^s)^{\alpha_j^s}$。

3.支出份额

根据 Fréchet 分布的性质，通过考虑所有潜在来源国的生产成本 c_i^r 和贸易成本 κ_{ij}^{rs}，可以推导得到 j 国 s 部门对 i 国 r 部门中间品和最终品的支出份额表达式，它们分别为：

$$\pi_{ij}^{rs} = \frac{T_i^r (c_i^r \kappa_{ij}^{rs})^{-\theta^r}}{\sum_{k=1}^{J} T_k^r (c_k^r \kappa_{kj}^{rs})^{-\theta^r}}, \pi_{ij}^{rF} = \frac{T_i^r (c_i^r \kappa_{ij}^{rF})^{-\theta^r}}{\sum_{k=1}^{J} T_k^r (c_k^r \kappa_{kj}^{rF})^{-\theta^r}} \tag{6}$$

4.市场出清和贸易平衡条件

现在考虑产品市场出清情况，市场出清条件要求部门的总支出等于该部门的总收入，j 国对 s 部门的总支出 X_j^s 是由对该部门中间品投入支出和最终消费支出两部分组成的：

$$X_j^s = \sum_{r=1}^{S} \gamma_j^{sr} Y_j^r + \alpha_j^s (w_j L_j + D_j) \tag{7}$$

其中，Y_j^r 表示 j 国 r 部门的总产出，那么等式右边第一项表示 j 国对 s 部门中间品总支出。L_j 为 j 国的劳动力总量，假设劳动力不可跨国流动且为常数，D_j 为贸易赤字。定义 j 国收入 $I_j = w_j L_j + D_j$ 。因此，等式右边第二项表示 j 国对 s 部门产品的消费支出之和。j 国 s 部门的总收入 Y_j^s 由该部门产出用于其他部门中间投入与直接用于最终消费两部分组成：

$$Y_j^s = \sum_{k=1}^{J} \pi_{jk}^{sF} \alpha_k^s (w_k L_k + D_k) + \sum_{r=1}^{S} \sum_{k=1}^{J} \pi_{jk}^{sr} \gamma_k^{sr} Y_k^r \tag{8}$$

右式第一部分表示 j 国 s 部门的产出用于世界各个国家的消费所得到的收入，第二部分表示该部门产出被各国-部门用于中间投入所得的总收入。由此，可以得到国家层面的贸易平衡条件：

$$\sum_{i=1}^{J} \sum_{r=1}^{S} \sum_{s=1}^{S} \pi_{ij}^{sr} \gamma_j^{sr} Y_j^r + w_j L_j = \sum_{i=1}^{J} \sum_{r=1}^{S} \sum_{s=1}^{S} \pi_{ji}^{sr} \gamma_i^{sr} Y_i^r + \sum_{s=1}^{S} \sum_{i=1}^{J} \pi_{ji}^{sF} \alpha_i^s (w_i L_i + D_i) \tag{9}$$

因此，给定一组参数 $\{L_j, D_j, T_j^s, \theta^s, \alpha_j^s, \gamma_j^{rs}, t_{ij}^{rs}, t_{ij}^{rF}, d_{ij}^{rs}, d_{ij}^{rF}\}$，模型的均衡系统可以由(3)、(5)～(8)等五组等式描述。

(二)相对变化均衡、参数校准及模型拟合

1.相对变化均衡

Dekle et al.的精确帽子代数法①可以减少反事实模拟所需的变量数目，变量的相对变化为 $\hat{X} = \frac{X'}{X}$，其中 X 和 X' 分别为 RCEP 执行前和之后的变量值。令 (W, P) 和 (W', P') 分别表示各成员国关税为 t 及下降为 t' 的均衡工资和均衡价格指数，那么上述均衡条件的相对变化可以表示为：

$$\hat{c}_j^s = (\hat{w}_j)^{-\gamma_j^s} \prod_{r=1}^{S} (\hat{P}_j^{rs})^{\gamma_j^{rs}} \tag{10}$$

$$\hat{P}_j^{rs} = [\sum_{i=1}^{J} \pi_{ij}^{rs} (\hat{c}_i^r \hat{\kappa}_{ij}^{rs})^{-\theta^r}]^{-\frac{1}{\theta^r}}, \hat{P}_j^{rF} = [\sum_{i=1}^{J} \pi_{ij}^{rF} (\hat{c}_i^r \hat{\kappa}_{ij}^{rF})^{-\theta^r}]^{-\frac{1}{\theta^r}} \tag{11}$$

---

① DEKLE R EATON J, KORTUM S. Unbalanced trade[J]. American economic review, 2007, 97(2):351-355.

$$\hat{\pi}_{ij}^{rs}=\left(\frac{\hat{c}_i^r\hat{K}_{ij}^{rs}}{\hat{P}_j^{rs}}\right)^{-\theta^r},\hat{\pi}_{ij}^{rF}=\left(\frac{\hat{c}_i^r\hat{\kappa}_{ij}^{rF}}{\hat{P}_j^{rF}}\right)^{-\theta^r} \tag{12}$$

$$(Y_j^s)'=\sum_{k=1}^{J}(\pi_{jk}^{sF})'(\alpha_k^s)'(\hat{w}_k w_k L_k+D_k)+\sum_{r=1}^{S}\sum_{k=1}^{J}(\pi_{jk}^{sr})'\gamma_k^{sr}(Y_k^r)' \tag{13}$$

$$\sum_{i=1}^{J}\sum_{r=1}^{S}\sum_{s=1}^{S}(\pi_{ij}^{sr})'\gamma_j^{sr}(Y_j^r)'+\hat{w}_j w_j L_j=\sum_{i=1}^{J}\sum_{r=1}^{S}\sum_{s=1}^{S}(\pi_{ji}^{sr})'\gamma_i^{sr}(Y_i^r)'+\sum_{s=1}^{S}\sum_{i=1}^{J}(\pi_{ji}^{sF})'(\alpha_i^s)'(\hat{w}_i w_i L_i+D_i) \tag{14}$$

因此，进行反事实模拟所需要的条件可简化为：初始贸易份额 π_{ij}^{rs} 和 π_{ij}^{rF} 、关税变动 $\hat{t}_{ij}^{rs}$ 和 $\hat{t}_{ij}^{rF}$ 、中间品投入份额 γ_j^{rs} 和最终消费份额 α_j^s 以及贸易弹性 θ^s 。

2.参数校准及模型拟合效果

本文采用 2015 年的 OECD-ICIO 数据为基期，在此基础上对模型相关参数进行校准并求解得到相对变化的均衡系统。具体而言：首先，本文的行业贸易弹性值借鉴 Antràs & Chor(2018)设定为 5。行业层面的消费支出份额 α_j^s 和中间品投入份额 γ_j^{rs} 可以直接根据 OECD 与 ICIO 数据计算得到，即 $\alpha_j^s=\frac{\sum_{i=1}^{J}F_{ij}^s}{\sum_{r=1}^{s}VA_j^r+D_j},\gamma_j^{rs}=\frac{\sum_{i=1}^{J}Z_{ij}^{rs}}{Y_j^s}$；双边行业层面的中间品进口关税 t_{ij}^{rs} 和最终品进口关税 t_{ij}^{rF} 及其变动的识别是按照关税承诺表和双边贸易量数据计算得到的；初始中间品贸易份额 π_{ij}^{rs} 和最终品贸易份额 π_{ij}^{rF} 可以由 OECD-ICIO 数据计算得到。此外，对于整体和国家两个层面的中间品和最终品使用份额而言，本文所构建理论模型都能够较好拟合全球区域间投入产出数据。

(三)福利效应及分解

为了明确 RCEP 影响各成员国福利变动的传导机制及甄别区域来源，本文在 Caliendo & Parro 以及 Ju 等人的基础上，将国家福利变动的分解公式拓展为 RCEP 区域内(外)最终品效应和区域内(外)全球价值链效应四项：[①]

---

① Caliendo & Parro(2015)以及 Ju et al.(2020)的福利分解框架是在 Arkolakis et al.(2012)的基础上纳入了全球价值链特征，但并未区分福利效应的区域来源。本文将最终品效应和全球价值链效应按照贸易来源国是否属于 RCEP 区域进行拓展，具体推导过程备索。

$$\ln\frac{\hat{w}_j}{\hat{P}_j}=\underbrace{-\sum_{s=1}^{S}\frac{1}{\theta^s}\frac{\sum_{i\in RCEP}\widetilde{F_{ij}^s}}{\sum_{r=1}^{s}\widetilde{VA_j^r}+\widetilde{D_j}}\ln\hat{\pi}_{jj}^{sF}}_{\text{RCEP 区域内最终品效应}}\underbrace{-\sum_{s=1}^{S}\frac{1}{\theta^s}\frac{\sum_{i\notin RCEP}\widetilde{F_{ij}^s}}{\sum_{r=1}^{s}\widetilde{VA_j^r}+\widetilde{D_j}}\ln\hat{\pi}_{jj}^{sF}}_{\text{RCEP 区域外最终品效应}}$$

$$\underbrace{-\sum_{s=1}^{S}\left[\frac{\alpha_j^s}{\gamma_j^s}\left(\frac{\sum_{r=1}^{S}\sum_{i\in RCEP}\widetilde{Z_{ij}^{rs}}}{\theta^s\widetilde{Y_j^s}}\ln\hat{\pi}_{jj}^{sF}+\sum_{r=1}^{S}\frac{\sum_{r=1}^{S}\sum_{i\in RCEP}\widetilde{Z_{ij}^{rs}}}{\widetilde{Y_j^s}}\ln\frac{\hat{P}_j^{rs}}{\hat{P}_j^{sF}}\right)\right]}_{\text{RCEP 区域内价值链效应}}$$

$$\underbrace{-\sum_{s=1}^{S}\left[\frac{\alpha_j^s}{\gamma_j^s}\left(\frac{\sum_{r=1}^{S}\sum_{i\notin RCEP}\widetilde{Z_{ij}^{rs}}}{\theta^s\widetilde{Y_j^s}}\ln\hat{\pi}_{jj}^{sF}+\sum_{r=1}^{S}\frac{\sum_{r=1}^{S}\sum_{i\notin RCEP}\widetilde{Z_{ij}^{rs}}}{\widetilde{Y_j^s}}\ln\frac{\hat{P}_j^{rs}}{\hat{P}_j^{sF}}\right)\right]}_{\text{RCEP 区域外价值链效应}}\tag{15}$$

变量上的“～”表示从全球区域间投入产出表中实际观察到的数据。等式右边第一项和第二项分别表示 RCEP 承诺关税减让情形下，j 国对来自 RCEP 成员国和非成员国最终消费品支出份额变动带来的福利变化；第三项和第四项分别刻画了上游行业价格下降会通过区域内和区域外产业关联传递到相对下游行业并带来福利增加，反映了经济体上游和下游的产业关联和投入产出结构对福利变动的重要性。

四、增加值贸易创造与转移、全球价值链重构及亚太区域经济一体化

随着全球生产分工体系的日益细化，RCEP 签署不仅会对成员国之间的贸易往来产生直接影响，还会通过全球生产和供应网络对世界其他经济体产生影响。通过传统贸易统计的出口价值并不能体现一国（地区）实际的贸易利得，相对于贸易总量，增加值贸易能更真实地反映全球贸易的运行。因此，本部分首先从全球价值链视角出发定量分析 RCEP 带来的增加值贸易创造和转移效应，并进一步研究了 RCEP 签署对各国 GVC 贸易、GVC 参与度和垂直专业化程度的影响。最后，本文从区域经济一体化视角分析了 RCEP 如何助力中国产业转型升级。

(一)RCEP与全球增加值贸易格局

1.增加值出口的贸易创造效应

本文研究发现所有成员国在RCEP生效20年后都实现了增加值出口的增长,但是对非成员国的增加值出口贸易影响相对较小。[①] 具体而言,世界总增加值出口增长率约1.10%。其中,RCEP成员国中增加值出口增长率最大的三个国家分别是柬埔寨(12.90%)、印度尼西亚(9.60%)和菲律宾(8.23%)。其次,中国台湾地区的增加值出口将受到巨大的负面冲击,预计增加值出口在RCEP签署20年后会下降1.12%,除中国台湾地区外其他非RCEP成员国增加值出口变化均小于0.50%。除此之外,此前一直参与谈判但最终退出RCEP签订的印度,其增加值出口将会下降约0.20%。这充分说明RCEP将会充分释放亚太地区巨大的市场潜力,尤其对区域内增加值贸易增长具有巨大推动力。在全球产业链、供应链由于新冠疫情遭到了极大冲击和破坏的背景下,亚洲太平洋地区15个国家成功签署RCEP,将有利于促进全球贸易和经济复苏以及为区域和全球经济增长注入新动力,同时出口贸易的转型升级能够有效缓解中国人口红利下降的压力。[②]

2.增加值出口的贸易转移效应

RCEP的签署标志着全球范围内经贸规模最大自贸区的正式建成,也意味着全球贸易格局正式演变为美墨加、欧盟与RCEP区域“三足鼎立”的态势。本文分析了按照RCEP承诺关税削减至第20年时,增加值贸易在RCEP自贸区、美墨加自贸区和欧盟自贸区三大区域间的转移效应。由表1结果可知:RCEP将直接导致成员国之间增加值出口增加1673.9723亿美元,而美墨加和欧盟地区内部的增加值出口则分别减少11.2177亿美元和22.3852亿美元。由此可见RCEP对三大区域之间以及各区域内部的增加值贸易都会产生非常大的影响。第一,RCEP区域内部各成员国之间增加值贸易经历大幅增长,表明RCEP签署后成员国的外部经济依赖度下降,增加值贸易呈现向区域内集中的特征,集生产和供应网络一体化的RCEP区域价值链将逐渐形成。第二,美墨加、欧盟和RCEP三大区域之间的增加值贸易格局和价值链

① 囿于篇幅正文未汇报具体结果,感兴趣的读者可向作者索取。

② 马述忠,王笑笑,张洪胜.出口贸易转型升级能否缓解人口红利下降的压力[J].世界经济,2016,39(7):121-143.

分工模式可能发生变化，RCEP区域与美墨加地区的双向增加值贸易均有所提升，而与欧盟之间的双向增加值贸易均有所下降。这表明RCEP区域的增加值贸易呈现由欧盟向美墨加地区转移的态势。

3.RCEP情形下中日韩增加值贸易增长

RCEP签订之前，东盟十国与其他五国之间均已经签署“10＋1”自贸区协议，但这是中日韩三国之间首次直接达成自贸区关系。本节主要聚焦于RCEP建成对中日韩贸易关系进一步深化的影响（如表2所示），研究发现：RCEP生效20年后中国向日本和韩国的增加值出口将分别增加79.5254亿美元和110.2117亿美元，占中国在RCEP区域内增加值出口的38.08％；日本向中国和韩国的增加值出口占其在RCEP区域内增加值出口的70.93％；韩国向中国和日本的增加值出口占其在RCEP区域内增加值出口的81.00％。这表明RCEP建成对于中日韩三国之间增加值贸易具有巨大的推动作用，尤其是日本和韩国将大大增加对中国的出口贸易依赖度，这为后续中日韩自贸区谈判提速奠定了基础，更紧密的中日韩贸易联系也为稳定亚洲地区乃至全球的贸易提供了重要支撑。

表1　Panel A 三大自贸区的增加值出口变动

单位：亿美元

	RCEP	美墨加	欧盟	ROW
RCEP	1673.9723	11.0432	－8.2769	－21.5687
美墨加	17.9075	－11.2177	－10.2374	－12.4740
欧盟	－37.9864	－2.7796	－22.3852	－3.4333
ROW	1.1328	－12.9830	－25.6598	－17.2354

表2　Panel B RCEP情形下中日韩增加值出口变动

单位：亿美元

	中国	日本	韩国	RCEP其他国家
中国	—	80.52 (15.96％)	110.2117 (22.12％)	308.5687 (61.92％)
日本	206.1671 (61.74％)	—	31.5781 (9.46％)	97.0151 (29.07％)
韩国	156.2161 (76.08％)	10.0967 (4.92％)	—	39.0252 (19.00％)
RCEP其他国家	368.7999 (57.94％)	22.6512 (3.56％)	42.4185 (6.66％)	202.6985 (31.84％)

（二）全球价值链重构：GVC贸易增长、GVC参与度及垂直专业化程度

本部分从GVC贸易、GVC参与度和垂直专业化程度三个方面评估RCEP对全球价值链重构的影响。首先，GVC贸易为一国总出口中跨境次数大于1的部分①，同时考虑了一国通过前向联系和后向联系参与全球价值链的活动，是衡量一国参与全球价值链活动盛行程度的重要指标之一。其次，本文参考Koopman et al.构建GVC参与度指标②，该指数越高表明一国在出口中通过使用较多的其他国增加值深度参与全球价值链，或者通过总出口中隐含较多国内增加值的间接增加值出口嵌入到全球价值链的重要环节。最后，垂直专业化是一国总出口中所包含的国外增加值部分③，基于后向联系衡量了一国参与全球价值链生产分工，该指标越大表明一国更加专业化于具有比较优势的生产环节，可以通过专业化分工合作提升效率和促进经济发展。

图2、图3、图4汇报了RCEP对各国参与全球价值链的影响，研究发现：（1）RCEP生效20年后各成员国都实现了GVC贸易的增长，平均增长率高达13.48%，并且有一半以上国家的GVC贸易增长超过10%，表明从跨境贸易次数的角度来看，RCEP显著促进了成员国参与更加复杂化的全球价值链生产网络。其次，RCEP建成将导致东盟成员国GVC贸易增长率平均约为15.46%，而中国、日本、韩国、新西兰和澳大利亚等五国的GVC贸易平均增长率约为10.33%，表明RCEP签署对东盟国家参与多次跨境贸易的促进作用更强。（2）所有成员国GVC参与度都呈现了动态上升的变化趋势，表明RCEP确实显著促进了成员国深度参与全球价值链生产分工体系。（3）从RCEP签署后成员国和非成员国垂直专业化程度相较于基准年份的变化情况来看，大部分RCEP成员国都位于45度线左上方，表明RCEP显著促进成员国参与国际生产分工进程，而RCEP外其他经济体几乎都集中在45度线附近，表明

---

① BORIN A, MANCINI M. Measuring what matters in global value chains and value-added trade[Z]. World Bank Policy Research Working Paper, 2019, No. 8804.

② KOOPMAN R, POWERS W, WANG Z, et al. Give credit where credit is due: tracing value added in global production chains[Z]. NBER Working Paper, 2010, No. 16426.

③ HUMMELS D, ISHII J, YI K M. The nature and growth of vertical specialization in world trade[J]. Journal of international economics, 2001, 54(1): 75-96.

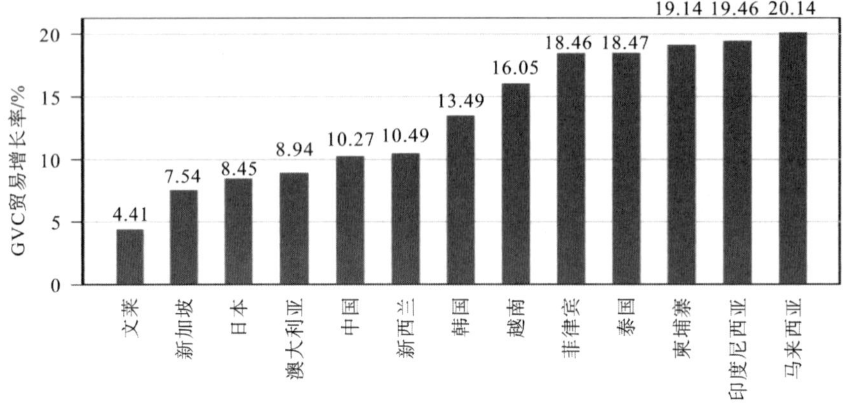

图 2　RCEP 签署后各国 GVC 贸易增长率

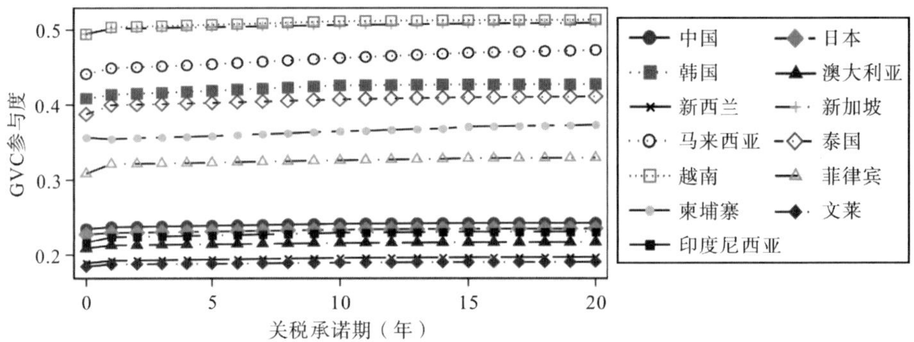

图 3　RCEP 签署后各国 GVC 参与度

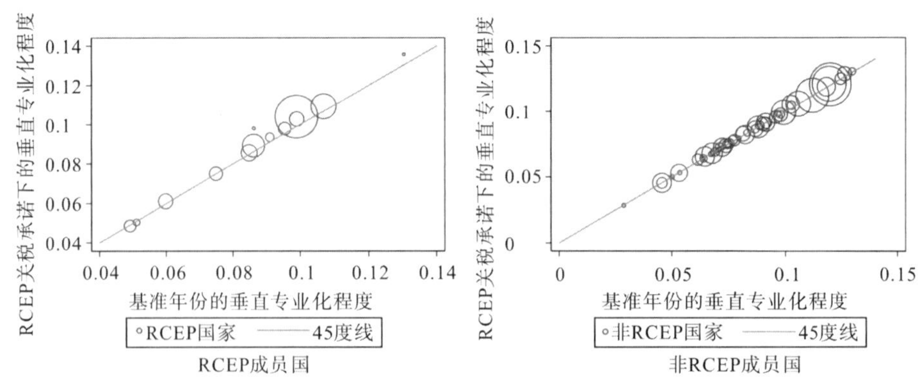

图 4　RCEP 关税承诺下的垂直专业化程度变动

注:左图和右图的横坐标和纵坐标分别为基准年份和 RCEP 情形下的垂直专业化程度,圆圈大小表示该国基期的出口规模。

RCEP对区域外其他经济体的垂直专业化程度影响相对较小。因此，RCEP生效不仅会使区域内增加值贸易上升，还能够显著提升成员国的价值链参与。

（三）区域经济一体化：RCEP如何助力中国产业转型升级

贸易成本的大幅降低对于改善区域贸易环境和促进区域内进出口贸易增长具有重要意义，区域价值成分的提升使得原产地规则更容易满足。RCEP签署后关税降低和实施区域内原产地累积规则意味着，当产品生产过程在RCEP区域内任何成员国进行增值的部分总计达到规定比例，就可以被认为符合原产地规则并享受优惠关税，即全球生产分工和供应链能够更加便利地在整个区域而非一国内部进行布局。为了进一步明确RCEP生效带来的全球生产分割体系的变化，本文在Fally以及倪红福等的研究基础上[①]，将中国参与全球价值链的生产阶段数进一步分解为国内、RCEP区域内及RCEP区域外三个部分。具体而言，一国行业的总生产阶段数用矩阵可以表示为：$(N)'=u'(I-A)^{-1}$，其中，N中的元素N_j^s表示j国s行业的总生产阶段数，u表示$J\times S$维列向量，I是$JS\times JS$维单位矩阵，A是根据OECD-ICIO表计算出的$JS\times JS$维直接需求系数矩阵。定义$B=(I-A)^{-1}$为完全需求系数矩阵，那么中国-行业的生产阶段数可以分解为：

$$(N_C)'=\underbrace{u_1{}'L_{CC}}_{\text{国内生产阶段}}+\underbrace{(\sum_{i\in RCEP}L_{iC})-u_1{}'L_{CC}}_{\text{区域内生产阶段}}+\underbrace{(\sum_{i}B_{iC})-(\sum_{i\in RCEP}L_{iC})}_{\text{区域外生产阶段}} \quad (16)$$

其中，N_C表示中国—行业的总生产阶段数，$u_1{}'L_{CC}$表示国内生产阶段数，L_{CC}是中国局部Leontief逆矩阵，$u_1{}'$为对应的$1\times S$维行向量；等式右边第二项表示中国之外但布局在RCEP区域内的生产阶段数，L_{iC}是由RCEP成员国投入产出数据计算得到的Leontief逆矩阵中的分块矩阵；等式右边第三项表示中国布局在区域外的生产阶段数，B_{iC}是完全需求系数中的分块矩阵。据此，可以将中国各行业生产阶段数变动分解为国内、RCEP区域内及RCEP区域外生产阶段数变动三个部分。

RCEP承诺关税减让带来的成本优势将使中国加强与成员国的产业链垂

① FALLY T. On the fragmentation of production in the US[M]. University of Colorado, mimeo, 2012；倪红福，龚六堂，夏杰长.生产分割的演进路径及其影响因素：基于生产阶段数的考察[J].管理世界，2016(4)：10-23，187.

直分工协作,尤其是在汽车、纺织和轻工等领域具有较大的合作空间。① 因此,本文重点分析了RCEP情形下四个典型行业,即纺织业、服装、皮革及相关产品制造业,电气设备制造业,汽车、挂车和半挂车制造业以及其他运输设备制造业的全球生产阶段数变动情况。图5显示RCEP生效将逐渐缩短我国汽车和纺织相关行业的国内生产阶段数,同时RCEP区域内生产阶段数将不断上升。这说明RCEP显著促进中国纺织业、电气以及汽车等制造业行业的生产分工向区域内国家转移,即区域内生产分工出现对国内生产的替代效

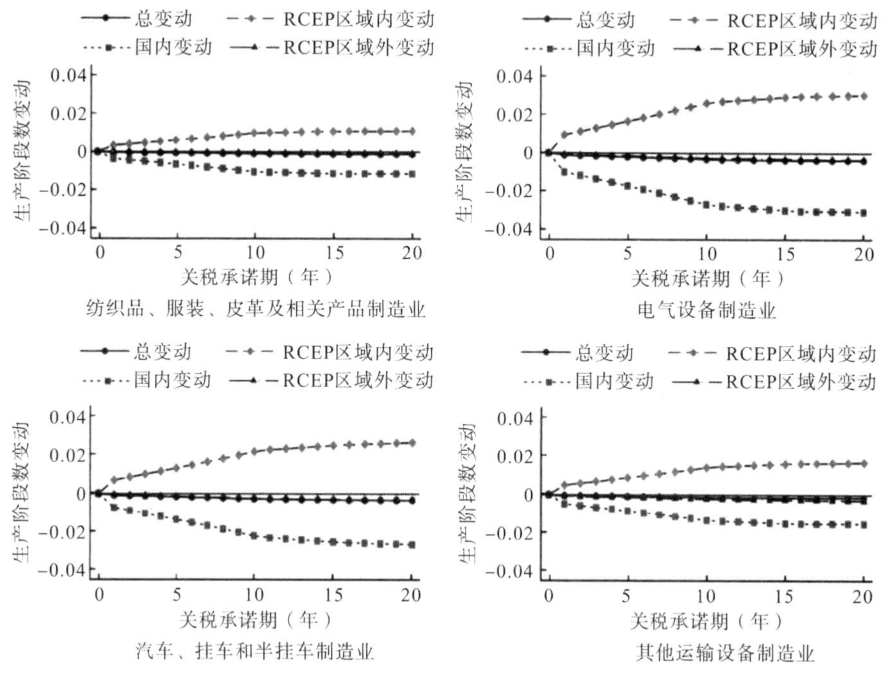

图5 中国典型制造业生产阶段数变动分解

① 商务部数据显示,RCEP生效后我国将对约65%的汽车零部件给予零关税待遇。RCEP带来的汽车零部件关税降低将在很大程度上整合亚太地区汽车供应链产业链,进一步释放我国汽车企业在产业链层面优势,有利于我国汽车行业的整车、零部件和生产线的转型升级。此外,海关统计显示,2019年我国与其他RCEP成员国的纺织品服装进出口贸易总额达882.6亿美元,约占行业当年对外贸易总额的28.8%。同时,越南、老挝等国人力成本较低,东南亚地区目前已逐渐形成新兴纺织品的出口市场。中国的纺织产业链和供应链都比较完整,RCEP建立将有利于区域内统一供应链市场和消费市场的产生,同时加快产业创新升级和生产效率提高。

应，制造业产业链向区域内转移。RCEP 的建立将加快形成扩大版的"世界工厂"，产业链供应链集聚效应将进一步放大，这不仅有利于优化我国产业结构和实现产业转型升级，还能够助力我国国内产业的高质量发展。因此，RCEP 建成将为各成员国在区域内进行最优生产布局提供便利，有利于在亚太地区形成世界级的先进制造业产业集群，同时有利于促进中国制造业价值链向中高端迈进。

五、福利效应分析

本文研究表明，按照承诺关税减让会促进成员国增加值贸易向 RCEP 区域内转移，促使三大自贸区增加值贸易格局的转变以及影响世界各国尤其是成员国全球价值链参与度的变化。与此同时，本文关注的核心问题是，RCEP 对各成员国的福利效应产生多大的定量影响，以及对成员国和非成员国福利有何异质性影响。除此之外，全球区域间投入产出联系又会对 RCEP 生效后带来的福利效应变动产生怎样的影响，以及如果印度加入 RCEP 会如何影响各成员国和印度自身的福利？这些问题的回答直接关系到对 RCEP 签署政策效果的准确评估。

(一)RCEP 生效的福利效应及其分解

从表 2 汇报的按照 RCEP 承诺关税减让至第 20 年时各成员国福利变动结果来看：各成员国都将获得不同程度福利提升，平均福利增长约为 1.2357%，并且经济体量相对较小的东盟成员国均获得了较大的福利提升，平均福利增长约为 1.7561%，其中越南(3.6916%)、柬埔寨(2.6934%)和泰国(2.4377%)三个国家获得了最大的福利提升。相对于东盟国家而言，RCEP 对中国、日本、韩国、澳大利亚及新西兰的福利提升相对较小，平均福利增长约为 0.4030%，其中经济体量最大的中国、日本和韩国的福利提升分别为 0.2241%、0.1725%和 0.7402%。此外，值得一提的是，印度此前虽然参与了 RCEP 谈判但最终选择退出，从本文的模拟结果来看，印度在协议生效后福利将会降低约 0.0041%。

为了明确 RCEP 建成后各国福利变动的来源，本文对福利效应变动进行了进一步的分解，结果发现[①]：

第一，总体而言，RCEP 建成将会提升所有成员国的福利，其中最终品效应和全球价值链效应对福利增长的贡献分别为 44.82%和 55.18%。这表明全球价值链联系是促进 RCEP 成员国福利提升的主要驱动因素，仅仅由 Arkolakis 团队所构建的传统贸易利得指标[②]低估了全球价值链背景下 RCEP 的福利改进效应，中间品贸易以及上下游之间的产业关联对于改善一国贸易福利发挥着越来越重要的作用。

第二，不同成员国福利效应及其分解结果存在较大差异。就中国、日本和韩国而言，RCEP 承诺关税削减导致福利上升的分解结果显示，全球价值链效应的贡献度分别高达 55.69%、58.61%和 64.82%，这表明深度参与全球价值链是福利增长的重要来源。此外，RCEP 的签署不仅对成员国福利产生直接影响，还会通过全球价值链的传导效应对其他非成员国的福利产生间接影响。对于 RCEP 建立导致福利下降最多的中国台湾地区而言，其总体福利损失约为 0.2131%，并且最终品效应和全球价值链效应分别贡献了 34.63%和 65.37%。

第三，区分福利变动来源地进一步分解的结果表明：首先，对于所有成员国而言，RCEP 区域内效应都是导致福利提升的主导因素，平均而言，RCEP 区域内效应对福利变动的贡献度高达 88.45%，而区域外效应的贡献度仅为 11.55%，这充分表明成员国融入 RCEP 区域价值链是实现福利提升的重要路径。其次，RCEP 成员国全球价值链效应平均约为 0.6819%，其中来自 RCEP 区域内和 RCEP 区域外的全球价值链效应对福利增加的贡献度分别为 48.45%和 6.73%；最终品效应平均约为 0.5538%，RCEP 区域内和 RCEP 区域外效应的贡献度分别为 40.00%和 4.82%。因此，相较于最终品效应，在全球价值链效应中 RCEP 区域内产业关联的影响更为关键。

---

① 本文发现 RCEP 对成员国和非成员国福利的影响存在异质性，对于非成员国福利变动的详细分解结果备索。

② ARKOLAKIS C, COSTINOT A, RODRIGUEZ-CLARE A. New trade models, same old gains[J]. American economic review, 2012,(1):94-130.

表 2　RCEP 成员国福利效应的分解

单位：%

国家（地区）	总效应	最终品效应				全球价值链效应			
	全球	RCEP 区域内		RCEP 区域外		RCEP 区域内		RCEP 区域外	
	变动	变动	贡献度	变动	贡献度	变动	贡献度	变动	贡献度
越南	3.6916	1.6696	45.23	0.1069	2.90	1.7373	47.06	0.1778	4.81
柬埔寨	2.6934	0.9275	34.44	0.1052	3.90	1.5267	56.68	0.134	4.98
泰国	2.4377	1.2220	50.13	0.1351	5.54	0.9329	38.27	0.1476	6.06
马来西亚	1.8704	0.4761	25.45	0.0538	2.88	1.1647	62.27	0.1758	9.40
菲律宾	1.0135	0.4767	47.04	0.0672	6.63	0.4208	41.52	0.0488	4.81
新加坡	0.9856	0.3067	31.12	0.1228	12.46	0.4051	41.10	0.1510	15.32
印度尼西亚	0.9282	0.4336	46.71	0.0356	3.84	0.4200	45.25	0.0390	4.20
韩国	0.7402	0.2301	31.09	0.0303	4.09	0.4283	57.86	0.0515	6.96
新西兰	0.5072	0.2093	41.26	0.0456	8.99	0.2088	41.17	0.0435	8.58
文莱	0.4286	0.1925	44.91	0.0272	6.35	0.1653	38.57	0.0436	10.17
澳大利亚	0.3712	0.1244	33.51	0.0302	8.14	0.1723	46.42	0.0443	11.93
中国	0.2241	0.0928	41.41	0.0065	2.90	0.1137	50.74	0.0111	4.95
日本	0.1725	0.0642	37.22	0.0072	4.17	0.0873	50.61	0.0138	8.00
东盟	1.7561	0.7131	40.61	0.0817	4.65	0.8466	48.21	0.1147	6.53
总体	1.2357	0.4943	40.00	0.0595	4.82	0.5987	48.45	0.0832	6.73

（二）反事实模拟分析：不区分中间品和最终品关税变动的福利效应

本文从理论和数据两个方面分别说明了区分中间品和最终品关税进而具有不同双边贸易份额的必要性，本部分分别以基准模拟情形作为对照构建了三个反事实模拟分析进一步说明区分两者的重要性。由表 3 的反事实模拟分析结果可知：首先，相较于基准情形，如果不考虑中间品和最终品关税差异，将会导致 RCEP 所带来福利效应对于大多数成员国都存在低估的问题，平均而言将导致成员国福利效应被低估 18.97%。其次，相较于基准情形，反事实模拟中仅考虑中间品关税下降或仅考虑最终品关税下降将导致各成员国的福利不同程度地下降，并且两种情形下成员国平均福利效应将分别被低估 47.85% 和 51.19%。最后，从基准情形与仅考虑中间品或最终品关税下降的反事实模拟分析结果可知，对于大多数成员国而言，仅中间品进口关税下降情形的福利增进要高于仅最终品关税下降情形的福利增进，这表明 RCEP 建成所带来的关税降低尤其是中间品关税的下降对于各国福利改进具有重要的促进作用。因此，在后续的中日韩自贸协定和全面与进步跨太平洋伙伴关系协定(CPTPP)等经贸协定的谈判过程中，也要充分重视中间品贸易壁垒削减对于进一步提高市场准入承诺以及促进成员国福利提升的重要作用。

表 3　反事实模拟分析：不区分中间品和最终品关税变动的福利效应

单位：%

国家（地区）	基准情形	情景一：不区分中间品和最终品关税差异	情景二：仅中间品关税变动	情景三：仅最终品关税变动
越南	3.6916	2.4004	1.6582	2.0692
柬埔寨	2.6934	2.9952	1.6090	1.1020
泰国	2.4377	1.6679	1.0256	1.4365
马来西亚	1.8704	1.5424	1.2309	0.6657
菲律宾	1.0135	0.7239	0.4865	0.5260
新加坡	0.9856	0.8158	0.5438	0.4532
印度尼西亚	0.9282	0.6896	0.4569	0.4763
韩国	0.7402	0.6722	0.4961	0.2488
新西兰	0.5072	0.3419	0.1604	0.3643
文莱	0.4286	0.4899	0.2611	0.1674
澳大利亚	0.3712	0.3556	0.2149	0.1619
中国	0.2241	0.1862	0.1318	0.0875
日本	0.1725	0.1357	0.1016	0.0810
东盟	1.7561	1.4156	0.9090	0.8620
总体	1.2357	1.0013	0.6444	0.6031

(三)福利效应的再分析：全球价值链重要吗?

近几十年来各国行业更加积极地参与全球生产分工体系，这是全球价值链活动的基本特征，从已有文献衡量全球价值链活动的四个主要指标，即垂直专业化程度、增加值率、增加值贸易份额、出口中隐含的国内增加值来看，都显示出全球价值链生产分工呈现长期增长的趋势。① 这表明近几十年来，一国国内以及跨国的全球投入产出网络复杂度上升，部门之间也通过全球价值链产生了更加紧密的联系。正如 Cappariello 等人所指出的，更加紧密的全球价值链联系会放大贸易保护政策带来的福利损失效应②，因此为了验证更为紧密的全球投入产出联系是否会放大贸易福利效应，本文使用 2005 年全球区域间投入产出结构重新分析了 RCEP 的福利效应。表 4 分别汇报了以 2005 年和 2015 年投入产出数据为基准进行的反事实模拟分析，结果显示：第一，在 2005 年全球投入产出结构的情形下，RCEP 将导致全球总福利平均增长约 0.2334%，而在更为紧密的全球价值链联系，即 2015 年投入产出结构情形下，全球福利平均上升了约 0.2424%，相较于前者贸易福利被放大。第二，更为紧密的全球价值链联系对 RCEP 的福利放大效应主要体现为成员国平均福利效应上升，而非成员国平均福利损失效应被缩小。第三，区分福利效应来源的进一步分解发现，相较于 2005 年的情形，在 2015 年投入产出结构下，区域内最终品效应和区域内 GVC 效应分别增长了 6.61%和 19.09%，而区域外最终品效应和区域外 GVC 效应则分别下降了 24.68%和 57.21%。这表明更为紧密的全球价值链联系对成员国的福利放大效应主要由区域内效应所驱动，并且更紧密的全球价值链联系使得 RCEP 区域内效应对福利增长的效应得到放大，而区域外效应的作用则相对下降，研究结论也进一步说明全球价值链参与对于福利增进具有重要推动作用。

---

① ANTRÀS P, CHOR D. Global value chains[Z]. NBER Working Paper, 2021, No.28549.

② CAPPARIELLO R, FRANCO-BEDOYA S, GUNNELLA V, et al. Rising protectionism and global value chains: quantifying the general equilibrium effects[Z]. CEPR Discussion Paper, 2020.

表4 不同全球投入产出结构下RCEP的福利效应分析

单位:%

地区(国家)	2015年投入产出结构					2005年投入产出结构				
	总福利	区域内最终品效应	区域外最终品效应	区域内GVC效应	区域外GVC效应	总福利	区域内最终品效应	区域外最终品效应	区域内GVC效应	区域外GVC效应
全球	0.2424	0.1000	0.0119	0.1210	0.0095	0.2334	0.0938	0.0158	0.1016	0.0222
RCEP国家	1.2357	0.4943	0.0595	0.5987	0.0832	1.1920	0.4673	0.0789	0.5065	0.1393
非RCEP国家	−0.0059	0.0014	0.0000	0.0016	−0.0089	−0.0062	0.0005	0.0000	0.0004	−0.0071

(四)RCEP扩容:印度加入的情景模拟[①]

2019年11月,在RCEP结束全部文本以及所有市场准入谈判的时候,印度以现有协议不符合本国利益为由退出谈判,尽管印度退出了RCEP谈判,但各成员国仍持开放态度,大力支持印度重返RCEP。在当前新冠疫情的巨大冲击下,全球经济和生产供应链都面临着前所未有的挑战,印度已被两个决定亚洲未来经济乃至世界经济发展格局的贸易协定RCEP和CPTPP排除在外,这意味着印度可能失去了一次能够在区域经济发展中融入全球化进程的关键机会。全球价值链的嵌入具有经济"稳定器"作用,特别是对抑制经济波动的作用尤为明显。[②] 中国经济在过去的四十多年里之所以能够取得巨大增长,其中一个非常重要的因素就是积极加入WTO并主动融入经济全球化。因此,RCEP签署对亚太地区经济乃至全球经济具有重要的现实意义。本文

① 本文还对中国与欧盟达成自贸协定的情景进行了模拟,研究发现RCEP和中欧达成自由贸易协定的同时生效将有利于对冲掉仅RCEP生效对欧盟带来的负面福利影响并使欧盟获得福利改进。篇幅所限,感兴趣可向作者索取。

② 唐宜红,张鹏杨.全球价值链嵌入对贸易保护的抑制效应:基于经济波动视角的研究[J].中国社会科学,2020(7):61-80,205.

模拟印度加入RCEP的研究发现①，加入RCEP情形下印度福利将会得到大幅提升，即由之前未加入RCEP情形的－0.0041％上升至0.3437％；对RCEP其他国家而言，所有成员国福利在印度加入后都将得到不同程度的上升，其中马来西亚、泰国和越南的福利上升最多，分别为0.1360％、0.1012％和0.0890％，而对文莱、日本和柬埔寨福利提升较少，分别为0.0052％、0.0056％和0.0088％，对中国的福利提升约为0.0237％。这主要是由于马来西亚、泰国和越南三个国家在地理距离上距离印度都较近，相对来说与印度的贸易往来也更加密切，因此受益更多。印度的加入能够为RCEP带来更加广阔的区域市场和提升价值链分工的灵活性，有利于促进RCEP作为全球最大的区域贸易协定建成现代的、全面的、高质量的和互惠的大型自贸协定。当今世界正经历百年未有之大变局，新冠疫情和贸易保护主义的兴起使得全球化进程受阻。因此，区域经济一体化发展变得尤为重要，区域内各国应当积极寻求交流与合作，加快区域经济一体化进程与命运共同体建设，实现互利共赢和共同发展。

表5　印度加入RCEP对成员国福利的影响

单位：％

国家（地区）	福利效应		
	印度不加入RCEP	印度加入RCEP	福利变动
印度	－0.0041	0.3437	0.3478
马来西亚	1.8704	2.0064	0.1360
泰国	2.4377	2.5389	0.1012
越南	3.6916	3.7806	0.0890
印度尼西亚	0.9282	1.0050	0.0768
新加坡	0.9856	1.0461	0.0605
韩国	0.7402	0.7724	0.0322

① 由于印度并未公布关税减让承诺表，本文对印度与成员国之间的贸易成本变动做以下设定：(1)印度从成员国某一行业进口的贸易成本变化是按照其他所有成员国从该国该行业进口贸易成本变动的平均值设定；(2)成员国对从印度某一行业进口的贸易成本变化是按照其他成员国对该国这一行业进口贸易成本变动平均值设定。另外，本文模拟了印度加入RCEP对增加值出口和参与全球价值链分工影响，研究发现：印度加入RCEP不仅会提升自身的增加值出口和更加深度融入全球价值链生产分工，还会促进RCEP区域内增加值出口和影响三大自贸区之间的增加值贸易，篇幅所限正文未具体汇报，详细结果备索。

续表

国家（地区）	福利效应		
	印度不加入 RCEP	印度加入 RCEP	福利变动
菲律宾	1.0135	1.0442	0.0307
中国	0.2241	0.2478	0.0237
澳大利亚	0.3712	0.3917	0.0205
新西兰	0.5072	0.5189	0.0117
柬埔寨	2.6934	2.7022	0.0088
日本	0.1725	0.1781	0.0056
文莱	0.4286	0.4338	0.0052

六、结论与政策启示

在全球保护主义盛行以及新冠疫情在世界范围内扩散对全球价值链生产分工体系造成巨大影响的双重背景下，RCEP 的成功签署有助于更好地应对此类负面冲击，对促进全球价值链区域化的结构变革和助推我国更高水平的对外开放以及双循环新发展格局构建都具有重要意义。基于全球价值链视角，本文运用多国多部门贸易的结构模型量化评估了 RCEP 的贸易和福利效应，研究表明：首先，RCEP 生效后将促进成员国增加值出口在区域内增长 1673.9723 亿美元，全球价值链关联效应将导致三大区域之间的增加值贸易格局的改变。其次，RCEP 将显著促进成员国深度参与全球价值链，在区域内建立起更加精细完善的生产分工体系；从产业转型升级的角度，RCEP 使得跨国企业可以在整个区域内以更低的成本进行采购和生产布局，研究发现中国纺织业、电气以及汽车业等典型制造业将部分生产环节由国内向区域内转移。进一步地，从福利效应来看，RCEP 将显著提升所有成员国的福利水平，其中中国、日本和韩国的福利分别提升 0.2241％、0.1725％和0.7402％，东盟国家福利平均上升约为 1.7561％。通过对福利效应的分解发现，相较于最终品效应，全球价值链效应（55.18％）是促进 RCEP 成员国福利增长的重要来源；进一步区分福利变动来源地的分解结果表明，RCEP 区域内效应和区域外效应的贡献度分别为 88.45％和 11.55％，深度融入亚太区域价值链是实现贸易福利改进的重要渠道。另外，不区分中间品和最终品贸易成本将导致福利效应的低估；本文还验证了更为紧密的全球价值链联系对RCEP承诺关税减让带来的福利改进具有“放大效应”。最后，模拟印度加入RCEP的结果表明，印度加入会使其由此前的福利损失0.0041%变为福利上升0.3437%，同时会使成员国获得不同程度的福利改进。

以上研究结论对于推动构建开放型亚太区域经济一体化发展新格局，以及我国立足RCEP和亚太区域价值链的深化与扩容更好地实现经济更高水平开放和更高质量发展具有重要启示作用。首先，本文发现RCEP生效会促进成员国之间的增加值贸易，这对于稳定和促进以中国为枢纽的亚太区域价值链发展具有积极作用，但是也要意识到相较于更高水平的经贸协定如CPTPP等，RCEP仍存在提升空间，进一步推进区域合作的前景广阔。因此，一方面中国要以RCEP建成为契机，加快“中欧投资协定”谈判进程，并为随后加入CPTPP做好充足准备，逐步实现从RCEP到“中欧投资协定”再到CPTPP的更高层次、更宽领域以及更深角度的自贸区建设进程，形成更为完善和全面的高水平制度型国际经贸合作体系。另一方面，RCEP的实施标志着中日韩三国之间自贸关系首次正式建立，中国应当借助RCEP契机进一步积极推进中日韩自贸协定谈判，建成更高层次和更为开放的中日韩三边制度型合作机制。其次，RCEP生效将对三大自贸区之间的贸易格局和价值链分工模式产生深刻影响，关税等制度性交易成本的降低为区域内贸易创造提供强大动能，加速我国通过区域内循环融入高质量国际外循环。在此过程中，中国应致力于在RCEP区域价值链培育新技术和创造新市场，通过区域融合发展的方式进一步提升我国在全球产业链中的地位。最后，从产业转型升级的角度来看，要抓住RCEP带来的机遇，以深化改革开放促进产业升级。在新一轮全球价值链体系重构过程中，作为全球价值链参与主体的中国制造业企业，一方面要积极熟悉RCEP具体条款和规则以及更好地在区域内对要素资源进行优化配置，为全面对接RCEP经贸新规则做好充分准备；另一方面要加强适应RCEP生效后更加开放和竞争性更强的国际环境，努力通过提升产品质量实现向制造业的研发、设计和品牌培育等高端环节延伸，以此为契机推动我国整体产业结构的转型升级，同时也要防范产业空心化危险。

中国对东南亚国家直接投资的政治效应*

刘 倩 陈济冬

一、引言

“一带一路”倡议提出后，国际区域经济合作不断深入，全球治理结构持续改善，不同国家经济和政治互动日益频繁。以东南亚为例，中国自2009年开始成为东盟第一大贸易伙伴，2016年中国对东盟国家投资占东盟国家外商直接投资(FDI)总额的9.6%，而东盟同时也是中国海外直接投资的第四大目的地。① 中国与东盟的对话进程自1991年开始，经过20多年努力，双方在政治、经济以及国际事务中的合作逐步深入。2020年第一季度，东盟首次成为中国第一大贸易伙伴。2020年11月，区域全面经济伙伴关系协定(RCEP)签署。RCEP的签署标志着覆盖人口最多、规模最大的自由贸易区正式启动，也意味着亚太地区经济一体化进程走向深入，中国与东南亚地区的经济往来进入全面发展的新阶段。

国际经贸关系与政治关系密不可分，经贸关系会影响到国家内部的政治

* 本文作者之一刘倩系北京师范大学一带一路研究院副院长、新兴市场研究院副教授，于2022年6月2日在厦门大学一带一路研究院以本文内容为主题做“一带一路”系列学术讲座第56场，成果发表于《世界经济与政治》2022年第2期。

① 国家统计局国际统计信息中心，广西壮族自治区统计局和国家统计局广西调查总队编. 中国—东盟国家统计年鉴2017[M].北京：中国统计出版社，2018：13.

经济发展。[①]如东道国为了吸引外资，需要改善国家治理水平，提升营商环境，从而更好地促进经济发展。[②]中国和东南亚各国互为重要的经济合作伙伴，东南亚不仅是RCEP主要成员所在地，也是“一带一路”倡议覆盖的重要区域之一。在“一带一路”和RCEP双重背景下，中国作为最大的发展中国家，在东南亚地区的FDI对东道国的发展会产生什么样的促进作用？来自中国的FDI如何提升东道国民众的真实获得感？这些问题有助于理解和评估“一带一路”在区域经济合作和全球治理中产生的积极影响，对于新时代推进高水平对外开放具有启示意义。本文尝试从东道国民众对中国在当地影响力的感知这一视角来解析上述问题。一国民众对他国的感知反映了本国民众在国际经济合作中的真实获得感。东道国民众有着异质性的个体特征和利益诉求，各类人群的综合获得感是反映合作效果的重要维度。本文将东道国民众对中国影响力的感知作为衡量区域经济合作效果的代理变量，分析东道国民众对投资来源国的正面感知是如何受到个体和宏观层面因素影响的。

二、文献综述

已有文献表明FDI有利于东道国的经济社会发展。FDI可以带来更多的资金，直接促进交通、电信、金融和能源等部门的基础设施建设。[③]同时，FDI通过引入国际先进的技术知识、创新能力和管理实践，使东道国更好地融入国际市场，提高东道国的市场效率。[④] 通过建立国内和国际市场的联系，FDI还可以帮助东道国改善其劳动力市场的效率，创造更多就业机会，从而减少贫困

① KEOHANER O, NYE J S. Power and interdependence: world politics in transition[J]. International affairs,1977, 53(2):270-273.

② MALLAMPALLY P, SAUVANL K P. Foreign direct investment in developing countries[J]. Finance and development, 1999, 36(1):34-37.

③ REHMAN F,et al. The causal, linear and nonlinear nexus between sectoral FDI and infrastruture in Pakistan: using a new global infrastructure index[J]. Research in international business and finance, 2020, 52:110-129.

④ MALLAMPALLY P, SAUVANL K P.Foreign direct investment in developing Countries[J]. Finance and development, 1999, 36(1):34-37.

发生率、改善社会福祉。[①]以越南为例，通过对越南外资公司的调查研究，有学者发现，FDI对越南的就业提升、人力资本积累、消费升级和税收收入提升都有显著的正面影响。[②]对长期面板数据的研究表明，FDI有助于改善东道国的产权保护制度，从而提升该国的经济治理绩效，最终促进其经济发展。[③] FDI作为国际经济合作的一种方式有其独特性，国外直接投资者更关心长远利益。这一点与国际贸易活动的参与者不同，如FDI有利于提升劳工权利、贸易竞争却起到了反向作用。[④]正是因为国外直接投资者更在乎持久的回报，FDI往往有助于缓解东道国国内的社会冲突，也有助于降低东道国的腐败，提升其国内行政管理绩效。[⑤] 有学者基于“一带一路”相关的63个国家2003—2016年的面板数据，研究发现中国的对外投资显著改善了东道国国家内部的治理结构。[⑥]

FDI对东道国的发展并不总是正向的，全球化可能会损害一部分劳工的福利，给他们带来不安全感。例如，肯尼思·舍韦(Kenneth Scheve)和马修·斯劳特(Matthew J. Slaughter)的研究发现FDI会提升跨国公司的劳动力需

---

① SHU R, et al. FDI, labor market flexibility and employment in China[J]. China economic review, 2020, 61(2):1-16.

② MIRZA H, GIROUD A. Regional integration and benefits from foreign direct investment in ASEAN economies: the case of Vietnam[J]. Asian development review, 2004, 21(1):66-98.

③ ALI F, FIESS N, MACDONALD R. Climbing to the top? foreign direct investment and property rights[J]. Economic inquiry, 2011, 49(1):289-302.

④ BARBIERI K, REUVENY R. Economic globalization and civil war[J]. The journal of politics, 2005, 67(4):1228-1247; MOSLEY L, UNOS. Racing to the bottom or climbing to the top? economic globalization and collective labor rights[J]. Comparative political studies, 2007, 40(8):923-948.

⑤ BARBIERI K, REUVENY R. Economic globalization and civil war[J]. The journal of politics, 2005, 67(4):1228-1247; MIHALACHE-O'KEEF A S. Whose greed, whose grievance, and whose opportunity? effects of foreign direct investments(FDI) on internal conflict[J]. World development, 2018, 106:187-206; LEE M-H, LIO M-C. The impact of foreign direct investment on public governance and corruption in China[J]. The China review, 2016, 16(2):105-135; 王碧珺，杜静玄，李修宇. 中国投资是东道国内部冲突的抑制剂还是催化剂[J].世界经济与政治，2020(3):134-154、160.

⑥ PAN C Y, et al. Does China's outward direct investment improve the institutional quality of the Belt and Road countries? [J]. Sustainability, 2020, 12(1):1-21.

求弹性，引发工资和就业的波动，从而使劳工缺乏安全感。① FDI 流入也会给东道国带来一些负外部性，发达国家的企业将高污染、高能耗的产业转移至发展中国家，导致其环境质量恶化。例如，有研究表明 FDI 的流入使马来西亚的二氧化碳排放显著增加。② FDI 的环境负外部性在中低收入的东道国尤为明显，这说明 FDI 在东道国是否会引起负外部性很大程度上取决于当地的制度和营商环境。在部分国家，FDI 的流入伴随着当地环境规制政策的放松，由此产生了负外部性。③综合已有的文献不难发现，FDI 对东道国的影响既有正面的也有负面的，同时存在明显争议④，这些争议导致东道国民众对投资来源国产生了不同的主观看法，例如，中国在拉美的经济活动就引起当地民众对中国看法的两极分化。⑤如何系统地评判包括 FDI 在内的国际经济合作的效果需要有一些综合性指标。东道国民众受到 FDI 的综合影响会形成对 FDI 和跨国企业的主观感知，而东道国民众的主观获得感恰恰是衡量经济合作质量的重要维度⑥，这也是本文实证分析中主要关注的变量。

对民意或者民众主观感知（public opinion）的研究是政治学和国际关系领域的重要研究议题，在每个国家特定的政治制度下，民众的政策偏好和主观

---

① SCHEVE K，SLAUGHTER M J. Economic insecurity and the globalization of production[J]. American journal of political science，2004，48(4)：662-674.

② COLE M，ELLIOTT R J R. FDI and the capital intensity of"dirty" sectors：amissing piece of the pollution haven puzzle[J]. Review of development economics，2005，9(4)：530-548；CHIN M-Y，et al. The determinants of CO_2 emissions in Malaysia：anew aspect [J]. International journal of energy economics and policy，2018，8(1)：190-194.

③ REZZA A A. FDI and pollution havens：evidence from the norwegian manufacturing sector[J]. Ecological economics，2013，90：140-149；WEI S-J. How taxing is corruption on international investors? [J]. The review of economics and statistics，2000，82(1)：1-11.

④ CZINKOTA M R，RONKAINEN I A，MOFFETT M H.Fundamentals of international business[M]. New York：Wessex，2014.

⑤ HANUSCH M. African perspectives on China-Africa：modelling popular perceptions and their economic and political determinants[J]. Oxford development studies，2012，40(4)：492-516.

⑥ 庞琴，梁意颖，潘俊豪.中国的经济影响与东亚国家民众对华评价：经济受惠度与发展主义的调节效应分析[J].世界经济与政治，2017(2)：130-154，160.

感知会影响到一国最终的决策。[①]"观众成本(audience cost)"理论认为,民众的感知和偏好会直接影响到国家公共政策和外交政策的形成。[②]本文受上述文献的启发选取民众对他国的感知作为关键的研究变量。与既有研究不同的是,本文认为国家的政策选择和国家间的互动合作会直接影响东道国民众的感知。约瑟夫·奈(Joseph Nye)等学者研究发现,从资金来源国的角度来看,争取其他国家民众的好感已经成为全球大国竞争中重要的一环,国家间的经济互动(如对外援助、FDI 等)会影响到东道国民众对资金来源国的感知。[③]既有文献中多以美国或其他发达国家为例,关于来自发展中国家的 FDI 如何影响东道国民众的感知并没有系统的研究和一致的结论,本文试图从这一方面对既有文献进行补充。本文发现,东道国民众对中国在当地影响力的正面感知受到中国在东道国 FDI 的非单调影响。这一实证结果一定程度上融合了上文中关于 FDI 的影响看似矛盾的结论,并且说明了东道国民众对国际经济合作的获得感并非必然随着 FDI 数量的上升而提高。

随着中国对外投资日益增加,中国被认为是有巨大合作潜力的经济伙伴,西方媒体和国际学术界对中国对外投资的报道和相关研究也不断增多。卡蒂亚·克莱因伯格(Katja Kleinberg)和本杰明·福特汉姆(Benjamin Fordham)基于 47 个国家民调的实证研究,发现中国的出口量与进口国关于中国的正面感知高度相关:一国对中国的产品依赖度越高,则该国民众对中国的负面看法越少。[④]也有学者基于"一带一路"相关的 63 个国家 2003—2016 年的面板数

---

① HURWITZ J, PEFFLEY M.How are foreign policy attitudes structured? a hierarchical model[J]. The American political science review, 1987, 81(4):1099-1120; MILNER H V, TINGLEY D H.Public opinion and foreign aid: a review essay[J]. International interactions, 2013, 39(3):389-401.

② FEARON J D.Domestic political audiences and the escalation of international disputes[J]. American political science review, 1994, 88(3), 577-592; TOMZ M.Domestic audience costs in international relations: an experimental approach[J]. International organization, 2007, 61(4):821-840.

③ NYE J S. Soft power: the means to success in world politics[J]. Public Affairs, 2004, 83(3):136; GOLDSMITH B E, HORIUCHI Y, WOOD T.Doing well by doing good: the impact of foreign aid on foreign public opinion[J]. Quarterly journal of political science, 2014, 9(1):87-114.

④ KLEINBERG K, FORDHAM B.Trade and foreign policy attitudes[J]. Journal of conflict resolution, 2010, 54(5):687-714.

据分析，发现中国的对外投资显著改善了东道国内部的国家治理结构。[①]有学者基于一项问卷调查的研究，发现缅甸民众对中国投资的印象与中国企业的当地伙伴和当地融入策略相关。[②]庞琴等通过多层线性模型分析发现，东亚国家民众对中国的评价与双边经贸关系相关，"经济发展受惠度"和"发展主义倾向"指标越高的国家，中国对其经济影响越大，从而民众对中国的评价也越积极。[③]相较于既有文献，本文在研究假设中并没有默认 FDI 对于东道国正面感知的影响是单调递增的或者单调递减的，而是基于更一般化的假设分析出两者间呈现倒 U 形曲线的非单调关系。此外，本文还考虑到 FDI 对于民众主观感知的影响可能存在时间滞后。随着"一带一路"倡议的提出，中国对"一带一路"相关国家的投资有实质性上升[④]，从民众获得感的角度系统分析中国在参与国际经济合作过程中对东道国发展的积极影响有着重要的理论和政策意义。

三、FDI 如何影响东道国民众对投资来源国的正面感知

国家之间的经济合作并不只是抽象的数字，投资项目通过提高东道国当地的经济发展水平改善民生福祉，可以让东道国民众产生真实的获得感。当个体感知到一系列随之而来的经济福利得以改善时，东道国民众就会对投资项目以及投资项目的来源国产生积极的感知。这些感知一方面来源于国家之间各种经济投资合作数量的影响，在一国或者某一特定区域内有共性；另一方面也反

① PAN C Y, WEI W X, MURALIDHARAN E, et al. Does China's outward direct investment improve the institutional quality of the belt and road countries? [J]. Sustainability, 2020, 12(1):1-21.

② YAO Y, ZHANG Y Y.Public perception of Chinese investment in Myanmar and its political consequences: a survey experimental approach[EB/OL].(2018-06-16)[2021-10-11].https://www.theigc.org/wp-content/uploads/2018/06/Yao-Zhang-2018-Policy-Brief.pdf.

③ 庞琴，梁意颖，潘俊豪.中国的经济影响与东亚国家民众对华评价：经济受惠度与发展主义的调节效应分析[J].世界经济与政治，2017(2):130-154，160.

④ DU J L, ZHANG Y F. Does One Belt One Road Initiative promote Chinese overseas direct investment? [J]. China economic review, 2018, 47:189-205.

映了不同民众的获得感在不同个体之间会有潜在的差异。既有研究表明，区域经济合作中的贸易投资与民众如何看待伙伴国(如好感、信任和正面国际形象等)具有相关性。[①]民意并不是无序随机的，民众对国内的公共政策和治理安排有一系列的价值判断，这会影响其政策偏好从而影响政府的政策选择。[②]

如果东道国民众对中国在当地影响的正面感知是经济合作质量的一种体现，那么这种感知如何受到经济合作数量的影响？FDI数量改变东道国民众的主观感知是近年来国际政治经济学领域的重要研究话题，很多研究在前提假设中默认了FDI的作用是单调的。[③] FDI会影响东道国经济社会发展的各个方面，如经济增长、生态环境、就业与民生、民众健康和收入分配等。[④]而东

---

① DISDIER A-C, MAYER T. Je t'aime, moi non plus: bilateral opinions and international trade[J]. European journal of political economy, 2007, 23(4):1140-1159; GUISO L, SAPIENZA P, ZINGALES L.Cultural biases in economic exchange? [J]. The quarterly journal of economics, 2009, 124(3):1095-1131; ROSE A K.Like me, buy me: the effect of soft power on exports[J]. Economics&politics, 2016, 28(2):216-232; HEILMANN K. Does political conflict hurt trade? evidence from consumer boycotts[J]. Journal of international economics,2016, 99, 179-191; PANDYA S S, VENKATESAN R. French roast: consumer response to international conflict-evidence from supermarket scanner data[J]. Review of economics and statistics, 2016, 98(1):42-56.

② HURWITZ J, PEFFLEY M. How are foreign policy attitudes structured? a hierarchical model[J]. The American political science review, 1987, 81(4):1099-1120; FEARON J D. Domestic political audiences and the escalation of international disputes[J]. American political science review, 1994, 88(3):577-592; GOLDSMITH B E, HORIUCH Y.In search of soft power: does foreign public opinion matter for US foreign policy? [J]. World politics, 2012, 64(3):555-585.

③ 庞琴，梁意颖，潘俊豪.中国的经济影响与东亚国家民众对华评价：经济受惠度与发展主义的调节效应分析[J].世界经济与政治，2017(2):130-154、160; O'TRAKOUN J. China's Belt and Road Initiative and regional perceptions of China[J]. Business economics, 2018, 53(1):17-24.

④ LUCAS R E.Why doesn't capital flow from rich to poor countries? [J]. The American economic review, 1990, 80(2):92-96; COLE M, ELLIOTT R J R.FDI and the capital intensity of"dirty" sectors: a missing piece of the pollution haven puzzle[J]. Review of development economics, 2005, 9(4):530-548; SCHEVE K, SLAUGHTER M J. Economic insecurity and the globalization of production[J]. American journal of political science, 2004, 48(4):662-674; NAGEL K,HERZER D, NUNNENKAMP P.How does FDI affect health? [J]. International economic journal, 2015, 29(4):655-679; 郑新业，张阳阳，马本，等.全球化与收入不平等：新机制与新证据[J].经济研究，2018,53(8):132-146.

道国民众也通过对日常生活各个方面(包括 FDI 给当地带来的经济收益和社会影响等)的感知形成对资金来源国在当地影响的认知。从东道国的经济收益来看,跨国公司对当地的经济发展、税收收入和就业等方面起到了促进作用,同时 FDI 具有正向的溢出效应(spillover effect),有利于促进东道国本土企业生产率的提高。①

FDI 经济回报率满足边际收益递减的基本原理:在投资存量相对较少的情况下,经济回报率较高;随着投资数量的增加,经济总收益提升的同时,经济上的边际回报率会呈现下降趋势。②这意味着每增加一单位的 FDI 投资数量,东道国在经济上虽然会继续受益,但受益程度的增加值却在降低,东道国民众对投资来源国好感程度的增量也随之下降。与此同时,在部分国家尤其是一些发展中国家,受制于特定的发展阶段和经济社会条件,FDI 对当地的生态环境、收入分配和就业等方面并没有起到能够让东道国民众切身感受到的显著正向作用。③从东道国民众的视角来看,在其他条件不变的前提下,FDI 数量的增加会给当地经济社会发展带来成本,这些成本一部分是客观存在的,另一部分则是民众的主观感知。④在 FDI 数量较少时,每增加一单位 FDI 数量带来的经济增加值较高,可以抵消掉其可能带来的社会成本,从而对东道国民众来说主观上的净收益在增加;随着 FDI 增加到一定数量,经济上的边际收益并不显著,民众感知到的社会成本则相对凸显,此时若再追加 FDI 的数量,民众

---

① GIRMA S, GONG Y, GÖGR H, et al. Estimating direct and indirect effects of foreign direct investment on firm productivity in the presence of interactions between firms [J]. Journal of international economics,2015, 95(1):157-169.

② SU J, JEFFERSON G H. Differences in returns to FDI between China's coast and interior: one country, two economies? [J]. Journal of asian economics,2012, 23(3):259-269.

③ COLE M, ELLIOTT R J R.FDI and the capital intensity of "dirty" sectors: amissing piece of the pollution haven puzzle[J]. Review of development economics, 2005, 9(4): 530-548;郑新业,张阳阳,马本,等.全球化与收入不平等:新机制与新证据[J].经济研究,2018,53(8):132-146.

④ SCHEVE K, SLAUGHTER M J. Economic insecurity and the globalization of production[J]. American journal of political science, 2004, 48(4):662-674.

感知的综合净收益就会下降。[①]因此本文认为FDI数量和东道国民众关于其效果的感知存在着非单调的倒U形关系。这是本文的主要假说，即东道国民众对中国的正面感知受到中国对东道国FDI的非单调影响。

在国际经济合作中需要关注东道国及其民众的真实获得感，获得感是反映合作质量的重要维度。以FDI为代表的经济合作数量可以部分影响东道国民众对中国的正面感知，但并非数量越多越好，也非越少越好，而是需要保持在一定范围内。当FDI处于较低水平时，随着FDI数量的增加，经济的溢出效应表现较为明显，民众的获得感上升；当FDI增加到一定水平时，经济方面的边际回报率变小，负面作用占主导，东道国民众的获得感下降。

四、数据与经验实证分析

（一）数据与变量说明

本文使用的数据主要来源于第三波和第四波亚洲晴雨表调查（Asian barometer survey）数据库。该调查覆盖了中国、新加坡、泰国和马来西亚等14个国家和地区。该数据库采用随机抽样的方法，调查民众对于当前社会发展、国家认同和国际关系等政治和社会类问题的看法和认知。其中第三波调查于2010年开展，第四波调查于2014年开展。本文的研究样本选取了与“一带一路”相关的东南亚国家，包括菲律宾、泰国、印度尼西亚、新加坡、越南、柬埔寨、马来西亚以及缅甸8个国家，这8个国家同时也是东盟成员，研究样本的数据类型为混合截面数据。

本文的主要被解释变量是问卷中民众关于中国对当地是否产生了积极影响的感知（简称“中国影响力”）。问卷中的相关问题为“总的来说，你认为中国

① 本文用B(I)表示总FDI投资量I带来的经济收益，投资量越多，给当地带来的经济收益越高[$B'(I)>0$]，但边际回报递减[$B''(I)<0$]。当投资量充分大时，经济上的边际收益会很小。用C(I)表示东道国民众主观感知的FDI带来的各个方面的综合社会成本。本文假设，随着FDI数量的增加，民众感知的综合社会成本和综合成本的边际增量都不会降低，即$C'(I)\geqslant 0$，$C''(I)\geqslant 0$。在充分条件$B'(0)>C'(0)$的假设下，可以证明主观感知的净收益$B(I)-C(I)$关于I是倒U形的。在这一形式化的逻辑中，FDI质量的提升一部分对应着成本函数C(I)属性的改变。

对本国影响如何”，本文用 *China_Positive* 表示答案，将积极影响的选项记为 1、消极影响的选项记为 0。这一变量刻画了一国民众对中国的认知。本文在实证分析中主要研究各国民众关于中国在当地影响力感知的影响因素，其中一个重要维度是中国在该国的投资存量。本文认为 FDI 一定程度上度量了两国直接经济合作的程度，这会影响一国民众对中国在当地是否有正向影响的判断。本文在联合国贸易和发展会议（UNCTAD）数据库中选取了 2008 年和 2012 年两次民调数据开始前间隔两年的中国 FDI 存量数据，变量记作 *FDI_China*，在回归模型中将其取对数得到 ln(*FDI_China*)。为进行稳健性检验，本文也尝试直接用 2009 年的 FDI 存量作为解释变量，主要结论没有变化。

个体层面的主要控制变量包括：*Male*，表示性别（男＝1，女＝0）；*Rural*，表示个体是否居住在农村地区（是＝1，否＝0）；*Age*，代表年龄；*Education*，代表受教育年限；*Income*，代表问卷中个体对所在家庭的收入在所在国家或区域水平的主观排序，从 1（最低一档）到 5（最高一档）。其他控制变量还包括问卷采集时间的虚拟变量和样本所在国家的虚拟变量。本文主要变量的描述性统计展示在表 1 中。在本文的样本中，有超过 70％的民众认为中国在其国家产生了积极影响。样本中大约 56％的民众生活在农村地区，大约 50％的民众为男性，平均受教育年限为 8～9 年。主观的收入均值约为 2.58，超过了中值 2.5，说明存在部分个体对自身收入的高估。ln(*FDI_China*)在样本中个体层面的均值约为 7.10。

表 1　主要变量的描述性统计

变量	样本量	均值	标准差	最小值	最大值
China_Positive	14819	0.7010	0.4578	0	1
Rural	18991	0.5649	0.4958	0	1
Male	19043	0.5006	0.5000	0	1
Education	18546	8.8359	4.4583	0	25
Age	19049	42.0592	14.4611	17	94
Income	17715	2.5819	1.2784	1	5
ln(*FDI_China*)	17499	7.0981	1.0714	5.7071	9.3627

(二)主要理论假说的经验实证分析

一国民众对中国在当地是否有正向影响的感知一定程度上刻画了中国与东道国之间合作的效果,有哪些因素影响了这一效果呢?样本中的8个国家全部是东盟成员,中国与这8个国家的双边贸易和双向投资十分密切,涉及经济、民生等各个领域。根据本文的主要理论假说,以投资为代表的经济合作会影响民众对中国在当地积极影响的感知。具体来说,本文采用FDI作为两国经济合作程度的代理变量,分析经济合作如何影响个体对中国在当地是否有正向影响的认知。

一国民众对于FDI在本国是否产生了积极影响的感知受到多重因素的影响,除FDI数量外,也可能与其个人经历以及国家层面的双边贸易、战争历史、领土纠纷等因素相关。为验证本文的理论假说,笔者在统计分析中尽量控制相关因素,试图在给定其他因素的条件下探究FDI产生的影响到底有多大。为说明主要解释变量的作用并非受到国家和地区特征的影响,本文在所有回归分析中均控制了国家的虚拟变量,即国家固定效应。不同国家有着不同历史特征,这些信息均包含在国家固定效应的变量中,此外还包含了其他方面不可观测的可能会影响到双边经贸关系和民众感知的因素。①为排除问卷调查年份的差异产生的影响,本文也控制了年份的固定效应。在控制了国家特征和问卷年份的固定效应之后,本文的实证分析结果一定程度上排除了这些因素对主要机制的影响。为进一步排除其他经贸因素对实证结果的干扰,本文在回归中控制了每一个国家和中国的双边贸易总额(对数形式),该变量来自联合国商贸数据库(UN Comtrade Database)。②此外,不同民众的感知也可能存在个体差异,因此本文在回归分析中也控制了个人的经济社会特征。

在回归分析中,仅仅控制个人层面的特征变量和国家层面的相关变量并不足以识别出FDI对东道国民众感知的影响,因为FDI本身具有一定的内生性。为了尽可能地排除主观感知对FDI可能的影响,本文在回归分析中采用了比主观感知数据提前两年的FDI数据作为解释变量。若干年之前的FDI不太可能受到之后的主观感知的影响。这样的处理方式一定程度上排除了反

---

① 作为稳健性检验,本文将考虑在回归分析中不控制国家固定效应,而只控制是否和中国发生过战争及是否和中国有领土纠纷这两个虚拟变量,主要结论均无显著变化。

② UN Comtrade Database[EB/OL].[2021-04-22].https://comtrade.un.org/.

向因果的可能性。具体来说,本文在联合国贸易和发展会议数据库中分别选取了在两波民意调查开始前间隔两年的来自中国的 FDI 存量数据,分别为 2008 年和 2012 年,变量记作 *FDI_China*,在回归模型中将其取对数得到 ln(*FDI_China*)。

为分析 ln(*FDI_China*)可能对关于中国的正面认知具有非单调的影响,本文在回归中引入了 ln(*FDI_China*)的平方项。计量分析的结果展示在表 2 中。第一列为 Probit 的回归结果,第二列展示的是 OLS 的回归结果。

表 2　来自中国的 FDI 对东道国民众关于中国认知的影响

项目	Probit	OLS
ln(*FDI_China*)	2.888*** (0.491)	0.552*** (0.126)
ln(*FDI_China*)的平方项	−0.131*** (0.0304)	−0.0207** (0.0081)
Income	0.0155 (0.0114)	0.00471 (0.0034)
Rural	0.0723** (0.0301)	0.0227** (0.0089)
Male	0.00214 (0.0252)	0.000321 (0.0075)
Age	−0.0166*** (0.0049)	−0.00484*** (0.0014)
Age_Squared	0.0002*** (0.00005)	0.00005*** (0.00002)
Education	−0.0109*** (0.0037)	−0.00344*** (0.0011)
ln(双边贸易额)	0.104 (0.3130)	0.154* (0.0891)
国家固定效应和问卷时间的虚拟变量	√	√
观测值	12728	12728
R^2	/	0.193

注:括号内为稳健性标准误差,*、** 和 *** 分别表示 $p<0.1$、$p<0.05$ 和 $p<0.01$ 的显著性水平。

从表 2 的回归结果可以看出,在控制了双边贸易、战争历史、领土纠纷以及其他一些国家层面无法直接观测到的特征的影响之后,FDI 的数量依然对东道国民众关于中国在当地发挥积极作用的感知产生了显著且非单调的影响,即东道国民众关于中国影响的感知随着 FDI 数量的增加先上升再下降。

FDI 的经济回报率满足边际收益递减的基本原理，随着 FDI 数量的增加，经济总收益提升的同时经济上的边际回报率会呈现下降趋势。在 FDI 数量较少时，每增加一单位 FDI 数量带来的经济增加值较高，可以抵消其可能带来的社会成本，因此东道国民众主观上感知到的净收益是在增加的；随着 FDI 增加到一定数量，经济上的边际收益并不显著，无法与民众感知到的社会成本增量相抵消。非单调性的结论意味着 FDI 投资的数量在适当范围内可以起到积极作用，但增加到一定数目后，投资量的提升对中国在东道国正面影响的促进作用开始减弱。

根据本文的理论假说，这种非单调性取决于民众对 FDI 边际收益和边际成本的感知，在现实中主要体现在四个方面：一是和投资企业与当地文化适应性相关。一国对外投资初期带来就业机会的增多可以提升民众对该国的好感，但随着时间推移，投资企业与当地文化、制度等要素的不兼容性日益凸显，由此产生的民众反对情绪会导致民众对投资来源国的好感下降。[①]二是与东道国资源环境约束有关。投资初期带来了较好的经济效果，而企业在与当地社会经济互动过程中可能会产生一些环境问题，伴随着国际上日益受关注的“环境威胁论”，当地民众对投资来源国的积极认知会随着这些问题的积累而有所改变。[②] 三是与投资来源国对东道国的投资产生的不平等有关。实证研究表明，FDI 会带来技术创新，从而扩大高技能劳动者与低技能劳动者的工资差距。[③]随着投资时间的推移，当信息交流深入、民众开始感知到不平等的存在时，其对投资来源国的感知就会发生变化。四是 FDI 的作用也可能受到当地不同经济发展阶段特征的影响，这与既有文献中的发现是一致的，即 FDI 对东道国的经济社会发展是否有正向影响取决于当地的政治经济条件。[④]

---

① 张晓涛，王淳，刘亿.中国企业对外直接投资政治风险研究：基于大型问题项目的证据[J].中央财经大学学报，2020(1)：118-128.

② 何帆.中国对外投资的特征与风险[J].国际经济评论，2013(1)：34-50，4-5；王文，杨凡欣.“一带一路”与中国对外投资的绿色化进程[J].中国人民大学学报，2019，33(4)：10-22.

③ 郑新业，张阳阳，马本，等.全球化与收入不平等：新机制与新证据[J].经济研究，2018，53(8)：132-146.

④ BORENSZTEIN E，GREGORIO J D，LEE J-W. How does foreign investment affect economic growth? [J]. Journal of international economics，1998，45(1)：115-135；COLE M A，ELLIOTT R J R，FREDRIKSSON P G. Endogenous pollution havens：does FDI influence environmental regulations? [J]. Scandinavian journal of economics，2006，108(1)：157-178；NAGEL K，HERZER D，NUNNENKAMP P. How does FDI affect health? [J]. International economic journal，2015，29(4)：655-679.

表 2 的回归结果还表明，FDI 的绝对数量并不是东道国民众对中国正面印象的唯一决定因素。双边贸易总额(对数形式)对东道国民众关于中国影响的感知具有正向作用，但在 Probit 模型中不显著。东道国民众对中国的正面感知部分受到中国在东道国 FDI 存量的非单调影响，同时也与个人经历和教育水平等因素密切相关，比如农村地区民众的正面感知更强，这可能是因为农村地区的民众更容易感受到开放的经济合作模式带来的直接收益。表 2 的结果还表明，民众关于中国的正面感知对于年龄也是非单调变化的，对中国的好感在年轻人和年长者(相比于中年人)中更强烈。不同年龄段的人有着不同的人生阅历，不同时代背景下的经历对于个人的主观感知会产生深远影响。

上述实证分析的结果中被解释变量是关于中国对东道国是否产生了积极影响的感知，这一感知除了受到 FDI、个人经济社会特征、年龄特征和国家间经贸政治关系的影响外，也可能受到个人对中国政治和文化等方面的先验感知的影响。为进一步排除这些先验感知对实证分析结果可靠性的干扰，本文进行了一系列稳健性检验。本文利用问卷中个人对中国政治制度的主观感知和个人宗教信仰构造了相应的控制变量纳入回归分析。表 3 的结果表明，即使控制住了这些民众个体对中国的先验感知特征，本文的主要结果依然成立。

表 3　来自中国的 FDI 对东道国民众关于中国认知的影响(更多控制变量)

项目	Probit	OLS
ln(*FDI_China*)	3.411*** (0.543)	0.673*** (0.134)
ln(*FDI_China*)的平方项	−0.161*** (0.0333)	−0.0278*** (0.00851)
其他控制变量(包含国家和时间的虚拟变量、个体主观感知和宗教信仰等变量)	√	√
观测值	10975	10990
R^2	/	0.204

注：括号内为稳健性标准误差，*、** 和 *** 分别表示 $p<0.1$、$p<0.05$ 和 $p<0.01$ 的显著性水平。

为进一步分析 FDI 的非单调性作用在不同区域是否存在差异性，本文进行了城市和农村的分样本回归，结果展示在表 4 中。该分析结果表明 FDI 对东道国民众感知的非单调性影响在城市和农村地区都很显著，因此 FDI 的非单调性作用并不是由特定的区域特征导致的。从城市和农村对应的估计系数比较来看,农村地区受到 FDI 的影响更为明显。

表 4　来自中国的 FDI 对东道国民众关于中国认知的影响(分样本回归)

	城市地区	农村地区
ln(*FDI_China*)	1.229*** (0.184)	4.763*** (0.890)
ln(*FDI_China*)的平方项	−0.0582*** (0.0112)	−0.321*** (0.0626)
其他控制变量(包含国家和时间的虚拟变量)	√	√
观测值	5890	6838
R^2	0.176	0.217

注:括号内为稳健性标准误差,*、** 和 *** 分别表示 $p<0.1$、$p<0.05$ 和 $p<0.01$ 的显著性水平。

表 2、表 3 和表 4 展示了包含平方项的回归分析模型的结果,验证了本文关于 FDI 的理论假说,在给定其他条件相同的前提下,FDI 对东道国民众感知具有非单调性影响。[①]实证分析结果显示,从统计意义上无法拒绝这一假说。为更直观地看出本文的工作样本中是否存在某一区间段的 FDI 相比于其他较高或较低的数量更容易提升东道国民众关于中国在当地发挥积极作用的感知,本文对样本中所有观测值对应的 ln(*FDI_China*)进行排序:从 5.71 到 6.26 的区间段为样本中最低 1/3 的值,从 6.51 到 7.83 的区间段为中等水平,从 8.03 到 9.36 的区间段为样本中处于最高 1/3 的值。本文用变量"FDI 数量中等"=1(或 0)表示 FDI 数量是否处于中间 1/3 的区间,用变量"FDI 数量较高"=1(或 0)表示 FDI 数量是否处于最高 1/3 的区间。本文在回归模型中用这两个分段的虚拟变量[②]代替之前的 ln(*FDI_China*)及其平方项。同时,本文对样本中的年龄进行了类似处理,构造了如下两个虚拟变量:"年龄中等"=1(或 0)表示年龄是否处于中等 1/3 的区间(35～48 岁)和"年龄较高"=1(或 0)表示年龄是否处于中等 1/3 的区间(49～94 岁)。本文在回归模型中用这两个变量代替了之前的年龄及其平方项。新的回归模型结果展示在表 5 中。

---

① 因为被解释变量是定序的主观感知变量,基于 ln(*FDI_China*)及其平方项的估计系数计算出的拐点并不意味着在现实中 ln(*FDI_China*)超过该拐点后就一定会单调下降。

② 如果在回归模型中同时加入三个区间段的虚拟变量则会出现完全共线性的问题,因此只放了两个虚拟变量。

表 5 来自中国的 FDI 对东道国民众关于中国认知的影响(不同区间段的比较)

项目	Probit	OLS
FDI 数量中等	1.270*** (0.180)	0.342*** (0.0332)
FDI 数量较高	−3.965*** (1.354)	−1.121*** (0.226)
年龄中等	−0.0594* (0.0307)	−0.0185** (0.00933)
年龄较高	−0.0273 (0.0328)	−0.0102 (0.00987)
其他控制变量(包含国家和时间的虚拟变量)	√	√
观测值	12728	12728
R^2	/	0.182

注:括号内为稳健性标准误差,*、** 和 *** 分别表示 $p<0.1$、$p<0.05$ 和 $p<0.01$ 的显著性水平。

表 5 中,"FDI 数量中等"这个虚拟变量的系数显著为正,这说明本文样本中处于中等水平的 FDI 数量对应着显著较高的民众感知水平;而"年龄中等"的系数显著为负,意味着平均而言中年人的感知水平较低。这些结果和表 2 的结果是一致的,进一步说明东道国民众关于中国的认知随着 FDI 数量和个体年龄非单调性地变化。从统计意义上说,FDI 数量处于中间区间段对应的感知平均要高于较高或者较低 FDI 数量下的感知。上述分析中区间的选取是人为设定的,本文也尝试调整区间段的范围,回归结果依然显著。因此这里的实证结果并不必然说明现实中的 FDI 数量处于某区间段内就一定会比其他区间段产生更好的效果。因为统计分析的结果依赖于模型中函数形式的设定,与很多其他定量研究一样,本文采用较为简单实用的模型得到的实证结果有利于支持关于 FDI 非单调作用的理论假说,但究竟处于哪一个特定区间段的 FDI 存量才是现实中最优的,需要进一步结合各国特点纳入每个国家具体的变量特征进行更加细致和结构化的统计建模。

FDI 数量的非单调作用有助于理解中国和东南亚一些国家的经济合作与相关政策。例如,2009—2012 年,中国在印尼的 FDI 存量由 34.5 亿美元增加到 47.72 亿美元。亚洲晴雨表调查数据库数据显示,约有 77.47%的印尼受访者在第三波调查(2010 年)中对中国在当地的影响有正面感知,第四波调查时(2016 年)这一比例稍微有所下降,为 75.27%。FDI 数量的增加并不必然带来民众主观正面感知的提升。另一个例子是缅甸,2012 年中国在缅甸的 FDI

存量为30.94亿美元，第四波亚洲晴雨表调查数据显示缅甸受访者对中国在当地影响的正面感知不足50%。与之横向比较[①]，2012年中国在马来西亚的FDI存量为7.15亿美元，其受访民众在第四波调查中正面感知的比例为85.66%；在泰国的FDI存量为25.27亿美元，其受访民众对中国在当地影响正面感知的比例为93.48%。这两国的FDI存量都没有缅甸的高，但是当地民众的获得感却高于缅甸。正是因为来自中国的FDI在这两国提升了当地居民的获得感，中国与两国的双边经贸关系得以不断深化，进入了持续高质量发展的良性循环。[②]除受到当地政治经济条件的影响外，上述这些时间维度上的纵向比较和不同国家间的横向比较的结果也在一定程度上说明，并不是FDI数量越多效果就越好，东道国民众的获得感更多取决于那些仅用数量无法直接衡量的维度。要进一步提升东道国民众在与中国经济合作过程中的真实获得感，可能并不需要一味地继续追加投资数量，而是需要因地制宜，根据不同东道国的特点进一步调整结构改善投资效果，促进双边经济合作的高质量发展。

五、结论

自对外开放以来，中国在全球经济事务中的地位日益重要。从经济总量上看，2019年中国经济增速6.1%，对世界经济增长贡献约为30%。[③] 伴随着经济的稳步发展，中国在全球经贸合作中扮演着越来越重要的角色。中国在全球治理和国际经济合作中的溢出效应不仅使其他参与国从经济上受益，也对其社会发展和国家治理产生了积极影响。本文从这一视角探讨了“一带一路”背景下国际经济合作的政治效应，使用第三波和第四波亚洲晴雨表调查数

---

① 亚洲晴雨表第三波及之前的数据中没有缅甸的调查，因此本文仅在第四波调查数据覆盖的国家中进行横向比较。

② 马来西亚旅游部部长：期待更多中国商人来马投资[EB/OL].(2009-12-29)[2021-02-12]. http://www.gov.cn /jrzg/2009-12/29/content_1498932.htm；中华人民共和国政府和泰王国政府联合新闻声明[EB/OL].(2019-11-05)[2021-02-12].http://www.gov.cn/xinwen /2019-11/05 /content_5448938.htm.

③ 中华人民共和国2019年国民经济和社会发展统计公报[EB/OL].(2020-02-28)[2021-02-12]. http://www.stats.gov.cn/tjsj/zxfb/202002/t20200228_1728913.html.

据库，以“一带一路”相关的 8 个东南亚国家（菲律宾、泰国、印尼、新加坡、越南、柬埔寨、马来西亚以及缅甸均为东盟成员）为研究对象，采用微观调查混合截面数据进行定量实证研究，分析了来自中国的 FDI 如何影响东道国民众对中国影响力的主观感知。研究结果表明，东道国民众关于中国对当地影响的正面感知受到中国在东道国 FDI 数量的非单调影响，东道国民众对中国的正面感知随着来自后者的 FDI 数量的增加先上升再下降。这意味着只有 FDI 数量保持在恰当范围内才能使东道国民众的正面感知处于较高水平。

本文的实证研究结果也表明东道国民众对投资来源国的正面感知与其个人经历、教育水平等因素密切相关。民众关于中国的正面感知对于年龄也是非单调变化的，对中国的好感在年轻人和年长者中更强烈。这一发现为未来进一步深化国际合作提供了乐观的前景展望。本文虽然在实证分析中尝试尽可能地控制其他因素，以期更加精准地识别出 FDI 数量的影响，但是从统计意义上来看，本文的因果识别不尽完美，这也是后续研究可以进一步完善和补充的方向。从具体的研究结果来看，本研究为当前推进东盟自贸区建设以及“一带一路”建设转向高质量发展提供了学理依据。一方面，在国际经济合作中需要关注东道国及其民众的真实获得感，获得感是反映合作质量的重要维度；另一方面，在重视经济合作数量的同时也要认识到，FDI 数量可以在一定范围内影响东道国民众对中国的正面感知，但并非投资数量越多越好。在积极参与全球治理的过程中，既要重视经济合作数量的规模效应，也要关注东道国及其民众的真实获得感，只有双管齐下才能进一步推进高水平的对外开放，为全球治理作出更多贡献。

本文重点分析了 FDI 数量对东道国民众关于投资来源国正面感知的影响，本文主要关注点是一个综合性影响力的评价，包括 FDI 在内的国际经济合作对东道国的政治影响涉及很多维度，尤其是东道国国内的治理结构。既有研究表明，FDI 可以通过产生经济红利和倒逼机制促进行政改革减少腐败，从而有助于直接提升当地民众对政府治理绩效的满意度。① 同时，包括 FDI 在内的国际经济合作也有利于先进理念和信息的传播，为东道国政府及其民众提供更多了解和学习投资来源国发展模式的渠道，有助于东道国民众对投

---

① ALI F, FIESS N, MACDONALD R. Climbing to the top? foreign direct investment and property rights[J]. Economic inquiry, 2011, 49(1):289-302; LEE M-H, LIO M-C. The impact of foreign direct investment on public governance and corruption in China[J]. The China review, 2016, 16(2):105-135.

资来源国的发展道路和本国的发展道路进行各种比较，通过比较可以吸收他国的优点从而改善和优化本国的发展道路。从更一般的角度来看，全球化背景下 FDI 带来的信息和知识的传播将改变东道国政府与其民众的互动关系。[①] 囿于篇幅，本文未能对这些学术问题进行更为细致的讨论，关于 FDI 对东道国国内政治和治理结构的多重影响可做进一步深入研究。

---

① HELLWIG T, SAMUELS D. Voting in open economies: the electoral consequences of globalization[J]. Comparative political studies, 2007, 40(3): 283-306; KAYSER M A. How domestic is domestic politics? globalization and elections[J]. Annual review of political science, 2007, 10(1): 341-362.

民心相通篇

构建“一带一路”文化共同体的基础条件与现实路径*

李　丹

“一带一路”是促进和平发展、实现共同繁荣的合作共赢之路，是增进理解信任、加强人文交流的和平友谊之路。作为古丝绸之路的延续、继承和发展，“一带一路”有着深厚的历史文化底蕴，传承着“和平合作、开放包容、互学互鉴、互利共赢”的丝路精神，充分体现了“一带一路”建设的文化内涵，为人类命运共同体建设提供了文化滋养，为文化共同体构建创造了现实条件。在“一带一路”建设中，文化的位置在哪里？文化扮演着什么角色，发挥着什么作用？“一带一路”是文明之路，它承载着丝路文化传统，传递着共同人文精神，“一带一路”建设是文化建设；“一带一路”建设要靠文化建设，文化是纽带，是桥梁，是连接共建国家历史记忆和民众现实情感的内在黏合剂；“一带一路”建设的成效要靠文化来检验，民心相通是试金石，人文联通是最高层次的互联互通，“一带一路”最终赢在文化认同和文明共享；“一带一路”建设的目标是构建人类命运共同体，共同体需要共同利益的基石、共同责任的支撑，更需要共同文化的凝结。因此，文化既是基础、条件，也是保障、归宿。如果说经济活动决定“一带一路”建设的速度规模，那么文化作为则决定“一带一路”建设能否行稳致远。“一带一路”共建在一定程度上是文化共建，或者说要通过文化共建、借助文化共建来实现。共建的结果则意味着某种共同文化乃至文化共同体的生成。

本文针对“一带一路”文化共同体何以可能、如何构建问题进行探讨，以抛砖引玉，将如何发挥文化在“一带一路”合作共建中的作用这一论题引向深入。

---

* 本文作者李丹系厦门大学一带一路研究院副院长、公共事务学院教授，于 2020 年 10 月 22 日在厦门大学一带一路研究院以本文内容为主题做“一带一路”系列学术讲座第 7 场，成果发表于《中国人民大学学报》2021 年第 6 期。

一、“文化共同体”问题的提出

联合国教科文组织将文化界定为是“由一个社会或社会集团的精神、物质、理智和感情等方面显著特点所构成的综合的整体，它不仅包括艺术和文学，也包括生活方式、人类的基本权利、价值体系、传统和信仰”，并认为当今文化之间比任何时候联系更为紧密，各国应同心协力，建设一个以文化间的沟通、信息交流和相互理解为时尚的世界。①

关于文化的概念通常可追溯到《易经》：“刚柔交错，天文也；文明以止，人文也。观乎天文，以察时变；观乎人文，以化成天下。”这句话将人文与天文相对，天文是指天道自然，人文是指社会人伦，“化成天下”的过程和结果则是文化。文化之义极为复杂，古今中外有近千种解释，有学者曾这样归总：文化是指人的生存、生活方式及其所追求的价值，表现于人们实际“所思、所言、所为”之中。放在实践意义上使用时，“文化”“人文”“文明”三词串用、连用、混用的情况十分常见。党的十九大报告中这样表述：“加强中外人文交流，以我为主、兼收并蓄。推进国际传播能力建设，讲好中国故事，展现真实、立体、全面的中国，提高国家文化软实力。”②习近平在亚洲文明对话大会讲话中将“文化文明”连用：“应对共同挑战、迈向美好未来，既需要经济科技力量，也需要文化文明力量。”③演讲中“人文交流”“文化交流互鉴”“文化交往”“文明交流互鉴”“文明对话”等“花式搭配”体现了“文化”“人文”“文明”之间的内在关联。鉴于此，本文在论述“文化共同体”时，交替使用了这些词汇，在某种程度上还与“人文共同体”互用。

文化理念像一条红线醒目贯穿于“一带一路”倡议提出和共建的整个过程。2013 年 9 月，习近平访问哈萨克斯坦时指出：“国之交在于民相亲。搞好上述领域合作，必须得到各国人民支持，必须加强人民友好往来，增进相互了

① 政府间文化政策促进发展会议最后报告[EB/OL].[2020-08-08]. https://unesdoc.Unesco.org/ark:/48223/pf0000113935chi.

② 习近平. 决胜全面建成小康社会夺取新时代中国特色社会主义伟大胜利：在中国共产党第十九次全国代表大会上的报告[N]. 人民日报，2017-10-28.

③ 习近平. 深化文明交流互鉴共建亚洲命运共同体：在亚洲文明对话大会开幕式上的主旨演讲[N]. 人民日报，2019-05-16.

解和传统友谊，为开展区域合作奠定坚实民意基础和社会基础。”①

2014年5月，习近平在中国国际友好大会上讲述了中国在古代丝绸之路上同沿途人民友好交流的故事：“2100多年前，中国人就开通了丝绸之路，推动东西方平等开展文明交流，留下了互利合作的足迹，沿路各国人民均受益匪浅。600多年前，中国的郑和率领当时世界上最强大的船队7次远航太平洋和西印度洋，到访了30多个国家和地区，没有占领一寸土地，播撒了和平友谊的种子，留下的是同沿途人民友好交往和文明传播的佳话。”②2014年9月，在纪念孔子诞辰2565周年国际学术研讨会上，习近平再次如数家珍列出了丝路上中外文明交流互鉴的案例。“在长期演化过程中，中华文明从与其他文明的交流中获得了丰富营养，也为人类文明进步作出了重要贡献。丝绸之路的开辟，遣隋遣唐使大批来华，法显、玄奘西行取经，郑和七下远洋，等等，都是中外文明交流互鉴的生动事例。”③2017年5月，在首届“一带一路”国际合作高峰论坛圆桌峰会上，习近平重申“民心相通是‘一带一路’建设国际合作的重要内容。我们要深入开展人文领域交流合作，让合作更加包容，让合作基础更加坚实，让广大民众成为‘一带一路’建设的主力军和受益者”④。2019年4月，第二届“一带一路”国际合作高峰论坛圆桌峰会通过的《联合公报》写明：“互联互通让不同国家、人民和社会之间的联系更加紧密。我们相信‘一带一路’合作有利于促进各国人民以及不同文化和文明间的对话交流、互学互鉴。”⑤2020年11月，习近平在上海合作组织成员国元首理事会上将“构建人文共同体”与构建卫生健康共同体、安全共同体、发展共同体相提并论，把促进文明互学互鉴、增进各国睦邻友好、夯实民意基础提升到构建人文共同体的高度。⑥

近年来，学术界围绕着“一带一路”民心相通、人文交流、文化合作、文明互

---

① 习近平. 弘扬人民友谊共创美好未来：在纳扎尔巴耶夫大学的演讲[N]. 人民日报，2013-09-08.

② 习近平. 在中国国际友好大会暨中国人民对外友好协会成立60周年纪念活动上的讲话[N]. 人民日报，2014-05-16.

③ 习近平. 在纪念孔子诞辰2565周年国际学术研讨会暨国际儒学联合会第五届会员大会开幕会上的讲话[N]. 人民日报，2014-09-25.

④ 习近平. 开辟合作新起点谋求发展新动力：在“一带一路”国际合作高峰论坛圆桌峰会上的开幕辞[N].人民日报，2017-05-16.

⑤ 第二届“一带一路”国际合作高峰论坛圆桌峰会联合公报[N].人民日报，2019-04-28.

⑥ 习近平. 弘扬“上海精神”深化团结协作构建更加紧密的命运共同体：在上海合作组织成员国元首理事会第二十次会议上的讲话[N].人民日报，2020-11-11.

鉴等问题展开了广泛的论述与研究，已有学者提出"一带一路"文化共同体的命题，并对其内涵、要素进行了界定，认为"一带一路"文化共同体由共同的历史记忆、文化生活和文化精神构成，是指"一带一路"沿线各国以古代丝绸之路记忆为基础，在"一带一路"建设过程中形成的以丝路精神为核心的文化有机体。[①]有的学者将构建文化共同体作为构建人类命运共同体、建设"一带一路"的前提条件，"人类命运共同体，首先应是人类文化共同体。'一带一路'本来就是一条文化'带'，一条文化'路'。只有实现文化上的互知、互通、互信、互补、互融，即构建文化共同体，'一带一路'倡议才能真正落到实处"。[②] 有的学者论证，文化建设是手段，文化共同体是目标，"通过文化软实力项目的投入与建设，争取与丝绸之路经济带国家建成命运共同体、安全共同体、利益共同体、文化共同体和价值共同体"。[③]有的学者指出，通过文明对话、文化合作，可以找到不同文明的共同出发点与共同理想。中华文明具有支撑这种深度文明对话的品质，今天提出的"一带一路"用和平友善的手段，用合作沟通的方式，建立人类文化桥梁，是人类文明发展的更佳途径与方法。[④]这种共同理想其实就是文化或文明共同体。有的学者指出超越冲突、包容多样文化的共同价值是人类共同价值的基础，蕴含在"一带一路"倡议中的丝路精神是对其的完美诠释。这种共同价值承载了人类对历史的共同思考，构成人类共同价值的思想基础。[⑤]可见"一带一路"文化共通性对价值共同性的影响。有的专家聚焦"对话式文明"，认为"新型全球化正在以'一带一路'为平台，在全球范围内全方位推动文明间的深度交流互鉴，构建世界范围内对话机制和对话式文明，锻造以人类命运共同体为本体的新型世界秩序"。[⑥]在由文明锻造出的新秩序中，文化共同体是其中的应有之义。

"一带一路"人文交流、文化纽带、文明对话等问题同样是国外文献的关注

---

① 徐琴，孙绍勇."一带一路"文化共同体的生成逻辑探析[J].广西社会科学，2019(11):141-144.

② 谭文富.构建"一带一路"文化共同体[J].理论观察，2018(6):2.

③ 李希光.一带一路文化建设与丝绸之路文化复兴[J].当代传播，2015(6):24-26.

④ 成中英.文明对话、文化合作与对"一带一路"倡议的哲学反思[J].深圳大学学报(人文社会科学版)，2017,34(5):17-19,105.

⑤ 秦宣，刘鑫鑫.共同价值:打造人类命运共同体的价值观基础[J].中国特色社会主义研究，2017(4):38-43.

⑥ 贾文山，江灏锋，赵立敏.跨文明交流、对话式文明与人类命运共同体的构建[J].中国人民大学学报，2017,31(5):100-111.

对象。有的学者指出,"一带一路"绝非仅仅经济意义上的倡议,还反映了中国的战略文化,这是理解中国人的观念、行为和行动的独特视角。"一带一路"表明中国以自身发展在实现"中国梦"的同时实现"世界梦"。[①]有的学者认为,"一带一路"倡议不仅为货物和其他材料运输提供资源,也会将社会习俗、语言、信仰等传递到其他国家。中国传统文化思想可作为精神指南在"一带一路"联通中发挥重要作用。[②]有的学者指出,中国通过重建丝绸之路已经跨入文化外交的新时代,"通过使用软力量提升自己的形象,通过建立战略驱动力发展关系,似乎中国注定要通过这一重大举措连接全球,比以往任何时候都更能以一种足智多谋的手段实现其国家和国际利益"。[③] 有的学者则通过实证数据表明,随着文化距离的增加,投资者对东道国的环境感知和隐性障碍将增加,因此要立足多样性和差异性,加强共建国家的文化交流与互动,促进人与人的接触。[④] 这些学者充分注意到了"一带一路"的文化属性,将文化交流视为连接共建国家、通向一体互通的内在方式。

随着"一带一路"不断推进,文化在其中的地位和作用将会进一步突显,对此的研究也将更加深入细致。

二、"一带一路"文化共同体何以可能

对文化共同体的关注与对共同体的关注一样久远。德国社会学家滕尼斯认为共同体是建立在自然基础上的历史和思想的联合体,是有关人员共同的本能习惯,或与思想有关的共同记忆。[⑤]美国学者安德森指出:民族是一种现

---

① FARWA U. Belt and Road Initiative and China's strategic culture[J]. Strategic studies, 2018,38(3): 40-56.

② ASIF M, YANG B. Belt and Road Initiative: a spirit of Chinese cultural thought [J].International journal of business and management, 2018, 13(12):9-17.

③ STERLING D P. A new era in cultural diplomacy: promoting the image of China's Belt and Road Initiative in Asia[J].Open journal of social sciences, 2018(6):102-116.

④ MOHSINA A K M, LEI H,TUSHAR H,et al. Cultural and institutional distance of China's outward foreign direct investment toward the 'Belt and Road' countries[J].Chinese economy, 2020, 53(7):1-20.

⑤ 斐迪南·滕尼斯. 共同体与社会:纯粹社会学的基本概念[M]. 张巍卓,译.北京:商务印书馆,1999:前言 2-3.

代的“文化的人造物(cultural artefacts)”“想象的共同体”,其形成与历史文化变迁相关,最初而且最主要是通过文字(阅读)来想象的。[①]英国的巴里·布赞等认为,国际共同体与社会的区别在于,共同体是一个更具感染力的术语,它意味着一种共同的价值观,达到认同的程度,它建立在各成员之间权利、义务和责任的相互关系基础之上。[②]建构主义强调共同体是建构出来的,其中文化发挥着独特的基础性作用,情感认同、文化认同、价值认同是形成共同体的关键。有些学者将共同体的形成过程视为国家间互动、对话与合作的过程,国家间相互信任和集体身份认同是共同体产生的必要条件。[③]因此,在深层意义上,共同体的本质是文化共同体。“一带一路”作为推动构建人类命运共同体的路径和平台,推动构建文化共同体也是其中的应有之义。那么“一带一路”文化共同体何以形成?

(一)客观基础:全球一体现实

“一带一路”文化共同体的话语是在构建人类命运共同体和“一带一路”话题下展开的,其基本语境是全球化。2013 年 3 月,习近平第一次正式提出“人类命运共同体”这个命题时就是以全球化作为立论背景的:“这个世界,各国相互联系、相互依存的程度空前加深,人类生活在同一个地球村里,生活在历史和现实交汇的同一个时空里,越来越成为你中有我、我中有你的命运共同体。”[④]全球化不可避免地包括文化全球化,文化全球化是经济全球化的外溢,也是支撑经济政治全球化的观念所系、底蕴所在、价值所向,是全球化的精神内核。同时,全球性问题日益突出,没有哪一个国家可以单独应对,这就催生了人类命运共同体意识,要求各国发扬同舟共济精神。习近平提出要共同应对挑战,寻求人类利益最大公约数,树立人类命运共同体意识,共建人类命运共同体。

---

① 本尼迪克特·安德森.想象的共同体:民族主义的起源与散布[M].吴叡人,译.上海:上海人民出版社,2016:4-12.

② 巴里·布赞,安娜·冈萨雷斯·佩莱兹,任东波,等."国际共同体"意味着什么?[J].史学集刊,2005(2):1-6.

③ 伊曼纽尔·阿德勒、迈克尔·巴涅特.安全共同体[M].孙红,译.北京:世界知识出版社,2015:41-44.

④ 习近平.顺应时代前进潮流促进世界和平发展:在莫斯科国际关系学院的演讲[N].人民日报,2013-03-24.

新冠疫情再次提醒人类,“各国紧密相连,人类命运与共”,“我们要树立你中有我、我中有你的命运共同体意识,跳出小圈子和零和博弈思维,树立大家庭和合作共赢理念,摒弃意识形态争论,跨越文明冲突陷阱,相互尊重各国自主选择的发展道路和模式,让世界多样性成为人类社会进步的不竭动力、人类文明多姿多彩的天然形态”。①

“一带一路”是中国倡导引领全球化的新型形态,旨在打造共商共建共享共赢的人类命运共同体。人类命运共同体源自利益又超越利益,是共同体的最高级形式,本质上是高度认同的文化共同体,是一种安危与共、同舟共济的依存意识,一种“有福同享、有难同当”的道义精神,一种天下一家、四海归心的理想情怀。“一带一路”本身就是一项具有深厚历史文化记忆的国际合作倡议,带有强烈的文化烙印,文化共性的背景不容抹杀,文明差异的现实不容忽视。我们要树立平等、互鉴、对话、包容的文明观,将“一带一路”建成文明之路,推动各国相互理解、相互尊重、相互欣赏、相互信任,形成多元互动、百花齐放的人文交流格局。“古丝绸之路打开了各国各民族交往的窗口,书写了人类文明进步的历史篇章。共建‘一带一路’深厚的文明底蕴、包容的文化理念,为共建国家相向而行、互学互鉴提供了平台,促进了不同国家、不同文化、不同历史背景人群的深入交流,使人类超越民族、文化、制度、宗教,在新的高度上感应、融合、相通,共同推进构建人类命运共同体。”②这个新的高度不妨理解为文化共同体。“一带一路”共建将为多元文明交汇融合提供更多机遇空间,奠定雄厚物质基础,文化密切互动、融会贯通将推动新型全球化朝着互尊互鉴、共兴共荣的方向迈进,这一方向最终指向多元文明融为一体的文化共同体。

(二)历史基础:共同文化传统

历史文化传统是构成共同文化记忆的重要元素,是形成文化身份认同的物质基础。“作为文化传承的‘精神链条’,文化传统是文化发展过程中逐步形成和完善的信仰、规范、秩序和理念的核心要素,凝结了文化给予人们的生活方式与生存智慧,影响着文化中长期的、普遍起作用的生活方式、观念体系和

① 习近平在第七十五届联合国大会一般性辩论上的讲话[N]. 人民日报,2020-09-23.

② 共建“一带一路”倡议:进展、贡献与展望[N].人民日报,2019-04-23.

心理模式等。”[①]“一带一路”的历史文化传统有物质遗产与非物质遗产。“一带一路”物质文化遗产是丝路贸易往来、文化交流、宗教传播和技术推广的实物见证，是丝绸之路精神和民心相通的历史见证，是实现“一带一路”命运与共的文化基石。2014 年 6 月，我国和哈萨克斯坦、吉尔吉斯斯坦三国跨国联合申报的“丝绸之路：长安-天山廊道路网”项目获得联合国教科文组织批准，共同申遗增进了中国和中亚国家的传统友谊，成为新时期“一带一路”沿线文化认同合作的纽带和象征。丝路精神是丝绸之路非物质文化的集中体现。在中阿合作论坛第六届部长级会议开幕式上，习近平专门以“丝路精神”为主题发表演讲指出：弘扬丝路精神，就是要促进文明互鉴；弘扬丝路精神，就是要尊重道路选择；弘扬丝路精神，就是要坚持合作共赢；弘扬丝路精神，就是要倡导对话和平。[②] 在“一带一路”国际合作高峰论坛上，习近平将“丝路精神”提炼为“和平合作、开放包容、互学互鉴、互利共赢”，称之为人类文明的宝贵遗产。“一带一路”积淀了深厚的中华文化，汇聚了沿路各国文化交融之果，承载着人们对古丝绸之路灿烂文化的历史记忆，奠定着构建文化共同体的文化资源和文化基础。古代“丝绸之路”将分散的人类文明连接成统一的共同体，“一带一路”更是对人类命运共同体历史演进的传承和升华。[③]有的学者将环中国海文化圈视为一个文化共同体，“人种同类，文化同宗，地缘相连，血缘相亲，经济互补互动性强，联系紧密”，这些“共同的拥有”，使之具有作为一个文化共同体的基本条件、要素。环中国海汉文化圈这一文化共同体，至今仍然拥有共同的传统文化认同感、共同的传统文化价值观、共同的传统主流文化的社会主体民众基础。[④]丝绸之路作为联结人类主要文明体系的桥梁和通道，将中国文明、印度文明、两河流域文明、埃及文明、希腊文明等世界重要文明资源融会贯通在一起，几大文明之间相互借鉴、吸收、碰撞、糅合，历经千年“大漠孤烟、云帆沧海”的陈酿，在特定的时空长廊中发酵成为共建国家和民族共享的文化醇醪，渗透到今天的现实生活之中。如东南亚国家广泛存在着郑和遗迹，马来西亚

---

① 孙英春.东北亚文化传统的同质性与“文化共同体”远景[J].浙江学刊，2009(4)：25-33.

② 习近平.弘扬丝路精神深化中阿合作：在中阿合作论坛第六届部长级会议开幕式上的讲话[N].人民日报，2014-06-06.

③ 许亮.从“丝绸之路”到“一带一路”：一部人类共同体的演进史[J].学术探索，2019(3)：137-143.

④ 曲金良.环中国海文化共同体重建大战略：“21 世纪海上丝绸之路”的文化精义[J].人民论坛·学术前沿，2014(24)：54-65.

有三宝山、三宝井，印度尼西亚有三宝庙、三宝垄，泰国有三宝港，菲律宾有三宝颜，这些均源自海上丝绸之路沿线对郑和造福当地功绩的旌表纪念，人们将有关他的故事传说加以神化，进而发展成为一种膜拜的民俗。相同文化资源和传承是拉近中外民众心理距离的纽带，成为构建"一带一路"文化共同体的基础元素。"处于同一文化体系和文化传统中的人们之间由于在生产、生活、思维、情感方式等方面的共同性和相似性，而比较容易在一定的共通层面上达到相互理解和相互沟通，并由此而产生出一定的趋同性、内聚性，形成一定的向心力、凝聚力。"①"一带一路"文化共同体源于文化血脉的相袭相承，其内源一体的思想观念、思维方式、价值取向、信仰认同、风俗习惯、哲学宗教、文学艺术、教育理念、话语体系，构成了"一带一路"文化共同体的主要内容。

(三)人文基础：友好交往底蕴

如果说全球一体是形成文化共同体的"大气候"，共同文脉是构建文化共同体的"聚宝盆"，那么友好交往则是培育文化共同体的"活水源"。中外文明交流互鉴频繁展开，其中有冲突、矛盾、疑惑、拒绝，但更多是学习、消化、融合、创新。跨越时空的友好交往为文化博采众长、兼收并蓄提供了源源不断的滋养。敦煌是丝绸之路上的重要节点城市，是千年丝路友好交往的缩影，敦煌艺术是中华文化同化和吸收其他民族文化艺术的产物，也是全球交往和东西方文化艺术交融的典范。敦煌的石窟雕塑、壁画、建筑，深深烙有多国、多民族文化影响的印记，以及中外文化碰撞、交融的痕迹。在壁画方面，敦煌壁画既有中国传统题材的神怪画作，又体现了受印度佛教艺术影响的艺术风格，也有传自希腊的日神、月神故事，还有受古波斯、龟兹文化影响的服饰、器具、装饰等。②几大文明在敦煌交流融合，成就了敦煌艺术的瑰宝，见证了多元文化交相辉映、美美与共的魅力，为今天中国及沿线国家民族加强文化交流融合、共建文化共同体提供了良好借鉴。

一个城市无意间成为丝路沿线文化相遇相融的记录者、传承者，遍布"一带一路"国家的数千万华人华侨更是丝路友好交流的亲历者、推动者。许多来往于丝绸之路的华人，沿着丝绸之路落地生根，成为最早走向世界的华人移民，他们如星星之火，带动了更多后来者，也将携带的中华文化撒播四方。以

---

① 欧阳康.跨文化理解与交往[J].社会科学战线,1997(6):86-87.

② 王旭东.敦煌，丝路流韵袅千年[N].人民日报,2017-05-21.

中国著名侨乡福建为例，福建早期迁移到海外尤其是东盟十国的华侨华人，大都是沿着海上丝绸之路“下南洋”的。目前仅聚居在东南亚的福建籍华人就有1000多万，基于此，福建提出建设海上丝绸之路要充分发挥华侨华人作用，建设“海外福建”，将“侨牌”当作是海上丝绸之路核心区建设的特色优势。华侨华人移民历史悠久，已深度融入当地社会，不少人已经成为政界要人、富豪精英、社会名流，他们血脉植根华夏，心系母国文化，热心推动所在国与中国发展友好关系、拓展人文交流。如菲律宾侨领陈永栽自2001年以来，每年出资组织一批菲律宾华裔学生到福建厦门、泉州等地学习中文、书法、国画、舞蹈和武术，参观民俗名胜等，培养包括他儿子在内的新生代华裔对中华文化的热爱和传承，以此“把根留住”。“一带一路”沿线居住着4000多万华侨华人，他们掌握多种语言，游走中西文化，通达中外文明，富有家国情怀，具备融汇各方的天然优势，是促进沿线文化交流、实现民心相通的有力纽带。调动好华侨华人的积极性，凝聚他们的智慧和力量，对于打造“一带一路”沿线命运共同体、营造文化共同体意义重大。

(四)现实基础：伙伴关系网络

培育文化共同体，不仅需要“适宜气候”“肥沃土壤”“丰沛水源”，更需要事在人为的辛勤耕耘。伙伴关系是中国与共建国家共同努力构建的结果。伙伴关系是国际行为体间基于共同利益、通过共同行动、为实现共同目标而建立的一种比一般合作关系更为密切、更加成熟的关系，不仅意味着政治上相互协调，经济上相互合作，安全上相互支持，还意味着文化上相互理解。[①]伙伴关系表面上以共同利益为基础，以平等协商为特点，深层上则以身份认同、文化观念为纽带，否则难以实现求同存异、聚同化异。中国与“一带一路”共建国家建立了广泛多样的伙伴关系，通过领导人经常性或年度的定期会晤与热线联系、政府部门间高级官员的定期磋商及文教科卫体等多领域多渠道多形式合作建立机制化联系。伙伴关系的建立及其内涵的不断拓展，增强了沿线各国增强相互依存的程度，加强了对彼此伙伴身份的认同。“一带一路”已经从中国倡议变成了合作伙伴们共同建设的事业，共建国家伙伴关系在共商共建共享中不断密切与加强，成为“一带一路”合作的重要依托。“伙伴关系依据内涵可划

① 门洪华，刘笑阳.中国伙伴关系战略评估与展望[J].世界经济与政治，2015(2):65-95,157-158.

分为合作伙伴、建设性合作伙伴、全面合作伙伴、战略伙伴、战略合作伙伴、全面战略合作伙伴等不同类型。‘一带一路’的布局得益于直接中国的全球伙伴关系网络。”[①]中国目前共建立了100多个战略性伙伴关系，其中有一半是2013年以后建立的，基本覆盖了“一带一路”沿线重要国家，大大提高了“一带一路”合作的“含金量”。[②]伙伴关系的建立，增强了沿线国家在命运共同体、文化共同体建设中的积极主动性，既可以提升参与国对与华伙伴关系的认同，也可以加强其对“一带一路”集体身份的认同。

总之，“一带一路”文化共同体植根于深厚的历史传统与现实实践，构建“一带一路”文化共同体是基于沿线文化交往实践与文化共性发展走向的判断，“一带一路”所置身的时代背景、所借助的历史基础、所蕴含的人文底色、所依托的现实力量，乃至所指向的归宿目标——构建人类命运共同体，无不彰显着“一带一路”文化共同体的发展脉络，其必要性有据可依，其可行性有迹可循，绝非空穴来风，更非子虚乌有。随着沿线各国联系不断加强，文化、文明之间的交往、交流、交汇或交锋日益增多，文化共同体的趋向将更加凸显。

三、“一带一路”文化共同体的实现路径

构建文化共同体意义重大，既有利于提升“一带一路”倡议的吸引力，“以文化人”“以理服人”“以软动人”，让更多国家更加心悦诚服地参与进来，让更多项目更好落地造福沿线，又有利于促进“一带一路”共商共建的有效性，文化的柔性协调功能可以通过绵绵用力久久为功对差异、矛盾、冲突进行弥合、疏导和化解，同时也有利于增强“一带一路”合作的持续性。仅仅由共同利益联结而成的共同体，只能解决实际的收益问题，彼此间仍旧可能貌合神离，由文化凝聚而成的共同体才是精神相依、民心相通、志同道合的共同体。如果说经济共同体是人类命运共同体的起步阶段，政治共同体是人类命运共同体的较高阶段，那么文化共同体则贯穿人类命运共同体的全程全域。文化共同体建设如此重要，那么在沿线合作中，应怎样推动共建“一带一路”文化共同体？文

① 曲鹏飞.“一带一路”倡议与中国海外经济利益拓展及风险规避[J].行政管理改革，2019(2)：76-84.

② 王晨光.中国的伙伴关系外交与“一带一路”建设[J].当代世界，2020(1)：69-73.

化共同体是拥有共同文化记忆、共同文化认同以及共同文化精神的共同体，文化共同体的建构要通过文化互动和整合，在相互理解、相互认同的基础上形成。这既是一个长期的水到渠成的发展过程，也是一个短期可有所为的构建过程。

（一）实现语言互通是前提

文化事业是一项心灵工程，共建“一带一路”文化共同体首先要加强沟通。语言是沟通的中介，语言相通是“五通”的基础。作为文化载体和交流工具，语言是不同国家和民众之间进行沟通的桥梁、达成理解的纽带。“一带一路”建设需要语言铺路，“命运与共，需要语言互通”，“不管在历史上还是今天，都有不同层级的共同体存在。这些共同体的形成与存在，都需语言作沟通纽带，都与语言传播相关”。[①] 汉字及汉语书面语在东方的传播，构建了“汉字文化圈”这样一个文化共同体，这是“一带一路”文化共同体构建的语言基础。目前“一带一路”沿线 65 个国家分别属于九大语系，官方语言就有 54 种，加上数百个不同文化背景的民族，各民族语言就有 2400 余种。2017 年“一带一路”国际合作高峰论坛上仅现场同传的工作语言就有 18 种。[②] “一带一路”通用语中，除英、俄、阿拉伯语等语种使用人口较多外，日常生活中普通民众使用更多的是民族语言、地方方言，大多是不常见的小语种，彼此之间沟通困难。有些语言因政治经济环境变迁，本来是同语同文的，如今已经“相对无语”或同语不同文了。如蒙古国与中国蒙古族现在只听得懂对方的话，却看不懂对方的文字，因为独立后蒙古国受苏联影响使用西里尔蒙文已有半个多世纪。以西里尔字母作为蒙古语标记的文字与我国蒙古族使用的传统蒙文，即回鹘式蒙文有很大不同。蒙古国政府已通过相关法律文件决定恢复使用传统文字，以利于传承蒙古历史文化，方便沟通交流。如果说蒙古国的语言尚可以通过回归重建实现历史和现实的对话，而其他语言却没有这么幸运，既“回不去”，也“出不来”，只能借助翻译进行互通。中国是“一带一路”的倡导者，也是主要建设者，

---

① 李宇明.语言与人类文明[N]. 中国社会科学报，2021-02-09.

② 国际合作高峰论坛上的 18 种工作语言是：中文、英语、法语、俄语、西班牙语、柬埔寨语、捷克语、匈牙利语、印度尼西亚语、哈萨克语、老挝语、蒙古语、波兰语、塞尔维亚语、土耳其语、越南语、日语和韩语。参见张鹏飞.人心相通语言先行[N]. 光明日报，2017-08-03.

中文是丝绸之路上使用最多、影响最大、传播最广、积淀最深的语言，汉字文化圈在一定意义上标识着文化共同体的存在，中文在沿线地带的语言高位是毋庸讳言的。对一些丝路国家而言，学习中文是自然而然的选择，从历史上、现实上、技术上、成本上考虑都是如此。因此，应该抓住“一带一路”建设机遇，促进中文国际教育。当然语言互联互通也意味着中国对其他国家语言文化的学习及共建国家彼此之间的互学互鉴。

习近平曾指出，人与人沟通很重要，国与国合作很必要。沟通交流的重要工具就是语言。一个国家文化的魅力、一个民族的凝聚力主要通过语言表达和传递。掌握一种语言就是掌握了通往一国文化的钥匙。学会不同语言，才能了解不同文化的差异性，进而客观理性地看待世界，包容友善相处。[①]语言互通，就是中外语言交流合作，既要推广中国语言，也要学习当地语言。2017年审议通过的《关于加强和改进中外人文交流工作的若干意见》指出，要构建语言互通工作机制，推动我国与世界各国语言互通，开辟多种层次语言文化交流渠道。[②] 2020 年 7 月，中外语言交流合作中心成立，该中心旨在为中外语言双向交流合作、世界多元文化互学互鉴搭建协作平台。“一带一路”沿线语言大多是非通用语种，因此，加大非通用语言教育，培养小语种语言人才，加强区域通用语教育，优化提升机器翻译能力，正在成为提升语言互联互通能力的重要举措。通过语言学习内外并举、人才培养专通结合、语言沟通人机并重，最大限度地提供文化互通服务，为“一带一路”文化共同体构建提供基础性支撑。

(二)促进人文交流是纽带

人文交流包括政治、经济、军事、安全以外科技、教育、文化、卫生、体育、媒体等方面的各种合作，是国家间建立长期稳定良好关系、赢得人心并增进互信的基础手段和人文途径。中国外交部部长王毅将人文交流视为与互联互通、产能合作并列的“一带一路”建设三大支柱。[③]习近平强调人文交流是“一带一

① 习近平同德国汉学家、孔子学院教师代表和学习汉语的学生代表座谈[N]. 人民日报，2014-03-29.

② 中办国办印发《关于加强和改进中外人文交流工作的若干意见》[N]. 人民日报，2017-12-22.

③ 王毅. 发展中的中国和中国外交：在美国战略与国际问题研究中心的演讲[EB/OL].(2016-02-26)[2020-08-08]. http://www.xinhuanet.com/world/2016-02/26/c1118171527.html.

路”建设的重要内容，民心相通是人文基础。要坚持经济合作和人文交流共同推进，注重在人文领域精耕细作，尊重各国人民文化历史、风俗习惯，加强同共建国家人民的友好往来，为“一带一路”建设打下广泛社会基础。[①]在亚洲文明对话大会上，习近平再次表明“深化人文交流互鉴是消除隔阂和误解、促进民心相知相通的重要途径”[②]，直至提出“促进民心相通，构建人文共同体”的重大倡议。人文共同体在一定意义上就是文化共同体，或者说人文共同体包括文化共同体，因为广义上的文化就是人文，狭义上的文化与科技、教育等一起构成人文体系。文化总是与人相关，文化，其实就是“人化”和“化人”。因此，文化共同体建设属于人文共同体建设的一个方面，促进民心相通，支持教育、文化、旅游、体育、媒体、妇女等领域交流合作，形成全方位、深层次、多渠道合作架构，成为通向文化共同体的现实之路。

文化是“一带一路”倡议的根基与灵魂[③]，人文交流是“一带一路”大厦的社会基础。现有的不良舆论和工程搁浅等问题，多与人文交流不够充分相关；而“一带一路”率先取得成果、合作进行得顺利的地方，都有人文交流多、民众基础好的特点。因此，要充分发挥好人文交流、文化合作润滑剂和黏合剂的功能，为共建“一带一路”提供驱动力和向心力。旅游是最直接、最大众的人文交流方式。跨越亚欧非东西方的文化文明、纵贯寒带温带热带的气温气候、山海林沙盆地高原齐全的地形地貌，为“一带一路”旅游提供了丰富的文化遗产和自然资源。“一带一路”连接了全球主要旅游客源地与目的地，共建国家的国际旅游规模占到全球旅游的70%左右。近年来“一带一路”沿线旅游成为热点，也成为中外人文交流的一道亮丽风景。人文交流贯穿“一带一路”的整个过程和各个领域，是检验“一带一路”建设最终成效的试金石。在此意义上，不断拓展、夯实、加固人文交流合作的宽度、厚度、深度是构建“一带一路”文化共同体的根本之路、长远之路。

---

① 习近平．借鉴历史经验创新合作理念让“一带一路”建设推动各国共同发展[N]．人民日报，2016-05-01．

② 习近平．深化文明交流互鉴共建亚洲命运共同体：在亚洲文明对话大会开幕式上的主旨演讲[N]．人民日报，2019-05-16．

③ 人文交流合作：“一带一路”倡议的根基与灵魂：访国家文化软实力研究协同创新中心主任张国祚[N]．光明日报，2016-09-22．

(三)培育文化共识为支点

"一带一路"沿线各国政治体制、经济发展、价值观念与风俗习惯差异较大,沿线各国进行交流合作时,若没有一定的文化共识作为支点,很难进行有效的文化沟通,更难产生思想和情感上的共鸣。"构建'一带一路'文化交流机制,必须要找到文化共同点,在不同文化体系的异质文化中探索各国文化的交叉地带,例如宗教文化、古丝绸之路的商道文化,等等。"①也有的学者主张将佛教文化传统、中华医学魅力作为发展文化共性、探索文化交流交叉地带的两个切入点,以此推进文化资源共享,增进各国人民之间的情感共鸣。②在抗击新冠疫情斗争中,中国的抗疫经验得到共建国家的赞赏与借鉴,其中透出的东方文化价值观成为人们津津乐道的话题,也成为亚洲国家、共建国家引以为豪的共识。习近平总书记指出:"抗疫斗争伟大实践再次证明,社会主义核心价值观、中华优秀传统文化所具有的强大精神动力,是凝聚人心、汇聚民力的强大力量。文化自信是一个国家、一个民族发展中最基本、最深沉、最持久的力量。向上向善的文化是一个国家、一个民族休戚与共、血脉相连的重要纽带。"③儒家文化圈的集体主义、克己自律、信奉科学、服从权威的精神,是亚洲国家在疫情防控中应对较为成功的一个重要原因。中国与东盟、日本、韩国等在抗疫中突显的文化共性为其开展官方政策协调、进行民间温馨互动、恢复区域经济联动功不可没。

"一带一路"文化共同体建设要发掘共同文化价值,培育文化共识,以此提升共建国家文化的亲密感、认同感与归属感。中国提出的以和平合作、开放包容、互学互鉴、互利共赢为核心的丝路精神越来越被共建国家和人民所认同,成为"一带一路"文化共识的基础。在和共建国家共商共建共享进程中,中国的一些官方话语、理念原则也日益得到共建国家人民的青睐和认同。如"要想富先修路"的思维、公平与效率兼顾的思想、民生先于民主的理念、发展是解决问题总出路的认识、以发展根除恐怖主义的思路、共商共建共享的原则、"授人以鱼"不如"授人以渔"的观念、以义为先的义利观、对民心相通的重视、对多元

---

① 郑士鹏."一带一路"建设中文化交流机制的构建[J].学术交流,2015(12):112-117.

② 赵立庆."一带一路"战略下文化交流的实现路径研究[J].学术论坛,2016,39(5):144-148.

③ 习近平.在全国抗击新冠疫情表彰大会上的讲话[N].人民日报,2020-09-09.

文明互鉴的理解、构建人类命运共同体的思想等，这些中国特色话语、中国人推崇的价值观念已经在“一带一路”国家深入人心。“丝路共同体建设的内在支撑就是沿线发展中国家在发展道路、社会制度、国家治理、文化理念方面的共识。”[①]这些价值观念、思维方式、治理之道，萃取于共同文化传统和发展实践，是具有代表性的文化共性，是构建文化共同体的重要支点。欧洲的联合起步于欧洲共识的培育。1948 年，海牙大会就强调培养欧洲统一的文化意识。1949 年，欧洲学院基金会在布鲁日成立，目标是培养具有欧洲观念的未来人才。1950 年，欧洲文化中心在日内瓦落成，致力于欧洲统一思想的交流；同年欧洲广播联盟成立，旨在欧洲范围内实现重大事件即时直播传送。1954 年，欧洲电视联播成立，推动欧洲各国电视节目交流；同年，欧洲足球协会联合会成立，为欧洲人共享体育盛事提供了平台。这些机制为欧洲各国超越国界、民族、地方进行文化交流创造了条件，为培育欧洲共识夯实了基础。法布里斯·拉哈认为：“正是得益于这一类的创举，欧洲在许多公民眼里成了实实在在、可感可知的现实。在共同的盛大集会中，欧洲公民才能够意识到一个共同空间的存在。”[②]这对“一带一路”培育和扩展共识有启发借鉴意义。

(四)促进文明互鉴是导航

文明是文化的集成，“文明是放大了的文化”，“文明是对人最高的文化归类，是人们文化认同的最广范围”[③]，“文明是最大的‘我们’，在其中我们在文化上感到安适”。[④]文明互鉴是高层次的文化互动。共建“一带一路”以尊重差异、包容多样为原则，主张文明互鉴、和而不同。习近平指出：“‘一带一路’建设要以文明交流超越文明隔阂、文明互鉴超越文明冲突、文明共存超越文明优

---

① 李丹. 丝路共同体：中国推动全球治理转型重构的现实方案[J]. 理论月刊，2021(6)：76-84.

② 法布里斯·拉哈. 欧洲一体化史(1945—2004)[M]. 彭姝祎，陈志瑞译，北京：中国社会科学出版社，2005：57.

③ 塞缪尔·亨廷顿. 文明的冲突与世界秩序的重建[M]. 周琪，等译，北京：新华出版社，2010：20.

④ 塞缪尔·亨廷顿. 文明的冲突与世界秩序的重建[M]. 周琪，等译，北京：新华出版社，2010：22.

越，推动各国相互理解、相互尊重、相互信任。”[①]这是“一带一路”文化共同体构建的指南。习近平特别强调文化包容性、文明互鉴性对人类发展的重要意义，指出：“文明的繁盛、人类的进步，离不开求同存异、开放包容，离不开文明交流、互学互鉴。历史呼唤着人类文明同放异彩，不同文明应该和谐共生、相得益彰，共同为人类发展提供精神力量。我们应该坚持世界是丰富多彩的、文明是多样的理念，让人类创造的各种文明交相辉映，编织出斑斓绚丽的图画，共同消除现实生活中的文化壁垒，共同抵制妨碍人类心灵互动的观念纰缪，共同打破阻碍人类交往的精神隔阂，让各种文明和谐共存，让人人享有文化滋养。”[②]

“人类的历史是文明的历史。”亨廷顿在解释文明对国家利益的影响时说，“国家根据其他国家的意图来确定威胁，而这些意图以及看待它们的方式受到文化考虑的强大影响。公众和政治家不太可能认为威胁会产生于他们感到能够理解和可信任的民族，因为他们具有共同的语言、宗教、价值观、体制和文化。他们更可能认为威胁会来自那样一些国家，它们的社会具有不同的文化，因此他们对之不理解和感到不可信任。”[③]“一带一路”沿线是四大文明的发祥地、五大宗教的起源地、九大语系的汇聚地、多元文化的衍生地，面对来自新兴大国的新型倡议，一些人本能地视为威胁，发出了“新马歇尔计划”“地缘政治工程”“新重商主义”“中国模式输出论”“新殖民主义”“资源掠夺论”“债务陷阱论”等质疑之声，这里面固然有利益博弈、政治借口等因素，但文化隔阂才是深层原因。要破除这些负面舆论，没有捷径可走，加强文化交流、文明互鉴是治本途径，也是中国走出去的必修功课。构建文化共同体不是要凭空打造一种新的文化价值规范，而是通过在文明之间进行对话沟通、交流互鉴的方式，促使不同文化主体持续互动，推动形成海纳百川、兼收并蓄的局面，促进文化共在共生、生生不息，文明互尊互鉴、共存共荣。“共在、共生、共商、共建、共责和共享这一逻辑序列既表明了人类命运共同体和谐共生的价值指向，也展现了

---

① 习近平.携手推进“一带一路”建设：在“一带一路”国际合作高峰论坛开幕式上的演讲[N].人民日报，2017-05-15.

② 习近平. 携手建设更加美好的世界：在中国共产党与世界政党高层对话会上的主旨讲话[N]. 人民日报，2017-12-02.

③ 塞缪尔·亨廷顿. 文明的冲突与世界秩序的重建[M].周琪，等译，北京：新华出版社，2010：13.

人类文明发展的方向性与理想性特质。”[①]文明互鉴体现了“一带一路”文化共同体的本质，即通过文化多元互动，激发文化创造力，形成一种文明相互观照、文化交融共生的开放包容结构。

总之，全球一体化趋势是“一带一路”文化共同体命题产生的时代背景，深远文化渊源是其形成的前提条件，千年友好往来是“一带一路”联通沿线各国的人文纽带，伙伴关系网络则是“一带一路”文化共同体的外交保障。共建“一带一路”文化共同体意义重大，且贯穿沿线命运共同体建设的始终，既是各方合作的思想基础，也是决定“一带一路”成败的重要标志。它能促进利益共同体建设，保障安全共同体建设，是人类命运共同体建设不可或缺的人文基础，对于夯实沿线命运共同体的可靠性、稳定性，提升“一带一路”合作的协调性、持续性都大有助益。因此，要充分发挥文化的引领化成作用，从加强语言互通、促进人文交流、培育文化共识、增进文明互鉴等方面着手展开行动，切实推进“一带一路”文化共同体建设，丰富人类命运共同体的文化维度。

---

① 邵发军.人类命运共同体思想视阈下共享发展的人学意蕴[J].南昌大学学报(人文社会科学版),2019,50(04):22-31.

海外华人会馆与中华文化展现*

王日根

一、海外华人会馆建立的背景、运行与内涵

明清时期，当闽粤等省人们移居海外时，他们多带着对乡土的浓浓依恋而漂泊异国他乡，他们也大多抱有“衣锦还乡，荣归故里”的深切期待。因此，我们便看到寄托乡思的海外华人会馆陆续建立。因为这一时期移居国外的华人多面临许多新的形势，如欧洲人的东来及其血腥的殖民政策的推行、华人与侨寓国土著的矛盾、中国政府的禁海政策与侨寓政策的实施等，使移居海外者宛若“弃儿”，然而，乡土的纽带是无法割断的。海外华人会馆几乎就是中华本土会馆的海外移植，在缘起与功能方面既包含了中华本土会馆的诸多方面，又显得自有侧重，华人会馆成为海外华人与外界交流的基地，既保持了中华文化的基本内核，又不断地吸收西方文化的一些因素，从而建立起既保持中华文化传统又能适应现代化需要的华侨文化。

明嘉靖三十九年(1560)，明政府重开宁波、泉州和广州三港，中日间的贸易便络绎不绝，有些商人逐渐在当地定居下来。万历三十年(1602)，福建漳州商人欧阳华宇和张吉泉将稻佐净土宗悟真寺改为菩提寺，作为羁留当地华人的拜佛之所，兼具了聚会联络的功能。由于乡帮的牵引，居留当地的华人逐渐增多，诚如朱国桢《涌幢小品》中所说：“自(万历)三十六年(1608)在长崎岛之明商不止二十人，今不及十年，且二三千人矣。”

日本成为华人移入的重要国度。在1623年就有江西富商欧阳云台捐地

* 本文作者王日根系厦门大学人文学院原副院长、教授，于2021年5月13日在厦门大学一带一路研究院以本文内容为主题做“一带一路”系列学术讲座第25场。

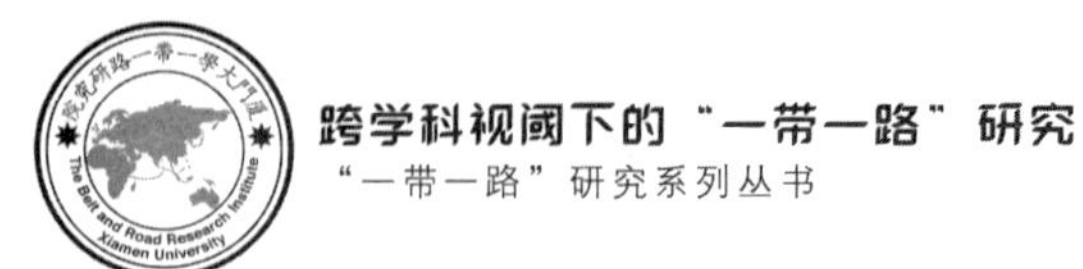

兴建兴福寺,作为三江同乡(江西、浙江、江苏三省)祭祀与宴集的地方,接着当时在日本最多的福建商人也分别于1628年和1629年建立了泉漳帮的福济寺(俗称泉州寺)和福州帮的崇福寺(俗称福州寺),而人数较少的广东商人则一直到1678年才以铁心和尚开基的圣福寺(俗称广州寺)为本帮聚会与进行宗教活动的地方。四帮寺庙被称作“四福寺”。“四福寺”内各有设置,如兴福寺设妈祖堂,内祀天后圣母(两旁有千里眼、顺风耳二神)、关圣帝君(旁立关平和周仓)以及大道公(又称三官大帝);福济寺则有青莲堂,内祀天后圣母、关帝和观音菩萨;崇福寺更有妈祖堂和关帝堂(护法堂);前者内祀天后圣母和大道公,后者祀关帝和韦驮、观世音;圣福寺有观音堂,同祀关帝、天后圣母和观音等。在佛庙中奉祀天后适应了当时日本崇佛教抑别教的国策,却又保持了乡土神的至尊地位,可以看作是会馆的早期形态。人们每年都举行天后圣母和关帝诞辰的活动,以增进同乡间的友谊。遇灾则对同乡实行收管、提供食宿;又为死者提供墓地或负责送回故里归葬,还对纷争进行调解、仲裁。后来三江帮在兴福寺创建了“和衷堂三江公所”;福州帮成立的“三山公所”也与崇福寺的运营相关;泉漳帮在原来的“八闽会馆”基础上改建为“星聚堂福建会馆”;广东帮于1874年创立荣远堂岭南会所,光绪十年(1884)甲申改称广东会所。这种跨越阶层界限的祭祀活动一定程度上抹平了社会的紧张感,实现了精神的共享。

从清光绪二十三年(1897)《重建长崎八闽会馆碑记》中可见八闽会馆是日本华人会馆中建立最早的一所。其中说:“八闽会馆始建迄今殆百年之久。为我帮商族议公之区,良辰宴会之所,由来久矣。”随后,三江会馆于1868年在长崎建立,另外还有岭南公所、三山公所的设置。在大阪、横滨、函馆都设有三江公所。在神户有广业公所、八闽公所,在横滨、神户、大阪、函馆有中华会馆,这些都适应了华人商人要求团结的心理。在神奈川(横滨),1868年,已有了华人的会议所;1887年,三江帮成立“三江公所”,曾一度吸收福建侨胞加入;1918年,福建籍华侨成立了“新兴福建联合会”;广东帮于1898年建立“亲仁会”,它网罗了广东帮的各界领袖人物,其下又按县籍不同而设有“三邑公所”(南海、番禺、顺德)、“四邑公所”(开平、恩平、新会、台山)、“要明公所”(高要、高明)。神户的福建商人先是成立了“建帮公所”,后又于1870年成立“八闽公所”,不久改为“福建商业会议所”。广东侨胞于1877年成立“广业公所”,后曾称为“神户广业堂”,又称“广东公所”,后扩建为会馆,三江帮的“三江公所”亦扩大为“三江会议公所”。在大阪,1882年,三江帮的华侨创立了“三江公所”,1916年扩大为“大阪中华北帮公所”。广东籍侨胞在1896年成立了“大阪广帮公所”，因其中有几家神户的广商加入，故亦称“神阪广东公所”。福建帮于1906年成立“福邑公所”，但不久解散。

在越南，康熙三十四年(1695)广州长寿寺住持僧大汕在出使越南时便见到不少地方有华人，而且还沿用“明人”“大明”等称呼，可见这些华人是明朝移入越南的。大汕在越南顺化、会安见到许多闽粤商人。在会安，还有大批华人聚居长达三四里的“大唐街”。他说：“盖会安各国客货马码，沿河直街长三四里，名大唐街。夹道行肆，比栉而居，悉闽人，仍先朝服饰，饬妇人贸易。凡客此者，必娶一妇，以便交易。”在大唐街尽头还有日本桥，可见这里是一个国际型交易中心，即“兹大越国会安府者，百粤千川，舟楫往来之古驿，五湖八闽，货商络绎之通衢”，人们在(会安弥陀)寺之右的关夫子庙捐设了闽会馆，“募义冢地，收掩孤骨”。位于暹罗湾的河仙镇，是17—18世纪发展起来的著名港口，以鄚玖为首的中国侨民做了开拓性的贡献，“以大埔(河仙镇)皆鄚玖公旧时经营，胡同穿贯，店舍络绎，华民、唐人、高棉、阇闼，类聚以居，洋舶江船，往来如织，海陬之一都会也”。在柴棍巨镇“南十二里，当官路之左右，是为大街，直贯三街……各相贯穿如田字样，联檐斗角，华唐杂处，长三里许，货卖锦缎、瓷器、纸料、珠装、书坊、药肆、茶铺、面店，南北江洋无物不有。大街北头本铺关帝庙，福州、广东、潮州三会馆分峙左右。大街中之西天后庙，稍西温陵会馆，大街南头之西漳州会馆，后为霞漳会馆。凡佳晨良夜，三元朔望，悬灯设案，斗巧争奇，如火树星桥，锦城瑶会，鼓吹喧哄，男女簇拥，是都会热闹一大铺市”，会馆成为不同地籍人的社区活动中心。不同地域的人们分类聚居，终于形成了相对集中的华人聚居地及他们的会馆。

1815年，在越南河内兴建福建会馆。1817年建立的《福建会馆捐题录》和《福建会馆兴创录》两碑，碑文中有32名捐款人姓名，董事王新合(晋江人)捐银1100两，名列榜首；捐款人中有同安县7人，龙溪县5人，晋江、诏安各4人，海澄3人，安溪2人，长泰、南安各1人，失载2人，共捐银3604两。边河的关帝庙、福建会馆、广东会馆合称三大祠。在西贡，有光绪年间成立的福建中华理事会馆(西贡福建公所)，成立于清光绪年间，凡闽籍华侨均为该会馆成员，下属有福建义祠、福建学校、福善书院等。西贡还设有三山会馆(福州府人建，祀奉天后妈祖)；二府会馆(漳泉二府华侨所建，祀奉土地神)、温陵会馆(泉州府人所建，祀观音)、霞漳会馆(漳州府人所建，祀天后)。

新加坡是明清华人移入的重要地点。19世纪上半期的新加坡已成为英国殖民地及其在东南亚的商品集散地，需要大量劳动力。两年后，中国第一艘商船从厦门直航新加坡，自此中国华南地区的农民、手工业者和商人开始大量来到新加坡,成为开埠时期的拓荒者,而其中多数来自粤闽两省。据吴华辑《新加坡华族会馆志》统计,从1822年广东曹亚志创立宁阳会馆起,到1965年,总共有50所以上直接以会馆命名的会馆组织。其中有应和会馆(1823)、南顺会馆、中山会馆(1838)、冈州会馆(1843)、琼州会馆(1857)、茶阳会馆(1857)、福建会馆(1860)、永春会馆(1867)、丰顺会馆(1873)、惠少会馆、金门会馆(1876)、东安会馆(1876)、番禺会馆(1879)、肇庆会馆(1879)、三和会馆(1883)、三水会馆(1887)、雷州会馆、三江会馆(1908)、福州会馆(1909)、福清会馆(1910)等,清灭亡后新加坡华族会馆仍继续发展。

新加坡福建会馆的前身是1828年由漳浦县人薛佛记和陈送率福建帮众乡亲建立的漳泉人公墓恒山亭,负责解决当时在新加坡的福建人的丧葬问题。1830年恒山亭设于石叻律,创建了大伯公庙,并设有董事,总理与值年炉主头家,每年相互选举或轮流充任。1839年,体现福建人乡土信仰的天福宫在直落亚逸街落成,祭祀妈祖,不久恒山亭也迁至天福宫,福建会馆日益成型。海澄人陈金钟从1840年开始成为天福宫的首任炉主,具有一定的凝聚力。1846年海峡殖民地(英国人建于1826年,包括新加坡、马六甲和槟榔屿)政府封他为太平局绅,反映了其作为联系中介的作用。恒山亭在发展过程中曾一度把服务和联络的对象扩大到当地所有的华人,但由于会馆理事会的成员主要是福建人,因而福建的地域性便越来越明显地表现出来。

与东南亚其他国家类似,早期的华人会馆是南渡华侨华人海外生活的"避风港"。有数据记载,从1819年至1890年,在殖民当局注册的华人会馆有32间。早期的新加坡华侨华人主要从事体力劳作,会馆则是其生活福利和抱团生存的主要依靠。

经历几代人近百年的繁衍壮大,新加坡华人社会在20世纪初渐成规模,并出现一批商贾巨富。从1891年到1941年日军占领新加坡之前,50年间新增了至少124间华人会馆。彼时正值华夏大地烽火四起,在华人会馆的凝聚下,新加坡华侨华人成为支持中国反帝反封建斗争在海外的重要支撑。

会馆最初可能是当地华人的信仰中心,早期南下的中国移民,越洋过海、历尽艰险来到了马六甲,他们认为是受了神明的庇佑。因此,他们通过兴建青云亭来向神明表达感激之情,并在庙宇之内,建立起了在异域的组织,功能有别于一般简单的庙宇,而是当时华人社会的政务、法庭以及精神信仰的相互帮扶中心。首任华人甲必丹郑启基(又名郑芳扬)于1673年创建这座青云亭,取平步青云之意,捐三宝山为坟山作为安葬客死异国他乡者的场所。青云亭原名观音亭,规模宏大,整座建筑全部用楠木建成,山门上书"南海飞来"四字。

殿内以生漆涂饰，黑红闪亮，屋檐上有由碎玻璃及瓷造成的神话及动物雕像，在阳光下闪闪发亮华丽夺目。庙内上漆的木雕更加引人入胜。庙里的主神明有观世音菩萨，左坛是航海者的保佑神天后娘娘。坛上的栏杆描绘了佛祖的生平。庭院里可看到佛教、儒家和道家的教义。这座庙宇的建筑材料都是来自中国。300多年来，该亭经历了6次重修和3次扩建。亭内的各种碑文、匾额、楹联和华人祖先牌位等，是研究马来西亚华人社会的重要历史资料。仍有不少僧侣居住其中，是马来西亚最古老的一间华人寺庙。青云亭庙内供奉着三座祭坛，儒、释、道各一座，是多元共存的中华文化的典型体现。后来逐渐成为传统文化活动举办的重要场所，甚至在特定历史时期，还扮演着类似官府部门的角色。

因海上丝绸之路而在历史上兴盛一时的古城马六甲，存留着多元的文化遗产，也因此带动旅游业成为当地支柱产业。青云亭每天都吸引游客前来参观。史载当年庙宇的建材和工匠都是从中国引进的，如今不但已被列入联合国世界文化遗产名录，还获得过联合国教科文组织亚太区文物古迹保护奖，被认为是杰出古建筑修复工程的典范。青云亭与漳州有着很深的渊源，兴建者郑芳扬的祖籍便是明朝时期的福建漳州府。而祖籍漳州府海澄县的甲必丹蔡士章也对青云亭的发展贡献巨大。走入青云亭，除了感受到浓郁的传统中华文化元素，还会发现每个细节都极富"漳州味"，与福建漳州众多庙宇类似，青云亭建筑采用雕、塑、彩、贴、砌、写、画等七种建造工艺，可以说是古色古香。

从《重兴青云亭碑记》(1801)中我们读到："青云亭何为而作也？盖自吾侪行货为商，不惮逾河蹈海来游此邦，争希陶猗，其志可谓高矣。而所赖清晏呈祥，得占大川利涉者，莫非神佛有默佑焉，此亭之兴，所由来矣。且夫亭之兴，以表佛之灵；而亭之名，以励人之志。吾想夫通货积财，应自始有而臻富有莫大之，崇高有凌霄直上之势，如青云之得路焉，获利固无慊于得名也。故额斯亭曰青云亭。独是作于前者，既有吉士，而修于后者，宁无伟人，历岁月之久远，蠹朽堪虞，经风雨之飘飘，倾颓可虑。览斯亭也，未始不触目兴怀，徘徊而浩叹者矣。幸也而有甲必丹大蔡讳士章在，慨然首倡，爰督仝海关诸同人等，议举重修，择吉兴工，不数旬而告竣。噫！彼斯人，而青云亭何由俨然世观也哉！甲必丹大诚哉，其英伟人也！不惜重赀鼎力议举，劳心神以董劝，而经始成终。后之览斯亭者，能不幸然高望，追念旧宇之所由新，而相与仰慕夫甲必丹大蔡君等之共乐修此亭耶！宜乎神默而佑之，人颂而美之，自此议问宣昭，将与青云亭并不朽也已。于是乎记。以下为捐款人表。"

这座祭祀观音的庙宇，是华人社会举行仪式的地方，供奉祖先牌位的地方,祭祀祖先的地方,也是为不幸去世的同胞安排祭奠仪式,提供祭奠安息之所。其所具有的慈善教育功能也日渐显著。

碧山亭是广府属之南顺、番禺、东安、中山、宁阳、冈州、三水七间会馆,惠州府属之惠州会馆,肇庆府属之肇庆会馆,一共九大会馆的产业,建议九大会馆共同管理。即席议决组织碧山亭公所董事会,由各会馆派出两名代表组成,这是碧山亭公所所有健全组织的开始。过后,广州府属之清远、花县、顺德、增龙,肇庆府属之高要、鹤山、恩平七会馆先后入会,于是碧山亭成为广惠肇 16 间会馆的共同组织。为维护十六会馆公平权益,理监事会、六常务由十六会馆轮流接替。

碧山亭全称广惠肇碧山亭,创立于 1870 年,它是广州府、惠州府和肇庆府三属人士的坟山。在广惠肇碧山亭 150 余年的连续发展中,除了作为三属人士的先人入土为安的坟山外,自 1923 年以来定期举办万缘胜会超度先人,并以余款购置坟地和产业。它也为文教和慈善福利事业作出较大的贡献。1936 年创设的广惠肇碧山亭学校,具有作育英才之功效。1979 年政府正式征用碧山亭,同年 5 月会馆理监事会致函当时的国家发展部长,要求拨回 50 英亩地段作为灵塔、纪念碑、公所等发展用途,几经商谈,政府同意拨回 8 英亩(3.2 公顷)的地段供发展,赔偿金仅得 494 万 5400 元。这显示出当地政府对该设置的认可。在此基础上,碧山亭着手兴建灵塔、先贤纪念碑、公所、安老院、茶亭等,再进行美化计划。到了 1991 年昔日累累坟茔的碧山亭的面貌已经焕然一新。为了使后代子孙饮水思源以及把碧山亭公所保留为华人传统文化的所在地,会馆斥资 60 万元聘请佛山艺术研究社承制两幅巨型金箔樟木浮雕《广惠肇风光风情揽胜》与《粤人石叻奋斗史略》,以及两幅巨型石雕壁画《新加坡风景线》与《万里长城》为主题的文化设计。这项工程在 1993 年完成。

碧山庙于 1998 年重建落成并举行开光仪式,庙内装置五百罗汉以及 21 组民间故事和地方戏曲为内容的瓷塑,宛如广东佛山祖庙。

"广惠肇碧山亭先贤纪念碑"是一座纪念我国开埠以来粤籍创业先贤的纪念碑。这座高耸的"广惠肇碧山亭先贤纪念碑"建于 1985 年,是碧山亭为纪念三属先贤而立,并将其作为广惠肇三属总坟。由于碑下埋葬了碧山亭坟山时代 149 个三属社团总坟的墓碑,以及部分社团总坟的骨灰罐,因此纪念碑上刻有 149 个三属社团名单。这表明碧山亭从 1871 年建立,到 1979 年坟山被政府征用期内,共有 149 个三属社团在此设立总坟。每逢春秋二祭,碧山亭理监事会都会到此举行祭祀仪式,共同祭拜三属先贤。碧山亭创立初期,曾受到地方势力的干扰,幸得七位义士保护,才免受干扰,这七位义士是恩平李亚保、开平黄义宏、新兴赵亚德，三水梁亚德、高要赵亚女、新兴顾文中、高要谢寿堂。七位义士逝世后，碧山亭以长生禄位奉祀他们，尊称“七君子”。

“春秋二祭”是碧山亭一项传统和重要的活动。据记载，第一次“春祭”活动是在1948年3月，从那以后，碧山亭定期在每年的清明节和重阳节期间举行祭祀先人的活动，迄今从未间断过。“春秋二祭”通常在每年的清明节与重阳节前半个月开始，直至节后半个月结束，历时一个月。由于新加坡的华人更重视“清明”祭祖，因此“春祭”期间，碧山亭内更是人潮不断。慎终追远、敬老尊贤是华人的传统价值观。碧山亭“春秋二祭”为传承和弘扬这些华人优秀传统价值观提供了一个合适的场所，让新加坡年轻一代可以从中受到熏陶。超度亡魂的“万缘胜会”是碧山亭另一项祭拜祖先的重要活动，多由佛教的法师或道教的道士主持。它在碧山亭近一个半世纪的发展中占有重要的地位。为了让人们表达对先人的孝思，碧山亭每隔几年都会举办一连三天的附荐超度幽魂万缘胜会。其间，不仅设立肃穆壮观的附荐棚法场，法坛的布置更是富丽堂皇，庄严神圣。从开坛请佛仪式，到诵经恭送众神返天庭、送祖先破地狱以及过仙桥等，完成胜会的散坛仪式，三日连宵分别以佛教及道教的形式颂经礼忏和主持伐檀，为生人祈福，逝者超生。胜会期间，道场除摆满了数以千计的龙牌，供后人对先辈怀念及追思外，也会邀请舞狮团、粤剧团等莅场表演，为胜会助兴。

古祠不仅散发着中华古建筑的光彩，也更为公众提供舒适的祭拜场所，使香火远播。1998年11月7日，碧山亭举行碧山庙重建落成开幕典礼。新落成的碧山庙把中国传统文化汇集于一寺。重建后的碧山庙已经开放给公众参观，希望通过这些精致美观、引人入胜的艺术品传播儒家思想，启发年轻一代。

小的地域性会馆逐渐融入更大范围的会馆，包含了联合的扩大和地域狭小利益的摒弃，陈嘉庚在统合福建会馆方面作出了积极的努力，赢得了侨界的广泛赞誉。起初南洋华侨都是按方言、籍贯或姓氏划分为福帮（实际由闽南人组成）、广帮（指广州及附近几县讲广州话的华侨）、潮帮、客帮（指广东、福建等省讲客家方言的华侨）、海南帮（又称琼州帮）、三江帮（指江、浙、赣等省华侨）等六大帮和许许多多的同宗会，各帮都有自己的会馆和学校，各自分立，很少合作。陈嘉庚先生则从整体国家利益出发，号召福建中华会馆摈弃地域之见，在福建会馆创办的道南学校中，接受的广东籍学生达60%。陈嘉庚先生说：“全侨之团结，关系爱国心理之演进者甚大，……爱国与人民团结，实有至大关系。要爱国必须团结，既团结尤要爱国。何以言之，爱国而无团结，则如一盘散沙，力量奚以集中。既团结而不爱国，则团结亦属空泛。”

陈嘉庚倡设了中华会馆，改造了中华总商会，设立星洲华侨教育基金会，通盘经营新加坡的华侨教育，裁并会馆及同宗会，每帮只留一所会馆，如福建会馆、广州会馆、潮州会馆、琼州会馆、客属会馆、三江会馆，其他一府一县的会馆分别合并于以上大会馆，同宗会一律取消，所取消的各会馆与同宗会的屋业，捐给教育会。这一举措极大地提高了新加坡华侨社会的凝聚力，其积极意义是长远的。

缅甸多福建侨商，建有温陵会馆（1912）、仰光三山会馆（1912）、安溪会馆（1920）、永定会馆（1921）、瓦城三山会馆（1922）、旅缅惠安会馆（1923）和旅缅同安会馆（1927）。泰国的华人会馆的设立相对较为晚近，其中有中华会馆、潮州会馆、广肇会馆、海南会馆、福建会馆、江浙会馆、台湾会馆、云南会馆、广西会馆、揭阳会馆、大埔会馆、丰顺会馆、兴宁会馆等。其中建立最早的在1907年，最晚的在1968年，其宗旨大体都是“敦睦乡谊，促进团结，推动福利”。这可以看作是对明清会馆的继承与发展。

1906年，四邑人在英国利物浦成立“英国四邑总会馆”。四邑即广东台山、开平、恩平和新会。19世纪中叶美国西部发现金矿而掀起淘金狂潮，大批年轻力壮的四邑人涌向美国西部，接着他们又向欧洲开拓，到1906年，接踵而至利物浦的四邑人已有近百之众，几乎均以洗衣业为生。“在1900年代，吾邑人士往英谋生者，日益众多，各自为工为商，毫无组织，更乏守望相助之意，有志之士认为长此以往，实非邑人之福，于是，共同集议，筹备组织四邑总会馆，以兹联络，而收互助互励之功。”余进、黄球、梅显利等十多位利物浦四邑人中的头面人物，决定筹组会馆，中华传统文化中的守望相助、共谋发展的精神在一定背景下就会开放出艳丽的花朵。余进等先组成“筹备委员会”，倡导捐款运动，马上赢得大家的响应，当年便宣告了四邑总会馆的成立，黄球成为第一任主席。会馆建立后，把推进会员福利作为自己的首要任务。考虑到同乡们皆经营洗衣业，同业过于单一，且彼此争夺业务，也不利于健康发展。于是他们筹资以资助同乡开辟其他行业，这无疑可以壮大同乡在当地的影响力。这种借助于同乡会馆而建立的“合会”因具有较强的信任度而被海外华人所重视，业务亦容易取得巨大发展。

荷兰华侨会馆于1922年成立于荷兰鹿特丹。起先在1912年即有华人水手馆，接着更多的水手馆纷纷建立，分别以广州话、客家话和青田话为纽带，形成了宝安帮、东莞帮、客家帮、青田帮等小帮，到20世纪初，宝安帮势力最大，它首先出面联合各帮力量，发起成立代表全体荷兰华人的统一团体，即“荷兰华侨会馆”，且经中国政府驻荷兰总领事馆批准。李明欢先生分析了该会馆的构成，譬如理事会九名成员中，除担任荷文秘书者外，其余均为广东人，而且，其中包括会长、副会长在内的五人均为宝安人，因此其地缘性社团的潜在色彩十分明显。职业基本是水手馆老板。这和中国本土的各地会馆呈现出共同的倾向。特别是商人会馆基本以势力大者称王，会馆成员亦往往是生意上较有业绩者。它虽然都打着“增进全体荷兰华人的相互了解；为所有遇到困难的华人提供援助”的旗号，且对于“不幸染病”者、“丧失工作能力希望回乡”者和“遇意外身亡”者提供帮助，一样秉承了中国本土会馆的做法，但其树立本身良好社会形象、以求推进商业发展的目的仍是很明显的。

在荷兰，地域性的会馆组织在 20 世纪 70 年代以后迅速发展。来自福建东部（福州、连江、长乐、福清等地）的新移民主要经营餐馆业，取得一定发展，从而建立起会馆组织。1998 年 4 月，旅荷福建同乡联合会终于得以成立。

德国汉堡的中华会馆成立于 1929 年 10 月 10 日，发起人是浙江宁波籍商人陈纪林，属海员出身，尽管他在航海生涯中与德国各界有过较广泛的接触，但因为“一战”的影响，他的这些资源都没能帮上什么忙，只是到了和平年代后，他在汉堡租下一幢民房，建立了“汉堡华人水手馆”，为当时中国船员投宿、求助的场所，后来提供帮助在当地落脚的中国人解决诸如求职、办理护照或签证等服务，在华人界赢得了较好的名声。水手馆具有了安排生活、帮助求职和调解纠纷等功能，到 1929 年，正式挂牌为“汉堡中华会馆”，建立了华侨公墓。德国、法国乃至美洲等地的地域性会馆也逐渐得到发展。美国、加拿大等国的华人会馆也普遍有着悠久的历史，旧金山的诸多广东会馆依然是当地的社会基层凝聚组织，有效发挥着社会整合功能。

二、海外华人会馆的诸特征

1.同宗会馆与同乡会馆并存。在新加坡，就有由曹亚志创办于 1819 年的曹家馆，创于 1825 年的马六甲江夏黄氏宗祠，创于 1835 年的邱氏宗亲会馆，创于 1848 年的四邑陈氏会馆，创于 1849 年的槟榔屿许氏宗亲会，创于 1854 年的黄氏宗亲会馆和创于 1857 年的林氏宗亲会馆。有的宗亲会馆甚至超越居地的地域界限，如新加坡四邑陈氏会馆、新加坡刘关张赵古城会馆等。与此同时，同乡会馆也并行不悖，蓬勃发展，还有的以方言为聚集会馆的纽带，呈现出血缘、地缘与语缘并重的局面，这实质上是由于远离故土，能够依恃的组织都将受到人们的重视。在菲律宾,同宗会馆数量巨大,后来随着人数的增加,同宗会馆也会出现分立,有的一姓甚至有两个乃至更多的会馆。如施氏就分为浔江和钱江两支。施氏在菲律宾华人社会中具有较为显赫的地位。其他像黄氏、郑氏、王氏、陈氏等都颇有实力。人们或参加同宗会馆,或参加同乡会馆,有时一个人分别是同宗会馆和好几个同乡会馆的负责人。

2.商人势力在会馆中唱主角。这是早期海外华人会馆与本土会馆的显著不同之处,在中国本土,无论是士绅会馆,还是商人会馆,会馆的负责人往往都是官僚、士绅或与他们关系特别密切的人。因为传统社会里,士农工商四民秩序较为严整,即使明清时期商人地位有所提高,但依附性之强还是较为明显的。官商勾结几乎是明清时期商业发展中的一个基本现象,而在海外华人社会,唱主角的是经过艰苦打拼而壮大了经济实力的商人。尽管他们或许在国内学过一些文化知识,或者也曾参加过科举考试,但在当地社会,这些算不得资历,只有拥有雄厚的经济实力,才能成为当地社会的话语操纵者。会馆的领袖在新加坡被称为“炉主”,主要是从商人阶层中遴选出来的,就马六甲应和会馆而言,选举新首领的方法实际上就排除了非商人阶层。在选举前夕,会馆调查那些嘉应客家人的店铺和实业状况,然后,把店铺和业主的名字记录在案,以备选举之用。所以,那些没有店铺和实业者,便无缘进入候选人之列。从1863年至1911年的48年间,应和会馆产生过48名炉主,其中31人是店铺和公司的业主,9名是店铺和公司的商号名,8名是店铺和业主的联名。正因为如此,这些会馆都能保证充裕的经费而长期不辍,商人有雄厚的经济实力,堪作会馆的经济担保,不会因政局的变化而兴替。

3.教育与裁判成为会馆所致力的重要事务。坚持本民族的文化往往是确立自我社会地位的一种基本立场,提高自己的文化素质也是谋求较高社会地位的前提。于是在早期海外华人往往借助自己的组织,发展教育事业,求得族群的壮大和发展。马六甲永春会馆以注重教育而出名,宗亲会馆如槟城邱氏宗亲会馆开办邱氏家学,其后有杨氏族学、陈氏族学纷起效仿。延至本世纪,由会馆创办的高等学府亦不计其数。在早期往南洋移居的多为闽粤人,实际上,闽粤地方乡土文化就是他们认同的文化,其中有“福佬人”,也有客家人,方言的区别亦导致其文化认同的歧异。不过在谋求扩大华文教育这一点上,大家的立场是一致的。在海外华人会馆创立之初,各类债务、商务纠纷很多,又没有专门的机构解决,所以会馆实际上在执行一定程度的司法权。像广肇会馆在1890年2月至1904年4月主要执行着仲裁的职能。一方面因其规模巨大,另一方面因该会馆的叶观盛和赵煌分别为华人甲必丹和众所公认的侨领,所以该会馆在当时吉隆坡所有的华人社会组织中取得了领导地位。

4.海外华人会馆运行逐渐呈规范化运作倾向，会馆被作为民间社团而进入当地国家统治者的视野，于是各会馆都定了相当详备的章程，且随着形势的变化而不断修订。譬如新加坡福建会馆于1995年还对章程进行过修订。该章程指出，“本会馆于一九三七年十月廿五日，由先贤陈嘉庚、李光前、叶玉堆、谢天福、周瑞猷、颜世芳及侯西反诸先生，依据当时公司法令订立章程，注册为非盈利有限公司”，但“由于原章程施行四十多年，新加坡经历了从自治一直到成为一个独立国家，社会环境改变很多，因此本会同仁咸认必须修订之”。章程一共经历了一九八〇年四月廿七日的修订（1982年9月24日由新加坡律政部长批准）、一九八七年四月廿八日的修订（同年7月22日由新加坡财政部长批准）、一九九三年三月廿八日的修订（1995年2月8日由新加坡财政部批准）。最新版的会馆章程显示：会馆的宗旨明确，包括“促进新加坡华裔的感情与友谊”；“提倡、促进、管理、改善新加坡教育事业”；“维护、管理与改良……所有庙宇，如有必要也得扩大及重建这些庙宇”；“维护、管理及改良……任何坟地或其他产业，如有必要得扩大及发展这些坟地与产业”；接受捐赠，必须程序合法；会馆的修缮得视需要而进行，会馆的款项得作适当投资；等等。会馆的会员资格、权利和义务，会馆理事会的产生办法、任期、经费来源与使用、账目查验等都有章可循。

5.当代海外华人会馆呈现出更加丰富多彩的面貌。海外华人中有不同途径移居者，文化层次也不一样。地域性较过去更加广泛。联结为会馆的纽带较前有了进一步的增加，过去在欧美主要是广东人建立的会馆，当代则呈现出各省会馆并兴的局面，有的甚至打出以普通话为纽带的会馆的旗号。也有一些是专业性的会馆，或学缘性的会馆。笔者在加拿大进行过为期半年的调查，对此深有体会。譬如有一般的湖南会馆、湖北会馆、惠东会馆、河南会馆，有伍胥山公所这样传统的广东人社团，也有复旦大学同学会、清华大学同学会、北京大学同学会等，还有美术家联谊会、书法家联谊会、机械工业生产者联谊会，等等。

海外华人组织还呈现出跨国联合的趋势，世界性的华商已经举行过多次大型会议，各宗亲团体联合的倾向也很明显，如已召开过世界王氏、黄氏、陈氏、客属等大会，华人的力量在整合中得到了更进一步的壮大。随着世界交往的扩大，商人、留学人员以及外交活动的人员日益增加，海外华人会馆逐渐扩大到世界的各个角落，乃至有人说：“有海水的地方就有中国人”，或“有海水的地方就有福建人”。所有这些都充分反映了中国人积极地向海洋开拓的精神，中国人创造了辉煌的海洋文化，理应在世界海洋开发史上具有一席之地。

综观海外华人会馆，其发展也经历了若干不同阶段，这其中既与国内政治社会形势相关，亦与所在国的社会状况变迁密切相连，20 世纪初是海外会馆初现时期，到 20 世纪 30 年代海外会馆迅速发展，许多会馆还在物质上或精神上组织抗日活动，声援国内的抗日斗争。50—60 年代东西方冷战时期，欧洲的华侨华人会馆因外界压力而趋于沉默，但到中国改革开放后，中国国际形象有了极大的改善之后，世界各地的华人会馆再次出现了前所未有的热潮。

从当代华商的发展中，可看到世界性华商网络的形成，有人认为华商经营的成功秘诀在于善于利用乡土等各种纽带节约了交易成本。看来，海外华人会馆绝不仅仅是旧时代的产物，它往往能在时代的变迁中不断调整自己的形态，发挥积极的作用，因而会馆的生命力必将更进一步地发挥出来。

三、海外华人会馆的中华文化展现

"五缘文化理论"是林其锬在对海外华人经济发展的原因进行深入研究的基础上提出的。"五缘"的基本内涵是：亲缘——宗族亲戚关系；地缘——乡党邻里关系；神缘——宗教信仰关系；业缘——同行、同学关系；物缘——以物为媒介的商品交换关系。"五缘"文化是华人团结的纽带、沟通的桥梁，也是形成世界华商经贸网络的社会基础。世界华商，"依靠网络支撑，依靠网络发展"，从事经济创业，积累华族财富，使华人资本成为世界上最富有的资本之一。这一理论的提出为华人与祖国的沟通起到了很好的促进作用，是我国经济发展史中光辉绚丽的一笔。

华人对祖国的文化传统普遍比较热衷。华人不论生活在何处，他们的社会文化生活的准绳和根据总是离不开中国思想家（孔子、老子等）的说教，离不开佛教、儒教和道教。因此，海外华人总是倾向于形成自己的圈子，过着排他的生活方式，并坚持来自祖国的风俗习惯、文化和传统。

1741 年《洋商会馆公议条例》："夫会馆之设，由来久矣。虽谓会同议事之地。唐人于此存公道、明是非、息争讼，固不比别事例相同者也。内崇奉天后圣母，春秋朔望，或祷或庆，诚称异国同堂会计，经营不公不正，相与同心勠力。至于疾病相扶，患难相助，福因善果，不胜枚举。"（前一年红溪惨案）

民族的整体性与区域性，连续性与变异性，相互间的关系是大传统与小传统的关系。综观中国本土各地区和海外各国、各地区华人社会现象，无论认知观念、伦理规范、人际关系、行为模式、风俗习惯，虽然各具区域特色，但在根本上都是中华文化大传统的一部分。从神缘的角度看，海外华人社会供奉的也多是中国的神祇。以东南亚华人社会为例，比较普遍的有“大众爷”(土地神)、“大伯公”(福德正神)、“三宝公”(郑和)、“关帝”(关羽)、“观音菩萨”、“女大伯公”(妈祖)、“保生大帝”(吴本)，还有城隆、山神、河神，等等。

1990 年 1 月，新加坡交通及新闻部长杨林丰博士在出席澄海会馆庆祝银禧纪念联欢会上的讲话中说：“随着世界各地的宗亲互相增进了解，应可彼此在生意与商业上通过联营企业携手合作，就像世界性的公司一样，通过世界性的联系与本地知识合作。”他指出：“由于环球化已成为国际贸易与商业的有效方式，世界宗亲的联系可以在一个新的竞争世界里互相扶持。”还指出：“这样的一种网络，有助我们加强彼此保存文化、传统与遗产的决心，继续发扬我们先辈的美德，传授给我们的子女，并为下一代开拓前景。”香港大学王赓武教授说：“世界华商这种网络会自然形成，因为大家身在海外，同在一条船上，彼此会很亲切。”

融入当地主流社会是海外华人发展的必然趋势，但这与弘扬中华文化的优良传统并不矛盾。针对菲华社会存在的文化认同歧异，我们应该积极鼓励相互间的交流，以求得在切实把握延续了数千年之久并创造了中华之辉煌的传统文化精髓的基础上，坚决摒弃包括帮会意识在内的落后成分，在共同弘扬中华优秀传统文化的前提下，求同存异，为人类的进步作出应有的贡献。

19 世纪 20 年代，菲律宾有了第一个华人社团“长和朗君社”，以南音来弘扬国粹。1877 年菲律宾中华总会善举公所成立，负责管理华侨义山。1891 年，中华崇仁医院由死而生。清驻菲领馆建立后，第一所华文学校——中西学校诞生。1904 年，马尼拉中华总商会成立，1811 年，怡朗中华国民公会(怡朗中华总商会前身)成立。1954 年菲华商联总会成立，成为菲华商人的代言机构，在维护菲华商人利益方面作出了积极贡献。

资助文化事业的基金会是否切要，能否发挥最大作用，往往不被捐助者看重，他们只以捐助为积德的事，可以赢得社会的承认，取得人们对其人品、道德和商业活动的信赖。有的人捐钱是为了进入董事会，或为了能镌名于石碑，或为了能刊名于报端。

以商养文在中国早有传统，菲华社会的文艺曾因商人捐助支持数度繁荣，但目前却呈现出商而兼文者或文而兼商者居多的局面，他们多抱有对中华文化的执着挚爱，以一种脱离母爱之游子的情怀抒发着对中华文化的眷念和归附，表达着薪传中华文化的孜孜努力。但这些人零落后，少数不学无术的暴富商人乘虚而入，不但不能带动文化事业的发展，反而将文化带入歧途。譬如菲华社会风水迷信盛行，却打着科学的幌子。

小本经营对文化的追求少，人们更信风水，因而教育事业难以取得更大的发展，但像陈永栽这样的大班则显示他在为中华文化争名，他的事业跨金融、烟草、航空运输业及农牧业等，他甚至设立“中国传统文化奖”，捐资兴学、鼓励中菲文化交流、着力培养侨校师资等。对于少数猎名争利、损害中国文化形象的人和事，也普遍受到谴责。

在菲律宾社会，民族融合进展顺利。菲律宾总统埃斯特拉达表示将认真研究和总结中国解决农业问题的经验，表现了菲各民族具有的谦逊、开放心态，菲本土民族一向少采取泯灭华族传统与文化的政策，而多表达出希望华族能继续保存自己的优良成分，并进而继续丰富菲律宾各民族的优秀文化内涵的心情。因此，只要高擎民族平等的旗帜，拆除心理上与行动上的任何阻碍民族融合的藩篱，以宽容、平等的胸怀对待融合中出现的暂时矛盾与不适，便可臻于共同发展、相互提高的崭新境界。

作为侨领，具有良好的道德品行，捐助社会公共事业，很多作为不仅没有报酬，反而多倾自己所有而襄助之。侨领中也有若干非商人，他们或以犀利笔锋和不烂口舌谋划献策、指引路向，或充作人类灵魂工程师为学子提供知识教化、文化启蒙与精神哺育，或潜心研究中西文化，为菲华社会乃至整个人类寻求正确的文化定位，这些又何尝不是值得歌颂的。

融合必须建立在文化超越与根系辨识的基础上，已然形成的文化均成了人类的共同财富，我们作中国文化与西方文化的区分，并不是说二者毫无共同之处，其实在长期的交流中，二者都已多多少少吸收了对方的长处。因此，我们已不能说中国文化的所有成分都是自身的，它之所以形成今天这样强大的生命力，正是因为它在各个历史时期融合了其他文化的长处。

文化根系的辨识同样是重要的，它是我们谋求文化发展的立足之基，是培养民族自信心和凝聚力的磁石，同时也是我们与别的文化继续开展对等交流与融合的通行证。没有了根系，也就失去了在世界文化大家庭中纵谈文化的资格。

华人会馆的诞生与繁荣、低谷与振兴，无一不与海外各国的发展起伏息息相关。如今，21世纪海上丝绸之路为中外各国合作带来了更多的可能性，而华人会馆亦将从历史基因中寻获新的现实价值。

孔飞力在《他者中的华人》中说：当地华人社会的头面人物一般不是士大夫，而是商人，虽然他们原本多为农民或小手艺人，但他们懂得从中国传统的商业文化中汲取自尊精神，并承担社会职责，因而一步步实现了社会地位的正向提升。近代以来，确实是“天下之势偏重在商，凡豪杰智略之人多出焉”。货殖者，亦天人古今之会也。食禄之家禁不得牟商利，海外华人社会中，商人作为主导力量，往往在中国优秀传统文化的影响下，承担起了传统时代中国本土士绅阶层的使命。

华侨首先是被动地滞留国外，会馆是为了解决切身问题而建立的所在，华文报纸、华文学校和会馆是华人社会的三宝。会馆成为展现中华文明的一个重要平台，设置者可能只是为了方便自己，却给当地国提供了新的参照系。中国文化在南洋有了自己的展现空间，南洋各国认识到了一个海陆文明相结合的文明形态，西方殖民者进入南洋，也反复打量这个文明，从而走过了从崇拜到借用到诋毁的心路历程，早期中西文化交流者如马可波罗、利玛窦、启蒙思想家、黑格尔等都有重要影响。

南洋地区是中国庶民文化与西方海盗文化最初碰撞的舞台，或者说也是中国商业文化与西方商贸文化反复激荡的过程。殖民统治与会馆自治是南洋各国走向秩序的两种机制，这被称为“嵌入式”的社会治理模式。华人会馆自建立后，经历几代的演变，日益融入了中华精英文化，成为更加完整地体现中华文化的舞台，这其中包含儒家的经典文化、释道文化、西方文化的合理成分，亦较早实现了中西文化的有机交融，一定程度上成为中国走向现代化的模板，国内的现代化建设总是映现出华人社会积极探索的某些痕迹。

四、海外华人会馆当成为传播中国文化、树立中国文化形象的有效载体

1.有意识地推动海外华人会馆的整合，消除狭小区域的小集团利益意识，使海外华人会馆成为中华优秀传统文化的凝聚地和发散台，使当地国民和游客见到华人会馆，就能见到中华文化的核心价值理念。

2.推进世界范围内的华语教育运动。汉语作为具有表意、象形、形声等多元性功能的文字区别于拉丁文等字母文字，且富有美感，能较充分地传情达意，通过华语教育让世界上更多的人走进中华文化。

3.积极宣传中华文化价值理念与人类共同价值之间的契合性，揭示近代西方殖民主义文化的霸权性，彰显中华文化的和谐包容、多元并存和和平共享价值观，推进人类命运共同体建设结出更多硕果。

新形势下我国与马来西亚高等教育交流合作：实践与推进策略*

薄　云　陈武元

东盟[①]地处东南亚战略要塞，是通往西亚和南亚的桥梁，也是我国周边外交的优先方向和高质量共建“一带一路”的重点地区。为实现“中国—东盟战略伙伴关系2030年愿景”，推动建设更为紧密的中国—东盟命运共同体，民心相通是重要内容和关键基础。民心相通的关键在于文化认同，而教育先行于文化。加强与东盟高等教育的交流合作是新时期我国加快和扩大教育对外开放、优化全球布局的重要一环，也是打造更高水平中国—东盟战略伙伴关系的重要切入点。目前，东盟十国中积极融入全球多边贸易体系，与我国高等教育交流合作历史悠久、基础深厚并不断深入推进的国家当数马来西亚，而且马来西亚也是新形势下我国“一带一路”倡议在东盟实施推进的重要节点国家之一。同时，中马高等教育交流合作也是我国高等教育不断扩大对外开放的一个缩影，并为中国—东盟命运共同体的构建奠定了坚实基础。

一、马来西亚：“一带一路”倡议实施推进的关键点

与东盟其他国家相比，马来西亚在东盟的战略地位，经济、文化上与我国

* 本文作者之一薄云系天津市教育科学研究院副研究员，于2021年7月16日在厦门大学一带一路研究院以本文内容为主题做“一带一路”系列学术讲座第34场。

① 东南亚国家联盟（Association of Southeast Asian Nations，ASEAN）的简称，有文莱、印度尼西亚、马来西亚、菲律宾、新加坡、泰国、柬埔寨、老挝、缅甸和越南等10个成员国，其中，前6个国家加入东盟的时间比较早，是东盟的老成员，经济相对发达；后4个国家是东盟的新成员。

的密切联系，及其国际化程度，决定了马来西亚是我国与东盟十国构建更高水平战略伙伴关系的重要切入点，并成为“一带一路”倡议实施推进的关键点与突破口。

（一）马来西亚在东盟的战略地位辐射作用显著

马来西亚是东盟创始国之一，在促进东南亚区域整合与东盟组织发展方面贡献巨大，具有重要的战略地位，同时对穆斯林世界和印度市场也有较大的辐射作用。首先，马来西亚具有世界权威的清真认证体系，获此认证的产品可畅通无阻地进入穆斯林世界，与穆斯林世界存在天然联系。同时穆斯林国际性大学——马来西亚国际穆斯林大学也坐落在马来西亚。这是1983年由马来西亚政府倡议和主办，并与马尔代夫、孟加拉国、巴基斯坦、土耳其、利比亚、埃及以及国际伊斯兰会议组织之间签订协议而创办的一所国际性大学，其创办使马来西亚与穆斯林世界的联系更为稳固和紧密。其次，印度裔是马来西亚的第三大族裔，这使其与印度市场也有着密切联系。多重因素和影响的叠加，使马来西亚成为我国“一带一路”倡议实施的重要节点国家之一。

（二）马来西亚与我国经济互联互通，对我国经济依存度高

马来西亚是东盟地区工业化发展水平较高的国家，经济体量上仅次于新加坡，是东盟第二大经济体。中马经贸往来密切，2020年1—9月，尽管受疫情影响，两国贸易增速同比还增长3.1%，贸易额在我国与东盟十国贸易中排在第二位，仅次于越南。① 截至2021年1月，我国已连续第12年成为马来西亚最大贸易伙伴②，两国经贸合作势头良好，马来西亚日益成为中国企业“走出去”的重要东南亚目的国之一。

---

① 马来西亚：鼎撑自贸，从承诺到繁荣[EB/OL].(2020-11-23)[2021-08-09].http://fta.mofcom.gov.cn/article//fzdongtai/202011/43683_1.html.

② 中国连续第12年成马来西亚最大贸易伙伴[EB/OL].(2021-01-30)[2021-08-09]. http://m.news.cctv.com/ 2021/01/30/ARTIekEGRSs5bJl1t2bg6R10210130.shtml.

(三)从文化渊源上看，马来西亚是东盟各国开展华文教育最好的国家[①]，也是海外中华文化保存及推广相对全面的国家

众所周知，华人华侨具有可在"一带一路"建设中发挥桥梁纽带作用的独特优势，而华人华侨目前占马来西亚人口的1/4。这使马来西亚对华一向相对友好，是我国的天然文化盟友，也是目前与我国合作较为深入和全面的东盟国家。

(四)马来西亚积极拥抱国际化，融入国际市场较早，且开放力度大

自1957年独立之初加入世界贸易组织(以下简称"WTO")前身关贸总协定起，马来西亚融入全球多边贸易体系已有半个多世纪。[②]虽然在WTO签署的第一套有关国际服务贸易的多边协定《服务贸易总协定》(General Agreement on Trade in Services，简称"GATS")中未开放教育服务，但2007年中国—东盟自贸协定("10+1")签署后，马来西亚便开始将高等教育服务纳入中国—东盟《服务贸易协议》的承诺减让表(本文称之为"首批"承诺)，是为数不多的开放教育服务的东盟国家之一，而且开放力度较大，与WTO-GATS相比，实属历史性突破。2012年中国—东盟自贸协定("10+1")升级后，马来西亚又作出第二批承诺，高等教育开放力度进一步加大，我国第一所海外大学分校——厦门大学马来西亚分校就是这一时期设立的。

总之，马来西亚重要的战略地位、显著的多元文化优势、中马两国经济联系的密切程度和马来西亚教育的对外开放力度，都使其有充分条件和理由成为我国与东盟深入开展高等教育交流合作的着力点和先行区、共建"一带一路"的重要支点。

---

① 厦大"出海"记：走访中国第一所建海外分校的大学[EB/OL].(2017-08-18)[2020-12-30].http://www.moe.gov.cn/jyb_xwfb/xw_zt/moe_357/jyzt_2017nztzl/2017_zt03/2017_zt03_fj/17zt03_mtbd/201708/t20170818_311384.html.

② 马来西亚：鼎撑自贸，从承诺到繁荣[EB/OL].(2020-11-23)[2021-08-09].http://fta.mofcom.gov.cn/article//fzdongtai/202011/43683_1.html.

二、中马高等教育服务贸易框架及服务模式发展特点

若自华文函授教育算起，中马高等教育交流合作历史悠久，且具有良好的合作基础。21世纪以来，与经济贸易领域长期维持显著开放的贸易政策相适应，马来西亚高等教育开放度进一步提高。随着我国加入WTO，中马高等教育交流合作更是不断走向深入，从多边合作框架到双边合作框架，从留学生流动到高等教育机构海外办学，从举办合作项目到举办机构实体办学，中马高等教育交流合作形式和内容都得到很大的丰富与拓展。

（一）多边合作框架

如前所述，为实现服务贸易渐进自由化，中马两国分别于2007年和2012年先后分两批就高等教育服务"市场准入限制"和"国民待遇限制"作出具体承诺，高等教育交流合作进一步深化。需要说明的是，尽管中马高等教育交流合作的多边合作框架不是始于WTO-GATS，但关于服务贸易模式的分类，中国—东盟《服务贸易协议》仍然沿用WTO-GATS的分类框架。根据服务的具体提供方式和贸易方式，教育服务贸易包括四种模式：(1)跨境交付；(2)境外消费；(3)商业存在；(4)自然人流动(详见表1)。

表1　WTO-GATS框架关于服务贸易的分类及其在教育领域的运用

模式	释义	教育贸易形式
跨境交付(模式1)	非境内居民服务提供者在另一成员境内提供服务的可能性(不要求身体的移动)	远程教育；虚拟教育机构；教育软件；通过信息和通信技术(ICT)提供企业培训
境外消费(模式2)	一成员居民(resident)在另一成员境内购买服务的自由	学生出境留学
商业存在(模式3)	外国服务提供者在另一成员境内建立、运营或扩展商业存在，例如分支机构、代理机构或全资子公司的可能性	外国大学分校；外国大学独立建校；与当地大学合作办学、投资办学

续表

模式	释义	教育贸易形式
自然人流动（模式 4）	一成员居民（resident）进入和暂时停留在另一成员境内提供服务的可能性	教师、研究者等专业人员出境工作

注释：根据 http://www.wto.org/english/tratope/serve/guide1e.html（世界贸易组织网站）提供的资料整理而成。

比较我国和马来西亚在中国—东盟《服务贸易协议》中先后作出的具体承诺（详见表 2 和表 3），我们发现，两国关于高等教育服务贸易的规定既有相似性又有区别，主要呈现以下 4 个方面的特点：

1.两国高等教育开放力度均较大。在中国—东盟《服务贸易协议》中，我国基本延续了 WTO-GATS 框架下对高等教育服务贸易（不包括特殊教育服务，如军事、警察、政治和党校教育等）的承诺。[①]与其他东盟国家相比，马来西亚高等教育开放水平也较高。具体而言，马来西亚不仅是为数不多的开放高等教育服务贸易的东盟国家之一，而且在中国—东盟自由贸易区包含的 10 个东盟国家中还是开放行业和部门（第一批就开放了 8 个行业，36 个项目）第二多的国家，仅次于新加坡。就高等教育服务贸易而言，与其他东盟国家如缅甸、文莱、印尼、老挝和菲律宾根本未提及包括高等教育在内的教育服务相比[②]，马来西亚开放了整个由私人资金筹建的高等教育机构所提供的其他高等教育服务，开放力度可见一斑。比较先后作出的两批具体承诺的内容，马来西亚高等教育开放度仍在逐步提高，例如关于模式 3“商业存在”，在首批承诺减让表中，规定“仅允许设立外资股份不超过 49％的机构”，但第二批“其他承诺”中规定外资股份占比“最高 51％”，条件更为优惠（详见表 2）。

---

① 中华人民共和国服务贸易具体承诺减让表第 2 条最惠国豁免清单[EB/OL].(2017-01-16)[2020-09-20].http://www.gov.cn/gongbao/content/2017/content_5168131.htm.

② 中国—东盟自贸区《服务贸易协议》具体承诺减让表，中国—东盟（“10＋1”）升级协定文本[EB/OL].[2020-09-22]. http://fta.mofcom.gov.cn/dongmeng_phase2/dongmeng_phase2_agreementText.shtml.

表 2　马来西亚在中国—东盟《服务贸易协议》中关于高等教育服务*的两批具体承诺

批次	市场准入限制	国民待遇限制	其他承诺
首批	(1)除依照外国教育机构与马来西亚教育机构签署特许协定或合作协定外，其他不作承诺； (2)除依照特许和合作协定出国的学生可以境外消费外，其他不作承诺； (3)仅允许设立外资股份不超过 49%的机构，且必须经过经济需求测试； (4)除 WTO 水平承诺外，不作承诺	(1)不作承诺； (2)不作承诺； (3)不作承诺； (4)除 WTO 水平承诺外，不作承诺	(3)外资股份超过 49%时，需经过下列额外的经济需求测试： a.所提供课程对马来西亚来说是关键性课程，例如，医学、牙医、工程、工商、科学和技术； b.属于研究项目； c.属于与当地机构合作研究项目； d.外国学生的比例
第二批	(1)除商业存在的要求外，不作承诺； (3)仅允许外资比例不超过 49%，且需要经过经济需求测试的合资企业，必要时进行额外的需求测试； (4)除水平部分的 1(a)和 2(c)以及以下内容外，不作承诺： a.10 名讲师和/或专家，但不超过教育工作人员的 20%； b.2 名专业人员，具有必要的专业资格，或根据其在教育机构中的专业知识而受雇于企业	(1)不作承诺，包括联邦或州的拨款或补贴，例如土地津贴、税收优惠、奖学金和仅限于含有政府股份或公民/永久居民的机构的贷款； (2)同(1)； (3)同(1)； (4)除在“市场准入”栏中列出的以外，不作承诺	(3)最高 51%的外国股份将被视为需要接受额外的经济需求测试，其中包括： a.被认为对实现马来西亚的教育目标很重要的课程； b.具有出口潜力

注释：

1. *“由私人资金筹建的高等教育机构提供的其他高等教育服务”(CPC92930)；

2.(1)跨境交付；(2)境外消费；(3)商业存在；(4)自然人流动。

资料来源：1.马来西亚在中国—东盟自贸区《服务贸易协议》中的具体承诺减让表[EB/OL].[2020-09-22].http://fta.mofcom.gov.cn/dongmeng_phase2/annex/fwmyxieyi_fj-Malaysiacrb_cn.pdf.

2.MALAYSIA Schedule of Specific Commitments.[EB/OL].[2020-09-22].http://fta.mofcom.gov.cn/dongmeng_phase2/annex/fwmyxieyi_fj-2rb-Malaysiacrb_en.pdf.

2.两国高等教育服务贸易壁垒相对较低。就中马两国在中国—东盟《服务贸易协议》中先后作出的关于教育服务贸易的具体承诺来看，我国对模式 1“跨境交付”和模式 2“境外消费”的“市场准入限制”和“国民待遇限制”分别为完全不作承诺和没有限制(详见表 2)。马来西亚在“市场准入限制”方面，首批承诺中只有模式 3“商业存在”因涉及实体办学，要求相对比较严苛，即当外资股份超过49%时，对学科门类、合作项目类型、合作方式和外国学生所占比例等作出具体规定，另外3种模式则几乎不作承诺；在“国民待遇限制”上，是基本不作承诺或者除WTO水平承诺外，不作承诺（详见表2）。这就使得中马两国高等教育服务贸易壁垒相对较低，便于两国之间以及中马两国与其他东盟国家之间教育服务贸易的开展。

3.与我国相比，马来西亚高等教育服务贸易更注重与经济需求直接挂钩的教育输出，在积极吸引留学生的同时，不鼓励或限制本国学生流出。例如关于模式3“商业存在”，马来西亚在中国—东盟《服务贸易协议》的首批承诺中就规定，“仅允许设立外资股份不超过49%的机构，且必须经过经济需求测试”，第二批承诺中再次强调“需要接受额外的经济需求测试”。与首批承诺相比，课程覆盖范围更广，不再仅局限于“医学、牙医、工程、工商、科学和技术”，而是拓展至所有“被认为对实现马来西亚的教育目标很重要的课程”（详见表2）。至于经济需求测试的内容，从首批承诺中的“外国学生的比例”，到第二批承诺中规定的要“具有出口潜力”。不难看出，经济需求测试已不再仅服务于本国学生，而是开始注重教育资源引进后的再输出，最终将“出口潜力”转化为对留学生的吸引力。资源引进和教育输出并举，要求不仅更高，而且更为直接。不可否认，这也是马来西亚在吸引留学生方面具有较大优势的重要基础。与此同时，马来西亚对模式2“境外消费”是“不作承诺”，对本国学生海外留学的态度有所保留，而我国对本国学生的境外消费所持态度则是完全“没有限制”。高等教育本身的竞争力暂且不论，这种对本国学生境外消费截然不同的态度本身，也会在一定程度上形成两国冷热迥异的留学市场。

4.与马来西亚相比，我国对教育资源重引进，轻输出，而且对所引进教育资源“量”的重视程度远超于“质”。例如在模式3“商业存在”方面，我国仅规定“允许中外合作办学”，而且条件比较优厚，“外方可获得多数拥有权”（详见表3），而马来西亚仅允许外资比例不超过49%，此后虽然条件有所放宽，但最高比例也仅51%。此外，我国对所引进教育资源的质量监控也相对比较宽松。与马来西亚关于模式3“商业存在”需接受额外的经济需求测试相比，虽然我国引进大量教育资源，例如中外合作办学项目或机构，但目前有关中外合作办学秩序和规范管理的法律法规则相对滞后（大多出台于2013年之前）。关于质量管理，直至2018年教育部才出台《关于进一步加强高等学校中外合作办学质量保障工作的意见》，《中外合作办学评估管理办法》尚在研制过程中。相关管理规定的滞后甚至缺位，整体办学环境的宽松，不可避免地会造成我国所引进的中马合作办学项目鱼龙混杂，质量参差不齐。

表 3　我国在中国—东盟《服务贸易协议》中关于高等教育服务的承诺减让表

<table>
<tr><td rowspan="3">首批</td><td colspan="4">水平承诺</td></tr>
<tr><td>模式</td><td>市场准入限制</td><td>国民待遇限制</td><td>其他承诺</td></tr>
<tr><td>4.自然人流动</td><td>合同服务提供者——为履行雇主从中国获取的服务合同，进入中国境内提供临时性服务的外国自然人
合同服务提供者提供的服务仅限于以下部门：
教育服务：合同服务提供者应具有学士或以上学位；有相应的专业职称或证书，且具有两年专业工作经验；与其雇主签订合同的中方合同主体应为具有教育服务职能的法人机构</td><td>除与市场准入栏中所指类别的自然人入境和临时居留有关的措施外，不作承诺</td><td>/</td></tr>
<tr><td rowspan="7">第二批</td><td colspan="4">水平承诺与首批相同，“市场准入限制”部分新增
“教育、科学、文化、公共卫生和体育目的为 50 年”</td></tr>
<tr><td colspan="4">具体承诺</td></tr>
<tr><td>模式</td><td>市场准入限制</td><td>国民待遇限制</td><td>其他承诺</td></tr>
<tr><td>1.跨境交付</td><td>不作承诺</td><td>不作承诺</td><td>/</td></tr>
<tr><td>2.境外消费</td><td>没有限制</td><td>没有限制</td><td>/</td></tr>
<tr><td>3.商业存在</td><td>允许中外合作办学，外方可获得多数拥有权</td><td>不作承诺</td><td>/</td></tr>
<tr><td>4.自然人流动</td><td>除水平承诺中内容和下列内容外，不作承诺；
外国个人教育服务提供者受中国学校和其他教育机构邀请或雇佣，可入境提供教育服务</td><td>具有学士或以上学位，且具有相应的专业技术职称或证书，具有 2 年专业工作经验</td><td>/</td></tr>
</table>

资料来源：1.中华人民共和国服务贸易具体承诺减让表[EB/OL].[2020-09-22]. http://fta.mofcom.gov.cn/dongmeng_phase2/annex/fwmyxieyi_fj-Chinacrb_cn.pdf.

2.中方第二批具体承诺减让表[EB/OL].[2020-09-22]. http://fta.mofcom.gov.cn/dongmeng_phase2/annex/fwmyxieyi_fj-2crb-Chinacrb_cn.pdf.

(二)双边合作框架

除多边合作框架外,中马两国还签订了双边协议(定),例如2000年4月,中马两国曾就我国加入世贸组织问题达成双边协议。在高等教育领域,2009年11月,中马曾签署《中华人民共和国政府和马来西亚政府高等教育合作谅解备忘录》;2011年中马两国政府就相互承认高等教育学历和学位达成协定(以下简称"协定"),推动两国互相承认高等教育颁证机构所颁发给两国学生的高等教育文凭。

与多边合作框架的适用范围不同,双边合作框架仅适用于合作双方。从内容上看,一般而言,多边合作框架中已有规定的,在双边合作框架中基本不再重复,因此中马高等教育多边与双边合作框架各有侧重。与多边合作框架主要关注不同服务提供模式[如商业存在、境外消费和自然人流动等"过程"中的问题,具体包括合作办学形式(外资占比)以及学生受教育过程中面临的学科、课程等合作内容]不同,中马高等教育双边合作框架更为关注教育"结果",即受教育者学习成果的认可、学历文凭互认问题。目前,适用于"协定"这一双边合作框架的是中马具有学位授予权的高等教育机构,具体类型涵盖了中马两国"公立高等教育机构"和马来西亚根据"1996年马来西亚私立大学法案"所设立的"私立高等院校"。双方尊重两国高校根据适用法律、法规和国家政策在录取学生方面所拥有的自主权,提供各自国家所承认的高等教育文凭,即两国政府承认并授权的高等教育机构颁发的特定教学项目(为获得某个文凭而需要学习并完成的课程安排,由各自国家具有学位授予权的高校所开设且通过认证)的学士学位、硕士学位或博士学位等相关信息。其中教学项目由我国和马来西亚负责高等教育质量保障的指定机构审核通过,且须由各自国家承认和授权的指定机构定期更新。①随着学位互认机制的建立完善,两国在高等教育领域的合作不断深入,极大地促进了中马两国的学生交流。

(三)多边、双边合作框架下服务模式发展的非均衡性

目前,在多边和双边合作框架下,虽然中马两国高等教育对外开放策略等

---

① 中华人民共和国政府和马来西亚政府关于相互承认高等教育学历和学位的协定[EB/OL].(2013-01-16)[2020-08-16].http://www.moe.gov.cn/s78/A20/gjs_left/moe_857/201301/t20130115_146812.html.

方面存在一定差异，但关于高等教育服务贸易的具体模式，两国还是呈现出较大的相似性，即4种服务模式各自的发展并不均衡，相比模式2“境外消费”和模式3“商业存在”，模式1“跨境交付”和模式4“自然人流动”相对比较弱，并主要表现为：

1.模式1“跨境交付”基本缺位。由于缺乏技术可行性，我国对模式1“跨境交付”不作承诺，对国外虚拟教育、远程教育和企业培训等此类服务提供者不承担任何义务，马来西亚也是有条件地不作承诺。这就使得这一模式在中马高等教育交流合作中基本处于缺位状态。

2.模式4“自然人流动”限制重重。就模式4“自然人流动”而言，虽然教师流动是当今世界各国教育服务贸易的重要提供模式，但是，考虑到其大规模流动对流入国之文化（尤其意识形态领域）和就业市场的冲击，以及流出国对人才流失的担忧，目前世界各国对自然人流动的限制最多，大多数国家只承诺允许商务人员的短期自由流动或跨国公司内部的自由调动，而且对人员资格、培训和经验的要求较高，中马两国也不例外。例如我国自WTO-GATS起就要求来华工作人员“具有学士或以上学位，且具有相应的专业技术职称或证书，具有2年专业工作经验”。马来西亚不仅要求具有必要的专业资格，还严格限制讲师和专家占教育工作人员的比例，不得超过20%，这些规定无疑会大大提高自然人流动的门槛，造成流动规模较小。因此，目前这一服务模式占整个高等教育服务贸易的比例微乎其微。

截至目前，中马高等教育交流合作仍主要集中在模式2“境外消费”和近年来兴起的模式3“商业存在”，即“引进来”的中外合作办学和“走出去”的海外大学举办项目或机构。虽然模式相对集中，但由于中马两国高等教育对外开放历程不同，对国际化内涵（引进和输出）的理解各有侧重，具体到两国高等教育服务贸易的开展，与各自作出的服务贸易承诺相适应，高等教育服务贸易的门槛、关注点以及采取的策略也不尽相同，这就使得不同历史时期，两国高等教育交流合作的不同模式呈现出不同的样态和特点。

三、中马高等教育服务贸易实践开展及其特点

如前所述，模式2“境外消费”和模式3“商业存在”仍是目前中马高等教育交流合作，尤其是服务贸易实践开展的主要模式，并呈现以下几个方面的特点。

(一)学生“引进来”之“境外消费”：中马留学教育存在“逆差”

马来西亚很早就制定了高等教育国际化战略规划。早在20世纪90年代初，马来西亚政府在《2020年展望(1991—2020)》中就提出了要把马来西亚建设成为亚洲区域优质教育中心的宏伟目标。①这一行动计划一直持续到本世纪初，其主要策略就是“一进”和“两出”。所谓“一进”就是积极引进，引进优质教育资源和吸引留学生，通过双联课程、学分转移课程和吸引国外著名大学在马来西亚设立分校等方式，积极引进国外优质教育资源。所谓“两出”，一方面是限制流出，通过创新跨境高等教育模式缓解社会需求压力，在减少学生流出的同时大大减少因留学教育支出而导致的外汇流失；另一方面则是积极输出，凭借其英语优势、学分转移带来的学位认可优势和学制短的时间成本优势等跨境高等教育模式的创新，扩大竞争优势。因此，长期以来，马来西亚高等教育对中国留学生都具有一定的吸引力。

相比之下，尽管我国自2001年加入WTO起就开始开放高等教育市场，随后中马之间也签署了多边和双边协议(定)，但囿于我国高等教育市场开放起步较晚，影响有限，马来西亚学生及其家庭仍倾向于选择英国、澳大利亚、美国、新西兰等西方发达国家作为留学的首选目的地国家。再加上我国自WTO-GATS起就不限制我国公民在WTO其他成员方，包括马来西亚境内接受任何形式的高等教育服务，这就使得中马之间的高等教育服务贸易一直存在“逆差”：2011年之前，在马来西亚的中国大陆留学生数，包括政府资助的学生和自费生，几乎为我国大陆马来西亚留学生数的4倍，2011—2015年，我国大陆马来西亚留学生数更是几乎一直呈下降趋势，从2252人锐减至814人。直至2016年以来，中马高等教育服务贸易“逆差”才有逐渐缩小趋势(详见图1)。

在“一带一路”倡议下，特别是2015年以来，选择到我国高校深造的社会人士和马来西亚留学生数逐年增加，2015—2017年净增6000余人。2018年，我国大陆留学生数为16361人，位列在马留学生数第二，占留学生总数(130245人)的12.6%，比排在首位的孟加拉国(22158人)少了26.2%(见图2)。而同年我国大陆马来西亚留学生数为7948人，虽然增长有限，但历史地看，这一数据已比2008年的1743人增长了3.6倍。2018年，在马来西亚的我国

① 薄云，陈武元.马来西亚私立高等教育国际化论析[J].外国教育研究，2007(2)：68.

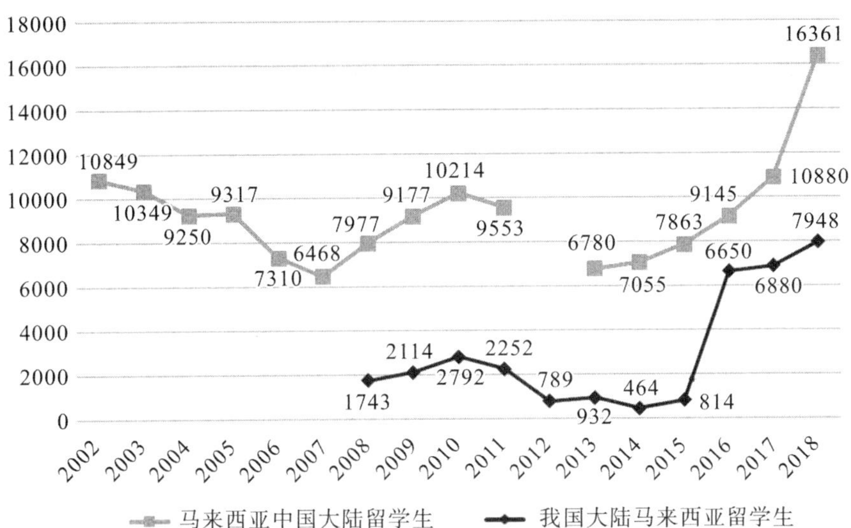

图 1　我国大陆马来西亚留学生数和马来西亚中国大陆留学生数比较　单位：人

资料来源：马来西亚高等教育统计年鉴 2002—2019[EB/OL].[2020-11-20].https://www.mohe.gov.my/en/data-sharing.

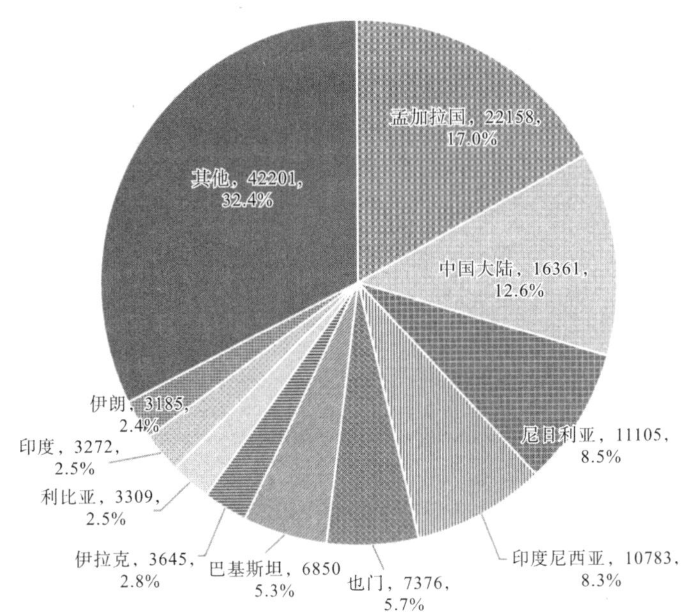

图 2　2018 年在马来西亚就读的海外留学生数分布情况　单位：人，%

资料来源：马来西亚高等教育统计年鉴 2019[EB/OL].[2020-11-20].https://www.mohe.gov.my/en/download/awam/statistik/2019-1.

大陆留学生数已降至大陆马来西亚留学生数的2倍多，而2011年之前则几乎是4倍(见图1)。值得注意的是，我国大陆马来西亚留学生中，无论是受政府资助的学生还是自费生都迅速增加，而且自费学生数远高于受政府资助的学生数，这表明马来西亚教育市场对我国高等教育的认可度在不断提高。

(二)高校“走出去”之“商业存在”：中马合作办学项目良莠不齐

关于模式3“商业存在”，自WTO-GATS起，我国对中外合作办学一直秉持不允许外国人在华设立独资的教育机构，但允许外方占多数股权的承诺。鉴于马来西亚一以贯之的较高的高等教育开放度，其高校更是积极“走出去”与我国开展合作办学，而这一过程也是我国积极引进中外合作办学项目(只限于项目)的过程。迄今为止，马来西亚一直是与我国积极开展合作办学的三个东盟国家之一(详见表4)，并在办学历史、办学层次和办学区域等方面形成了自身鲜明特点。

表4　我国与部分东盟国家高校合作办学情况

单位：个

国家	办学层次	机构/项目	地区分布
新加坡	专科	机构	2(重庆1，江苏1)
		项目	20(江苏10，浙江2，安徽2，吉林2，新疆4)
	本科	机构	0
		项目	0
	研究生	机构	0
		项目	6(北京1，上海3，广东2)
	小计	机构	2
		项目	26
马来西亚	专科	机构	0
		项目	12(江苏1，浙江1，广东1，吉林1，山东2，福建2，新疆4)
	本科	机构	0
		项目	3(重庆1，河南1，湖南1)
	小计	机构	0
		项目	15

续表

国家	办学层次	机构/项目	地区分布
泰国	专科	机构	0
		项目	1(云南 1)
	本科	机构	0
		项目	2(河南 1,云南 1)
	研究生	机构	0
		项目	1(浙江 1)
	小计	机构	0
		项目	4

资料来源:根据教育部中外合作办学监管工作信息平台提供的数据整理而成,数据更新至 2020 年 4 月底。

特点之一:中马合作办学历史相对较短。截至目前,中马开展合作办学的类型均为项目,未曾设立一个机构,而且这些项目均根据 2003 年《中外合作办学条例》和 2004 年《中外合作办学条例实施办法》批准举办,无一例是根据原《中外合作办学暂行规定》依法批准设立和举办、后经复核通过的中外合作办学项目,办学起步相对较晚。

特点之二:马来西亚高校合作积极性较高,与我国开展合作办学的马来西亚高校数较多。目前,马来西亚与我国开展合作办学共有 12 所大学或大学学院,而新加坡有 11 所,泰国只有 4 所。

特点之三:中马合作办学层次相对较低。马来西亚与我国高校开展的合作办学项目仅涵盖了本、专科层次,且以专科层次为主。不同办学层次,马方合作校的办学性质和类型不同,且具有一定的区域性:其中本科层次的合作办学项目主要分布在重庆、河南和湖南,马方合作校均为公立大学;在专科层次,马方合作校均为私立大学和不具有大学地位的大学学院(详见表 5),分布区域和专业设置都较为集中,以管理学科、商科居多,而且多表现为一所高校与中方一所高校的多个专业合作办学,或者一所高校,如马来西亚林登大学,同时在我国境内多省份(新疆和福建)办学,营利性倾向显著。由于办学质量不高,有的办学项目已经停办。相比之下,与我国开展合作办学的新加坡高校则是三所老牌的公立大学——新加坡国立大学、新加坡南洋理工大学和新加坡管理大学,而且举办项目均为研究生教育层次,远高于马来西亚。泰国也举办了 1 个研究生层次的合作办学项目。

表5　中马高校合作办学项目(本科层次及以下)分布情况

地区	中国	马来西亚	办学层次	专业	数量/个
重庆	长江师范学院	马来西亚理工大学	本科	土木工程	1▲
河南	周口师范学院	马来西亚博特拉大学		环境设计	1▲
湖南	长沙理工大学	马来西亚马来亚大学		机械设计制造及其自动化	1▲
新疆	新疆农业职业技术学院	马来西亚史丹福学院	专科	会计与审计；酒店管理	4▲
		马来西亚亚太科技大学		软件技术	
		马来西亚林登大学		建筑工程技术	
江苏	三江学院	马来西亚英迪国际大学		会计学	1▲
	无锡商业职业技术学院	马来西亚砂劳越英迪学院		酒店管理(已停办)	
福建	福建船政交通职业学院	马来西亚林登大学		电气自动化技术	2▲
	福建船政交通职业学院	马来西亚林登大学		建筑工程管理	
山东	山东商业职业技术学院	马来西亚思特雅大学学院		电子商务	2▲
	潍坊工程职业学院	马来西亚理科与工艺大学		物流管理	
广东	广州城市职业学院	马来西亚城市大学		网络新闻与传播	1▲
吉林	长春金融高等专科学校	马来西亚王子国际学院		会计	1▲

资料来源：根据教育部中外合作办学监管工作信息平台提供的数据整理而成。

注释："▲"为依据《中外合作办学条例》和《中外合作办学条例实施办法》批准设立和举办的中外合作办学机构和项目。

尽管中马合作办学项目办学层次相对较低，办学质量也参差不齐，但其高等教育毕竟走了出去，相比之下，我国高等教育"走出去"的步伐则缓慢得多。21世纪的前10年，中马高等教育交流合作除学生流动外，基本上是"单向式"的，即我国积极引进合作办学项目。直至近年来，随着对高等教育国际化理解的不断深化，我国在注重引进优质教育资源的同时，"走出去"的步伐才开始不断加快。

（三）中马高等教育交流合作的新突破："一带一路"倡议下我国高校的积极输出

近年来，虽然中马高等教育服务贸易仍集中在模式2"境外消费"和模式3"商业存在"，但合作形式在不断丰富，合作内容、流动主体在变化，合作难度也有所增加。尤其是伴随着"一带一路"倡议的提出，我国高等教育对马交流合作开始更主动，更具外向性，具体合作大致包括以下几种形式和内容：

1.孔子学院（课堂）和鲁班工坊等机构的语言输出和技能人才培训

就模式3"商业存在"来看，中马高等教育大规模的双向交流合作始于孔子学院的"走出去"，之前基本是我国"单向式"的积极引进。2009年至今，我国高校先后在马来西亚设立了5所孔子学院。[①]其中2019年12月长沙理工大学与马来西亚沙巴大学、中交疏浚集团合作共建的沙巴大学孔子学院是一所工程技术类孔子学院，不仅教授语言和文化，也为当地基础设施建设提供技术人才培训。[②] 2020年12月华北水利水电大学与马来西亚砂拉越科技大学合办的孔子学院，则是世界范围内第一所以水利水电为特色的孔子学院。[③]这种新颖的合作办学模式，进一步拓展了孔子学院的办学职能。企业的深度参与是办学模式的创新所在。此外，我国高校在东盟其他国家设立的鲁班工坊的示范作用也开始辐射至马来西亚。2016年3月天津渤海职业技术学院在海外建设的首家鲁班工坊在泰国大城技术学院落成后，包括马来西亚在内的柬埔寨、印度尼西亚、越南等国的师生都前往该鲁班工坊参加培训，鲁班工坊已成为周边职业院校乃至邻国职业教育的资源中心[④]，间接拓展了中马高等教育交流合作。

2.高层次人才项目——企业高管和教师培训服务的新输出

近年来，我国高校还不断学习借鉴新加坡的高等教育国际合作经验，积极

① 大事件！华北水利水电大学承办的孔子学院"云"揭牌仪式今日成功举办！[EB/OL].[2020-12-26].https://cbgc.scol.com.cn/news/504561.

② 马来西亚沙巴大学孔子学院揭牌，系全球首个工程技术类孔院[EB/OL].(2019-12-17)[2020-12-06]. https://xq.rednet.cn/content/2019/12/17/6380612.html.

③ 大事件！华北水利水电大学承办的孔子学院"云"揭牌仪式今日成功举办！[EB/OL].(2020-12-10)[2020-12-26]. https://cbgc.scol.com.cn/news/504561.

④ 全球首家"鲁班工坊"成为职业教育国际化的新典范[EB/OL].(2019-09-22)[2020-09-26]. http://news.cri.cn/20190922/9bafc0fc-9b10-4ec9-6352-5ba3445b73a4.html.

进行高层次的教育输出。其中清华五道口金融学院面向多个国家和地区的政府管理人员、业界金融领袖、企业家和资深媒体人士开展的“一带一路”相关高管培训和学位教育项目，就是其中一个代表。其金融 EMBA“一带一路”东南亚项目，是五道口金融学院开启的第一个“一带一路”相关学位教育项目。截至 2017 年初，项目已成功开办两期，共吸引百余名来自新加坡、印尼、马来西亚、泰国等“一带一路”沿线 10 余个国家和地区的企业高层决策者，极大地提升了我国高等教育在这些国家和地区的竞争力与影响力。①与此类似，2017 年起开始实施的、由重庆市教委主办的市长奖学金丝路项目——重电亚龙(马来西亚)教师培训项目，也主要面向共建国家智能制造专业技术人才开展培训工作。②这些培训工作进一步拓展与深化了中马高等教育交流合作，也为我国高校开展“一带一路”相关培训积累了丰富经验。

3.著名大学在马来西亚设立分校或分院等实体机构

除孔子学院(课堂)和鲁班工坊外，我国高校还开始在马来西亚开办分校或分院等实体机构，如厦门大学在马来西亚创办厦门大学马来西亚分校，北京劳动保障职业学院在马来西亚新纪元大学学院设立海外分院等(详见表 6)。

表 6　我国高校在马来西亚设立的分校(院)或举办的项目

中方合作校	外方合作校	分校(院)或项目名称
厦门大学	无	厦门大学马来西亚校区
北京劳动保障职业学院	马来西亚新纪元大学学院	北京劳动保障职业学院马来西亚海外分院
江苏师范大学孟子学院	马来西亚拉曼大学	孟子学院马来西亚拉曼大学分院
海南大学	马来西亚南方大学学院	旅游管理专业硕士项目
河南工程学院	马来西亚理科大学	海外硕士培养项目
华北水利水电大学	马来西亚砂拉越科技大学	汉语中心；华禹学院

资料来源：笔者根据相关学校网站信息编制而成。

① 清华五道口金融 EMBA“一带一路”东南亚班简介[EB/OL].(2017-05-15)[2020-09-30]. http://ee.pbcsf.tsinghua.edu.cn/web/intprogram_info.php? projectid=4.

② 市长奖学金丝路项目：重电亚龙(马来西亚)教师培训班顺利开班[EB/OL].(2019-09-26)[2020-10-11]. https://www.cqcet.edu.cn/info/1034/11758.htm.

四、"一带一路"背景下中马高等教育服务贸易开展策略与路径思考

高质量共建"一带一路"，实现民心相通的关键在于文化认同，这就需要教育先行，运用知识、技术以及由此带来的经济财富来潜移默化地影响，进而改变民众的思维方式与行为选择。中马两国教育交流合作历史悠久，两国高等教育开放度均较高，且具有良好的合作基础，近年来"一带一路"倡议的提出更为拓展中马两国高等教育交流合作提供了新机遇。我国要借鉴马来西亚高等教育服务贸易框架及其国际化实践经验，助推"一带一路"建设，提升我国高等教育的国际竞争力与影响力。新形势下，中马高等教育交流合作的持续深化，需要我国继续坚持"两条腿"走路，在"引进来"、积极吸引马来西亚留学生，提升中外合作办学质量的同时，不断推动高校走出去，并就"走出去"的路径与方式持续开展多种形式的探索。

（一）重视引进留学生和优质教育资源，打造"留学中国"的区域品牌和高地

为落实《国家中长期教育改革和发展规划纲要（2010—2020 年）》，"留学中国计划"（以下简称"计划"）曾提出"到 2020 年，使我国成为亚洲最大的留学目的地国家"的发展目标，这一目标已于 2017 年提前实现，我国也成为世界第三、亚洲最大的留学目的地国家。但"计划"同时还提出"要根据国家战略和发展需要，逐步增加中国政府奖学金名额，来华留学人员生源国别和层次类别更加均衡合理"的战略目标。[①] 就马来西亚来看，中马高等教育服务贸易长期以来存在的"逆差"表明，我国高等教育国际化距离这一目标实现尚有一定的差距。因此，为吸引留学生，推动来华留学事业持续健康发展，国家层面已开始

① 教育部关于印发《留学中国计划》的通知[EB/OL].(2010-09-28)[2020-10-22]. http://www.gov.cn/zwgk/2010-09/28/content_1711971.htm.

着手建设并推广“留学中国”网，并制定《高等学校国际学生勤工助学活动管理办法》。[①]而在区域层面，目前，一些省市开始试图打造教育对外开放新高地，形成自己的品牌。例如海南省作为开放先行区着力打造“留学海南”品牌，推进“留学海南”计划等。为此，教育部还联合海南省人民政府研究制定了《关于支持海南深化教育改革开放实施方案》，支持其打造“留学海南”品牌，通过体制机制创新，建设21世纪海上丝绸之路教育新航标。[②]由中央进行顶层设计，地方在“留学中国”整体大框架内先行先试，高等教育对外开放上下联动的新局面正在形成。

（二）凝练特色，拓展功能，打造普通高等教育“走出去”的代表性品牌

针对我国高校“走出去”战略，不同类型、不同办学层次的高校还应分类发展，齐头并进，或高层次教育培训的本土化输出，或走出国门举办项目或实体机构……高校可以根据自己的优势和特色，探索适合自己的道路。而高等教育国际化办学活跃的国家如新加坡、马来西亚以及我国高职教育领域的鲁班工坊实践的开展也为我国普通高等教育“走出去”提供了良好的借鉴：首先，对于研究型大学而言，可以聚焦研究生教育层次，面向政府官员、企业高层管理人员或资深媒体人士等举办学位教育项目，讲好关于“一带一路”的中国故事，向世界展现真实、立体、全面的中国，让马来西亚乃至东盟各国社会各界名流深入了解、认同“一带一路”。其次，对于部分地方普通本科高校而言，应在加速向应用型转型的基础上，借鉴高等职业教育的经验——“鲁班工坊”，鼓励优质教育资源结合行业企业“走出去”的做法，将具有显著优势和鲜明特色的学院或专业，与我国“走出去”的企业签署订单式培养协议，实现国内企业亟需技术技能人才在海外的“本土化”培养，通过降低用工成本，增强我国企业的国际竞争力。最后，已有或新建的孔子学院，可在巩固现有语言教育培训的基础上，进一步创新办学模式与职能。以马来西亚新建的工程技术类孔子学院为例，具体可通过“孔子学院＋”的形式，一方面巩固保持其原有的语言培训优

---

① 教育部2021年工作要点[EB/OL].(2021-02-04)[2021-10-22]. http://www.gov.cn/xinwen/202102/04/content5584796.htm.

② 教育部关于印发《留学中国计划》的通知[EB/OL].(2010-09-28)[2020-10-22]. http://www.gov.cn/zwgk/2010-09/28/content_1711971.htm.

势，为吸引马来西亚学生来华留学打下良好基础，促进留学教育发展；另一方面则要在语言培训的基础上适当进行功能拓展，培养当地具有一定技术技能的专业化人才，助推我国企业“走出去”。

（三）创新体制，加快建设中国特色海外国际学校

除孔子学院（课堂）和鲁班工坊外，《中国教育现代化 2035》还提出“加快建设中国特色海外国际学校”，这就为新时期我国高等教育对外开放指明了新的方向，预留了较大的创新空间。随着我国企业“走出去”的规模不断扩大，企业发展对人才的需求也会越来越大，但是在当地人才无法满足企业需求的情况下，势必要从国内招聘人才前往国外工作，这在很长一个时期内是不可避免的。而赴国外工作的国内人才首先要面临的一个很现实的问题就是其子女的受教育问题。如果能在国外开设中国国际学校，就可以解决这些人才对子女受教育问题的后顾之忧，让其在国外安心工作。这是我国改革开放以来吸引外资的一个成功做法。事实上，开办海外国际学校也是世界主要国家通行的做法和趋势。为借鉴这一经验，教育部 2021 年工作要点中已提出要研制《推进海外中国国际学校建设工作方案》，推动海外中国国际学校试点建设。[①]相信在海外国际学校的基础上，海外大学分校的设立也会水到渠成。

（四）重新审视“跨境交付”模式，积极开展在线教育国际交流合作

入世之初，因技术缺乏可行性，我国对高等教育服务提供模式中的模式 1“跨境交付”不作承诺，因此，当 WTO 成员意图通过互联网等方式向我国提供远程高等教育服务时，我国并没有义务开放相关市场。如今 20 余年过去，这种模式的技术可行性已大大提高，而且中外高校也已进行了大量实践。例如早在新冠疫情防控期间，我国高校就有了大规模开展在线教学的经验，当我国高校复课而世界其他国家疫情余波未了之时，远程教育、在线教学，包括录播课和直播课，又成了大批留学生的日常，这一现象甚至因足不出户还被戏谑为“本土化留学”。可以预见，已突破技术障碍的在线教育，将成为国际高等教育

---

① 教育部 2021 年工作要点[EB/OL].(2021-02-04)[2021-10-22]. http://www.gov.cn/xinwen/202102/04/content5584796.htm.

交流新的合作方式、新型教育形态，甚至常态。目前，教育部已着手实施网络中文课堂和中文学习测试中心全球布局，支持以“中文联盟”为核心的在线中文教学平台和教学资源群建设。[①] 鉴于此，我们应以此为契机，重新论证普通高等教育跨境交付模式实施的可行性，凝练并形成中国特色、世界水平的“慕课”建设方案，促进更多高校课程在国际著名课程平台和更多国家平台上线。具体可从非学历教育进行试点，再逐步拓展至学历教育，逐步提升教育层次和质量，积极进行优质教育资源的输出，吸引更多留学生。

① 教育部 2021 年工作要点[EB/OL].(2021-02-04)[2021-10-22]. http://www.gov.cn/xinwen/202102/04/content5584796.htm.

谈谈中国海洋文明的特质*

王日根

中国较早便有自己的海洋文明，既体现在政治家、思想家对天下的认识中，也昭示在不同区域人们的生计实践中。在多元文明形态的演进历程中，农业文明及其建立于其上的国家制度曾长期占据主流地位，亦臻于一个较高的水平，对游牧文明、海洋文明都产生了一定的辐射作用，游牧文明、海洋文明在农业文明的滋养中迅速提升，且与传统商业文明相结合，开拓了陆上与海上的丝绸之路。无论海陆、商道的开辟都充满艰辛，需要付出代价，因而在不同的统治者和民众那儿，或选择进取，或选择保守，在海洋政策上便有了开放与封禁的区别，但海洋文明却曲折成长。纵观历史演进，中国海洋文明体现出官方主导、民间先行、海陆互摄、协和万邦、德润四海、允执厥中的基本特质。近代西方海洋文明则在殖民扩张的旗帜下与中国海洋文明交汇，经历了对中国海洋文明成果的推崇、借用直至诋毁，从而完成了西方话语权的转换，世界史进入了一个强权时代，中国曾遭遇列强的蚕食鲸吞，但是，当我们抛弃文化自卑，高扬文化自信的时候，就当意味着中华民族复兴集结号的吹响。

一、中国文明的多元性

中国广土众民，地理形态多样，因应自然条件，形成草原游牧文明、大河流域农耕文明、沿海渔猎文明等不同文明形态。游牧民族逐水草而居，基本是靠自然环境生存，对自然改善不大。哪里水草肥美，他们就游牧到哪里。农业文

* 本文作者王日根系厦门大学人文学院原副院长、教授，于2021年11月18日在厦门大学一带一路研究院以本文内容为主题做“一带一路”系列学术讲座第41场。

明趋向于安定,因为土地是无法移动的,在人口日益增多的情况下,耕地往往走向精耕细作。海洋族群则居无定所,凡渔业、盐业都需要规避海上风浪、海潮等多重危险。相对而言,人性趋向于安定,早期文明形态中,农业文明更易形成规模性,更便于积聚,也更能臻于较高的水平。在此背景下,奠基于农业文明的国家政权便取得了发展壮大的更多机会,形成了长期的以农业文明为主导的状态。

二、中国海洋文明与陆地文明的交融与互摄

以往论者多喜欢强调海洋文明的冒险性和进取性,而极言农业文明的保守和落后,其实这是一种偏颇之论。早期的海洋文明也是自给自足型的,受到人类认识海洋能力弱,航海、造船技术水平低等限制,人们无法涉足远海,海洋贸易活动也不能形成很大的规模,加上没有成熟的贮藏技术,渔民灶丁也不易积聚自己的财富。所谓胼手胝足、望洋兴叹都是指海洋族群的生计方式较长时期内都处于较低水平。

倒是农业文明的成果在人口流动的驱动下逐渐向海洋区域渗入,凡埭田、沙田、海塘、荡地开发都是海洋区域农业化的重要表现。可以说是农业文明与海洋文明的结合驱动了海洋区域经济开发的加深,也带动了海洋区域的文化提升。所谓的"海滨邹鲁"即是指海洋区域文化提升的结果。

宋代福建区域迎来了文化大提升的高潮,莆田的蔡氏、惠安的吕氏、泉州的黄氏等均有人跻身官途,进入王朝的显贵行列。明代海南岛在成化二年(1466),同时有薛远、邢宥和丘濬三人获得高级功名,到万历时又有海瑞跻身宦途。"南溟奇甸"一下子出现"海外衣冠盛事",这是农业文明的凯旋,也直接带动了海洋文明的更新和提升。

因此,进取、冒险、保守、安土重迁等观念并不能成为区分农业文明和海洋文明的标志,冒险、进取也是农业文明向前推进的重要品格,其与海洋文明的结合则迅速促成了中国经济重心的南移、东移。农业文明与海洋文明的交融与互摄是中国历史演化的基本内涵。

中国古代国家观念中早已形成了等级式的区域治理模式,《周礼·秋官·大行人》说:"邦畿方千里,其外方五百里,谓之侯服,岁壹见,其贡祀物;又其外方五百里,谓之甸服,二岁壹见,其贡嫔物;又其外方五百里,谓之男服,三岁壹

见,其贡器物;又其外方五百里,谓之采服,四岁壹见,其贡服物;又其外方五百里,谓之卫服,五岁壹见,其贡材物;又其外方五百里,谓之要服,六岁壹见,其贡货物。九州岛之外,谓之蕃国,世壹见,各以其所贵宝为挚。"中国乃天下之中,中国的疆域覆盖及于四海,边陲地带乃蛮夷戎狄诸部落,属"化外"之地,因此,"天下"是由"诸夏"和"四夷"共同构成的,是包含了"中国"(华夏文明的中心地带)和"四夷"边疆在内的一个文化单位,是一个以"中国"为中心的建立在文化秩序上的天下。海洋族群与陆地族群却共存于华夏这面大旗下。王朝统治者常常以"和合诸夷"作为国家兴盛富强的表现。政治上的"羁縻"统治,经济上厚往薄来的互市贸易,文化上的积极输出,均力求于"润物细无声"中将中原高度发达的物质文明和精神文明输出到边疆,使四夷受到中华礼仪道德、文物制度的浸染。在此基础上建立的大一统帝国就具有了政治统一和文化统一的双重意蕴。不同民族表现出相互的宽容和接纳,彼此具有包容性和消化能力。农业文明主导海洋文明被包容是中国历史时期的基本表现形式。

人类对自然的认识和利用无法超越历史阶段性,相对于海洋而言,最初只是"兴鱼盐之利","行舟楫之便",当海洋成为全球的通道和商品流通的桥梁之后,海洋经济才焕发出勃勃生机。当海洋科学进一步发展,人们有了更深度认识海洋的能力之后,海底资源开发、海域上空资源利用都得以实现之后,海洋对人类的价值将有更广阔的空间。这时,海洋文明的优越性就可更充分地发挥出来。

三、中国海洋文明的几个兴盛期

在中国历史的不同时期,海洋文明所处的地位也多有不同,像战国时期的齐国、秦、汉、唐、宋、元、明、清时期等都有海洋文明滋长发展的成果。管仲的"官山海"使齐国率先成为"五霸"之首;秦始皇派徐福东渡,较早打通了中国与东亚邻国的海上通路;汉武帝派遣使者向西走海上到达黄支(今印度);孙吴时有朱应、康泰前往南洋;唐朝时则有杨良瑶远赴大食,直到明初郑和七下西洋。这些官方主导的外交与外贸活动持续不断,声势浩大,其中雄厚的国力是支撑这些大规模海洋盛举的重要前提。民间海上活动一直绵延不绝,有时也能达到较大的规模,像唐之张保皋、明之郑芝龙家族等都是显例。唐宋以降,海上"丝绸之路"的迅猛发展,使得中国官民通过海路与沿线国家进行着频繁的政治、文化交往，海上贸易也呈现出一片繁荣的景象。这条海上“丝绸之路”，联通东北亚、日本、南洋、波斯、阿拉伯世界，远到欧洲、东非，并以此为跳板，连接到世界更广阔的地域与国家，它不仅仅是东西方商业贸易的桥梁，也是沿线各国政治经济往来、文化交流的重要纽带。海上“丝绸之路”沿线的国家，也同样是面向海洋的国度，它们各自的发展与壮大，也见证了海上“丝绸之路”的发展；这些国家的民众，也曾积极参与海上贸易，特别是在大航海时代到来之后，逐步营建出“全球化”的新时代。

南宋高宗时推行“通洋裕国”的国策，“市舶之利最厚，若措置合宜，所得动以万计，岂不胜取之于民？朕所以留意于此，庶几可以少宽民力耳”。广州、泉州、明州发展成为当时著名的国际大港。

明朝时郑和下西洋更是以举国之力，组织起庞大的船队，既“耀兵异域”，亦“布德化于四海”，在肃清沿线海氛，拓展商业航道，连接南海、印度洋各国间的贸易等方面均发挥了积极的作用，对建立平等、互利、和平、和谐的印度洋贸易体系作出了自己的贡献，但也为16世纪西方进入东方世界创造了条件。

四、近代西方海洋文明的侵略性与中国海洋文明的困境

明代后期，西方殖民者已在大航海之后进入东方，印度洋海洋贸易时期的航线与大西洋海洋贸易航线实现了连接，且还开辟了跨越太平洋的航线，全球化时代宣告来临。

但是，从葡萄牙、西班牙到荷兰、英国，西方列强越来越明显地将国家利益推至至高无上的地位，纷纷推行海上霸权，以零和博弈的思路侵夺别国的财富。

清朝统治者发现这一苗头后，逐渐采取了收缩的态度，康熙皇帝就认为：“盖天下东南之形势在海而不在陆，陆地之为患也有形，易于消弭，海外之藏奸也莫测，当思杜渐。更以台湾、澎湖新辟，远隔汪洋，设有藏机叵测，生心突犯，虽有镇营官兵汛守，间或阻截往来，声息难通，为患抑又不可言矣。”西方殖民者的行为更是清王朝没有办法把控的。康熙帝晚年曾说：“海外如西洋等国，千百年后，中国恐受其累。”乾隆则自信满满地说：“英吉利在西洋诸国中较为强悍，今既未遂所欲，或致稍滋事端。虽天朝法制森严，万方率服，英吉利僻处

海外，过都历国，断不敢妄生衅隙。但观该国如此非分干求，究恐其心怀叵测，不可不留心筹计，豫为之防。因思各省海疆最关紧要，近来巡哨疏懈，营伍废弛，必须振作改观，方可有备无患。"但事实上清朝水师建设的目标原只是"保商靖盗"，"仅为防守海口、缉捕海盗之用，辖境虽在海疆，官制同于内地"。英国发动鸦片战争时，虽然清军事实力未必落后，但殖民者的欲壑却成为其攫取清朝财富的不竭动力。此一时期沿海有识之士及部分地方海疆官员对海疆、海防的认识要远比当政者深刻得多、有远见得多，但他们的建议和呼吁常常未被采纳。晚清政治派系林立，互相倾轧，腐败堕落严重，在列强之间走钢丝、谋偷生，视洋人为强弩，自灭威风，步步退让。

浙闽粤等沿海区域民间海洋力量时常在官方管控间隙滋生成长，清康熙元年(1662)郑成功收复台湾，把台湾作为根据地。其子、孙又相继治理台湾21年。此间郑氏政权设府县，置乡社田园册籍，实行屯田垦荒，寓兵于民，发展种植业和制糖、制盐；鼓励工商业和对外贸易；帮助土著居民改进农业生产方式；开办学堂；等等，使台湾的人口数量和经济得到相当大的发展。郑成功认识到"沿海地方，我所固有者也。东西洋饷，我所自生自殖者也"，保护商船和航运权益，维护海上的一切利权，达到"通洋裕国"的目的。郑成功指责当时的马尼拉当局"与荷夷无别，凌迫我商船"，若"一味狡诈，则我舰立至，凡你城池库藏与金宝立焚无遗，彼时悔莫及矣"。郑成功的警告，完全展现一个近代海权国家的行为。

五、中国海洋文明的重振与世界意义

我国"一带一路"合作倡议的提出，旨在借用古代"丝绸之路"的历史符号，积极发展与共建国家的经济合作伙伴关系，彰显我国在国际社会中的担当精神。中国传统海洋文明发展历程中形成的官方主导、民间先行、海陆互摄、协和万邦、德润四海、允执厥中特质渊源于中华文明的核心价值观，具有和平性、协商性、共生性和中庸性，作为中国智慧、中国方案，势必对人类命运共同体建设具有积极意义。

编后记

“一带一路”倡议经过十年的蓬勃发展，已经发展成为长周期、跨国界、系统性的世界工程。这一世界工程也为国内外学术界带来了一个崭新的科研春天，催生出了一个新兴而庞大的研究领域，涉及政治、历史、地理、经济、外交、贸易、投资、金融、法律、文化、教育、语言、资源、环境、卫生等大量学科，并衍生出一系列跨学科、多学科的理论与现实新问题，亟待学术界群策群力、筹谋划策。为此，一带一路研究院积极以“跨学科研究”为抓手，努力打破“敲锣卖糖，各干一行”的传统研究路径，积极推动多学科交叉融合的新研究范式，努力为“一带一路”建设过程中出现的重大理论和实践问题找到更行之有效的解决办法。

四年来，研究院共邀请海内外近百名“一带一路”相关领域的专家学者来院(含线上)讲座交流，以文会友，进行思想碰撞、观点交锋，产生了一些十分精彩独到的学术论断，启发了研究院师生的研究灵感和研究思路。为了让这些学术观点能被更多关注和研究“一带一路”的学者、学生、社会民众知晓，我们从中精选了13位专家学者撰写的、蕴含上述学术观点的15篇学术文章，将其编辑整合成论文集进行出版，以供读者参阅。

本书是厦门大学一带一路研究院开展跨学科学术研究的又一项阶段性成果。在这里要特别感谢北京大学翟崑教授，中国人民大学陈甬军教授，北京师范大学刘倩副教授，天津市教育科学研究院薄云副研究员以及来自厦门大学经济学院李文溥教授、彭水军教授、唐礼智教授、陈爱贞教授，中国能源政策研究院林伯强教授，知识产权研究院龙小宁教授，公共事务学院李丹教授，国际关系学院/南洋研究院王勤教授、吴崇伯教授，历史与文化遗产学院王日根教授的慷慨供稿，没有各位专家的大力支持便没有本论文集的刊印出版。同时也对本院参与本论文集编排工作的行政办公室宋阳主任，行政秘书赵达为、陈琰，学生助理程慧琳同学表示由衷的感谢！正所谓“众人拾柴火焰高”，正是大家齐心协力地配合工作，才能让本论文集出版进度有条不紊地快速推进。

站在"一带一路"倡议迈向"金色十年"的关键节点，厦门大学一带一路研究院也将再接再厉，踔厉奋发，积极把握历史机遇，继续抓实抓牢科研主业，做强做精各项跨学科品牌项目，不负学校和社会各界的殷切期盼，朝着国内一流、国际知名的中国特色新型高校智库的远大目标勇毅前行，用厦大智慧托举共建"一带一路"的伟业行稳致远。

陈武元

2024 年 3 月 13 日